af

D1180744

e waargebeurde verhalen van 's werelds beruchtste
GANGSTERS

TIRION *TRUE CRIME*

Voorwoord

Nederlandse criminelen spiegelen zich vaak aan hun buitenlandse 'broeders' in het kwaad. Klassieke maffiafilms als *The Godfather* zijn verplichte kost voor de top van de vaderlandse onderwereld. Topcrimineel Sam Klepper vertrouwde me eens toe dat hij Coppola's meesterwerk talloze malen had bekeken.

Toen Klepper in 2000 zelf op maffia-achtige wijze werd geliquideerd, was de muziekkeuze bij de begrafenis voor de familie niet heel ingewikkeld. De supergangster werd begeleid door de klanken van de soundtrack van *The Godfather* naar zijn laatste rustplaats gebracht.

De misdaadhistorie in de Verenigde Staten bracht meerdere illustere namen voort. De bekendste gangster was natuurlijk Al Capone, die tijdens de periode van de Drooglegging (in de jaren twintig en dertig) heel Chicago in zijn greep had. Het Capone-imperium omvatte casino's, bordelen en de illegale handel in alcohol. Uiteindelijk werd Al gearresteerd wegens belastingontduiking; hij zat zijn straf uit op het beruchte gevangeniseiland Alcatraz.

John Gotti maakte carrière binnen de gelederen van de misdadigersfamilie Gambino – een van de vijf New Yorkse maffiaorganisaties – als topman van de afdeling vliegveldberovingen. Na bewezen diensten aan de familie en zichzelf, waaronder de liquidatie van zijn hoogste baas, werd hij het nieuwe kopstuk.

Het leverde hem zelfs de cover van *Time Magazine* op. In 2002 overleed hij aan keelkanker. De Nederlandse topcrimineel Henk R., alias de Zwarte Cobra, deelde in 2005 in New York enige tijd een cel met de zoon van John Gotti.

De carrières van andere beruchte kopstukken spreken evenzeer tot de verbeelding. De Ier James 'Whitey' Bulger was topman van de zogeheten Winter Hill gang in Boston, die nauw verbonden was met een maffiafamilie uit dezelfde stad. Bulger moordde, roofde en handelde in drugs tot hij op de 'most wanted' lijst van de FBI terechtkwam. Na zijn arrestatie bleek hij echter protectie te genieten van diezelfde FBI. Een Amerikaanse IRT-affaire was geboren.

De Lucchese familie uit New Jersey stond symbool voor meerdere maffiafilms, maar zoals voor alle hoofdpersonen uit dit boek geldt, liep het met de meeste telgen slecht af. Saillant detail is dat de clan ten val kon worden gebracht met behulp van kroongetuigen, die strafvermindering kregen in ruil voor hun hulp aan justitie.

Ook onze eigen vermeende *Godfather*, Heineken-ontvoerder Willem Holleeder, kwam op die manier achter de tralies terecht. Ongetwijfeld krijgt hij daar vroeg of laat dit boek onder ogen. Echt vrolijk zal Holleeder er niet van worden, vrees ik. De levensverhalen uit *Gangsters* zijn buitengewoon boeiend, maar al deze 'voorbeelden' van de Nederlandse onderwereld zijn inmiddels vermoord of zitten levenslang achter de tralies.

John van den Heuvel

1.

AL CAPONE

Made in America

Over Al Capone is heel wat geschreven en beweerd in kranten en tijdschriften, boeken en films wat volledig onjuist is. Een van de meest gebruikelijke verzinsels is dat hij in Italië was geboren, zoals zoveel gangsters uit die tijd. Niets is minder waar. Deze verbluffende tsaar der misdaad was helemaal autochtoon. Hij pikte de feodale Italiaanse misdaadscène op en vormde deze om tot een moderne Amerikaanse criminele organisatie.

Natuurlijk arriveerde menig Italiaans immigrant, net als zijn tegenhanger van andere nationaliteiten, vaak vrijwel onbemiddeld in New York. Veel van hen waren boeren die trachtten te ontkomen aan de uitzichtloze toekomst op het Italiaanse platteland. Als ze de grote Amerikaanse havensteden bereikten, eindigden ze vaak als arbeiders omdat ze geen Engels konden schrijven en spreken en de nodige professionele vorming misten. Dit was echter *niet* het geval bij de familie van Al Capone.

Gabriele Capone (niet Caponi zoals vaak wordt beweerd) was een van de 43.000 Italianen die in 1894 in de V.S. arriveerden. Hij was kapper van beroep en kon zijn moedertaal lezen en schrijven. Hij kwam uit het dorpje Castellmarre di Stabia, vijfentwintig kilometer ten zuiden van Napels.

Gabriele, die dertig jaar oud was, had zijn zwangere zevenentwintigjarige vrouw Teresina (Teresa genoemd) bij zich, zijn tweejarige zoon Vincenzo en de baby Raffaele. Anders dan veel Italiaanse immigranten had hij zich niet in de schulden gestoken om de overtocht te betalen. Hij was ook bereid alle werk te doen tot hij zijn eigen kapperszaak kon openen.

Samen met duizenden landgenoten trok de familie Capone naar Brooklyn, dicht bij de Brooklyn Navy Yard. Het was een hard begin in de Nieuwe Wereld. Het appartement aan de Navy Street 95 had alleen koud water, geen toilet binnen en geen meubels. De buurt was in feite een achterbuurt, mede door de nabijheid van de luidruchtige Navy Yard met zijn vele zeelieden en de verzetjes die zeelui zoeken als ze vrijaf hebben.

Omdat Gabriele kon lezen en schrijven, kreeg hij een baan bij een kruidenier tot hij zijn eigen kapperszaak kon openen. Ondanks haar taken als moeder van een groeiend gezin nam Teresina naaiwerk aan om de middelen van de familie aan te vullen. Haar derde kind, Salvatore Capone, werd geboren in 1895. Haar vierde zoon, de eerste die werd verwekt en geboren in de Nieuwe Wereld, werd geboren op 17 januari 1899. Zijn naam was Alphonse Capone.

De Capones

Wat voor mensen waren deze twee, die een van de notoirste misdadigers ooit op de wereld zetten? Gaven ze hem een sterke genetische keten mee die gewelddadigheid veroorzaakte? Enkele subtiel gemuteerde chromosomen? Werd Al Capone misbruikt als kind? Bracht hij zijn jeugd door temidden van moordenaars en dieven?

Niets van dat alles. Het gezin Capone was rustig en conventioneel. Laurence Bergreen beweert in de uitstekende biografie *Capone: The Man and the Era* "De moeder... was erg op zichzelf. Haar echtgenoot, Don Gabriele, maakte wat meer indruk. Hij was, in de woorden van een huisvriend, 'groot en knap – heel knap'. Net als zijn vrouw was hij mild, zelfs in de opvoeding. Nooit sloeg hij zijn kinderen. Hij placht met hen te praten. Hij gaf hun een preek en zij luisterden naar hun vader.

...de familie Capone vertoonde geen eigenschappen die inherent verstoord, gewelddadig of oneerlijk waren. De kinderen hielden van hun ouders; er was geen opvallende geestelijke afwijking, noch enige traumatische gebeurtenis die de jongens op het slechte pad had moeten brengen. Ze vertoonden geen mensenschuwe of psychotische persoonlijkheden. Ze waren niet gek. Evenmin erfden ze enige aanleg voor een loopbaan in de misdaad en leefden niet in een criminele gemeenschap... Het was een onopvallend Italo-Amerikaans gezin dat de wet eerbiedigde en conventionele gedragspatronen en de gebruikelijke frustraties vertoonde. Ze spreidden geen bijzonder talent voor de misdaad ten toon, noch voor enig ander vak overigens."

In mei 1906 werd Gabriele Amerikaans staatsburger. In het gezin werden zijn zoons altijd bij hun Italiaanse naam genoemd, maar in de buitenwereld kende men de jongens bij de Amerikaanse namen die zij hadden aangenomen. Zo werd Vincenzo James, Raffaele Ralph, Salvatore Frank en Alphonse Al. De kinderen die na hen kwamen waren Amadeo Ermino (later John en bijgenaamd Mimi), Umberto (later Albert John), Matthew Nicholas, Rose en Malfalda.

De jongen

Kort nadat Al was geboren verhuisde Gabriele met zijn gezin naar een betere behuizing in een appartement boven zijn kapperszaak aan de Park Avenue 26 in Brooklyn (niet te verwarren met de chique Park Avenue in Manhattan). De verhuizing bracht Al in contact met allerlei culturele invloeden die verder gingen dan wat de gemeenschap van Italiaanse immigranten hem kon bieden. De meeste mensen die rond Park Avenue leefden waren Ieren, hoewel er ook Duitsers, Zweden en Chinezen in de buurt woonden.

Deze bredere etnische omgeving gaf Al de kans om te ontsnappen aan het isolement van de door en door Italiaanse buurt. Het staat buiten kijf dat de nieuwe indrukken hem van pas zouden komen in zijn toekomstige rol als hoofd van een misdaadimperium.

Een blok verder dan Als huis lag de kerk van de gemeente, de St. Michaelskerk, waar eerwaarde Garofalo hem enkele maanden na zijn geboorte doopte. John Kobler beschrijft de sfeer in de buurt in *The Life and World of Al Capone*:

"Het leven in de wijk waar Al de eerste tien jaar van zijn leven woonde was zwaar, maar nooit saai, nooit vervelend. Benden kinderen in lompen verleenden de straten een explosieve vitaliteit wanneer ze voetbalden, het verkeer ontweken, knokten en schreeuwden, terwijl hun moeders, donkere vrouwen met brede heupen, af en aan liepen met manden op hun hoofd vol met inkopen voor de dagelijkse maaltijden. Fruit en groentekarren, die wiel aan wiel stonden, boden een vrolijke en geurige aanblik langs de stoep. De brandtrappen die een ijzeren franje vormden langs de façaden van de plompe gebouwen schudden en beefden als de elektrische treinen over de nabijgelegen Myrtle Avenue denderden."

In 1904, toen hij vijf jaar was, ging Al naar de openbare school 7 aan Adams Street. Italiaanse kinderen hadden destijds weinig kans op een goede opleiding. Het onderwijssysteem was sterk bevooroordeeld jegens hen en deed weinig om de belangstelling voor verdere scholing te stimuleren. Bovendien verwachtten de geïmmigreerde ouders dat hun kinderen, zodra ze oud genoeg waren, van school afgingen om te werken.

Bergreen beschrijft de slechte onderwijsomstandigheden voor de kinderen van Italiaanse immigranten:

"Scholen zoals de openbare school 7 van Capone boden geen enkele hulp aan kinderen met een Italiaanse achtergrond zodat ze de draad van het leven in Amerika konden oppikken. Het waren starre, dogmatisch strenge instituten, waar de orde vaker gehandhaafd werd met fysieke kracht dan met rede. De onderwijzers - meestal vrouwelijk, Iers-katholiek en opgeleid door de nonnen - waren piepjong. Een zestienjarige, die zeshonderd dollar per jaar verdiende, gaf vaak les aan jongens en meisjes die maar enkele jaren jonger waren.... Knokpartijen tussen leerlingen en onderwijzers kwamen veelvuldig voor, zelfs tussen jongens en hun onderwijzeressen.... Al Capone vond school een oord waar de plotse uitbraken van geweld een welkome afwisseling waren op de heersende discipline..."

Al deed het vrij goed op school, tot de zesde klas waar zijn gestage score van voldoendes snel achteruitging. Op zijn veertiende schoot hij uit zijn slof tegen zijn onderwijzeres, sloeg zij hem en sloeg hij haar terug. Hij werd van school gestuurd en zou nooit meer in de schoolbanken terugkeren.

In deze periode verhuisde het gezin vanuit hun huis aan de Navy Street naar Garfield Place 21. Deze verhuizing zou blijvende gevolgen hebben voor Al omdat hij in deze nieuwe buurt de mensen leerde kennen die zijn toekomst het meest zouden beïnvloeden: zijn vrouw Mae en de gangster Johnny Torrio.

Leerling

Op een paar blokken afstand van het huis van de Capones aan Garfield Place stond een klein onopvallend gebouw, waarin het hoofdkwartier van een van de meest succesvolle gangsters aan de oostkust was gevestigd. Johnny Torrio was een nieuw soort gangster, een pionier op het gebied van moderne georganiseerde misdaad. De bestuurlijke en organisatorische talenten van Torrio veranderden ruige gangsterpraktijken in een zekere ondernemingsstructuur, waardoor zijn zaak zich kon uitbreiden wanneer de gelegenheid zich voordeed. Van Torrio leerde een jonge Capone waardevolle lessen die de basis zouden vormen voor de oprichting van het criminele imperium dat hij later in Chicago zou opbouwen.

De fysiek kleine Torrio leerde al jong in het leven op straat dat hersens, vindingrijkheid en de kunst om bondgenoten te maken essentieel waren in de strijd om te overleven. Torrio was een gentlemangangster die sterk opviel in de gokwereld en nagenoeg onzichtbaar opereerde als pooier en bordeelhouder.

Hij was een rolmodel voor veel jongens in de gemeenschap. Capone verdiende net als zoveel jongens van zijn leeftijd wat zakgeld door boodschappen rond te brengen voor Johnny Torrio. Mettertijd ging Torrio de jonge Capone vertrouwen en gaf hij hem meer werk. Intussen leerde de jonge Al door goed te kijken naar de rijke, geslaagde en gerespecteerde gangster en de mensen in zijn organisatie. Bergreen legt uit wat Al van Torrio leerde: "het belang van een respectabel leven voor het oog van de wereld om zijn carrière te scheiden van zijn huiselijk leven alsof een vredige, conventionele thuissituatie op de een of andere manier de corruptheid van het werk in de criminaliteit verontschuldigde of legitimeerde. Deze vorm van hypocrisie was als een tweede natuur voor Johnny Torrio en Capone kreeg die met de paplepel ingegoten." Torrio verhuisde naar Chicago en de jonge Al kwam in de invloedsferen van anderen terecht.

Kinderen die opgroeiden in het Brooklyn van de immigranten vormden benden - Italiaanse benden, joodse benden en Ierse benden. Dit waren niet de gemene straatbenden uit de grote steden van nu, maar meer groepen van jongens uit dezelfde wijk die samen rondhingen. Capone was een taai, vechtlustig baasje en hoorde bij de South Brooklyn Rippers. Later sloot hij zich aan bij de Forty Thieves Juniors en de Five Point Juniors. Zoals John Kobler schrijft: "De straatbende was een manier om te ontsnappen. De straatbende betekende vrijheid. De straatbende bood een uitlaatklep voor onderdrukte energie van de jeugd. De instituten die de jongens van de straat hadden kunnen houden, de scholen en kerken, hadden daartoe niet de middelen. Slechts een enkele achterbuurtschool had een gymzaal of speelplein of enige vorm van een naschools recreatieprogramma... Ze vormden hun eigen straatgemeenschap, onafhankelijk van en gekant tegen de wereld der volwassenen. Geleid door een paar oudere, sterke jongens, zochten ze de spanning van een gezamenlijk avontuur, lolletjes, het onbekende, gokken, kruimeldiefstal, vandalisme, stiekem roken of drinken, geheime rituelen, obscene praatjes en gevechten tegen rivaliserende benden."

Al is een goede jongen

Ondanks de banden van Al met de straatbenden en Johnny Torrio waren er geen aanwijzingen dat hij op een dag zou kiezen voor een leven in de misdaad. Hij woonde nog steeds thuis en deed wat er van hem verwacht werd toen hij van school afging: hij ging werken en hielp mee in het onderhoud van het gezin. Onder Gabriele's leiding verging het dat gezin in feite niet slecht. Gabriele had nu zijn eigen kapperszaak. Teresa bleef kinderen baren - een aantal jongens en dan twee meisjes van wie er één in de wieg overleed. De enige verstoring van het kalme gezinsleven van Al vond plaats in 1908 toen zijn oudste broer Vincenzo (James) het gezin verliet en naar het westen trok.

In deze fase van zijn leven had niemand ooit geloofd dat Al zou uitgroeien tot de tsaar der misdaad die hij uiteindelijk zou worden. Gedurende ongeveer zes jaar werkte hij trouw in uitzonderlijk saaie baantjes, eerst in de munitiefabriek en dan als papiersnijder. Hij was een goede jongen, goed opgevoed en sociaal. Bergreen schrijft: "Er waren geen verhalen over Al Capone die oefende met geweren; je hoorde alleen dat hij elke avond naar huis ging, naar zijn moeder. Al was in feite een onbeduidende figuur, welwillend, met een zachte stem en eigenlijk middelmatig in alles behalve dansen."

Hoe verpopte de zoetgevooisde plichtsgetrouwe Al Capone zich tot de spectaculair succesvolle en gewelddadige supergangster? Een onmiskenbare katalysator was de bedreigende aanwezigheid van Frankie Yale. De uit Calabrië afkomstige Francesco Ioele ("Yale" genaamd) werd zowel gevreesd als gerespecteerd. Aan het andere

uiteinde van het spectrum vergeleken met de vredelie-
vende "respectabele" Johnny Torrio, baseerde Frankie
Yale zijn heerschappij op spierkracht en agressie. Yale
opende een bar op Coney Island met de naam the
Harvard Inn en huurde op aanbeveling van Johnny Torrio
de achttienjarige Al Capone in als barkeeper.

Scarface

In de Harvard Inn was Capone barman en uitsmijter en,
indien nodig, bediende hij aan de tafeltjes. Capone werd
populair bij zijn baas en de klanten. Het geluk keerde
zich echter opeens tegen hem toen hij bediende aan een
tafeltje van een jong stel. Het meisje was beeldschoon en
de jonge Capone kwam in vervoering. Hij boog zich naar
haar toe en zei: "Liefje, je hebt een lekker kontje en dat
bedoel ik als compliment."

De man was haar broer Frank Gallucio. Hij sprong
overeind en haalde uit naar de man die zijn zuster had
beledigd. Capone ontstak in woede en Gallucio trok een
mes om zich te verdedigen. Hij maakte drie sneden in
Capone's gezicht voor hij zijn zuster greep en het eta-
blissement verliet. Hoewel de wonden goed genazen, zouden de lange ontsierende littekens Al voor altijd kwellen.

De belediging van Capone had de nodige gevolgen. Gallucio ging naar Lucky Luciano met zijn klacht en Luciano
ging naar Frankie Yale. Toen Yale ervan hoorde, kwamen de
mannen alle vier bijeen en werd er recht gesproken. Capone
zag zich gedwongen Gallucio zijn verontschuldigingen aan
te bieden. Hij trok een nuttige les uit die ervaring: hij leerde
zijn temperament te beheersen wanneer dat nodig was.

Yale nam Capone onder zijn hoede en prentte de jongere man in hoe een bedrijf door middel van bruut geweld kan worden opgebouwd. Yale was een vindingrijk en gewelddadig man die gedijde met behulp van grove middelen. Schoenberg kenmerkt Yale als een specialist in afpersing, die woekerde met kapitaal, beschermgeld afdwong bij pooiers en bookmakers en lokale bedrijfjes "bescherming" aanbood. "Yale had een stal vol krachtpatsers nodig, die niet alleen armen en hoofden konden breken maar bereid waren te doden."

Hoewel Yale grote invloed had op de uiteindelijke ontwikkeling van Capone, hadden andere invloeden een zeer temperend effect op Al. Toen hij negentien was ontmoette hij een knap blond Iers meisje, Mae Coughlin genaamd, dat twee jaar ouder was dan hij. Ze kwam uit een welvarend en gesetteld middenklassegezin. Het was onvoorstelbaar dat de familie van Mae haar relatie van Capone zou toejuichen en ze trouwden pas nadat hun baby was geboren.

Albert Francis Capone werd op 4 december 1918 geboren. Zijn peetvader was Johnny Torrio. Hoewel Sonny, zoals hij zijn leven lang genoemd zou worden, bij de geboorte gezond leek, was hij in feite slachtoffer van de geslachtsziekte syfilis. Jaren later bekende Al aan de dokters dat hij was besmet voor zijn huwelijk, maar dat hij meende dat de infectie was genezen.

Nu hij een mooie respectabele vrouw en een baby moest onderhouden richtte Al zich op een nette loopbaan. Hij zei zijn werk bij Frankie Yale op en verhuisde naar Baltimore waar hij zich een bekwaam boekhouder toonde bij het bouwbedrijf van Peter Aiello. Al deed het prima. Hij was slim, goed met cijfers en heel betrouwbaar.

Tamelijk plotseling onderging Al een metamorfose toen zijn vader, 55 jaar oud, op 14 november 1920 overleed aan een hartkwaal. Bergreen ziet de gebeurtenis als het eindpunt van Capone's burgerlijke loopbaan. "Het is mogelijk dat het onverhoedse wegvallen van de vaderlijke autoriteit de jonge Capone het gevoel gaf vrij te zijn om zijn baan als boekhouder op te geven evenals zijn zorgvuldig opgebouwde aura van respectabel familievader...

Hij pikte de draad weer op met Johnny Torrio, die in de tussentijd zijn gokimperium had uitgebreid met de kalme zekerheid van een visionair. Torrio had de felbevochten straten van Brooklyn verruild voor de relatief vrije ruimte in Chicago. De kansen waren grenzeloos: gokken, bordelen en... illegale alcohol."

Torrio deed hem het voorstel naar Chicago te komen en begin 1921 ging Al erop in. Gewapend met zijn kennis van het bedrijf en zijn ervaringen met de brute Frankie Yale, beschikte Capone over uitstekende getuigschriften voor een carrière in de misdaad

Chicago

Chicago was een perfect oord om een misdaadimperium op te bouwen. Het was een ordeloze, vechtlustige, zwaar drinkende stad die openstond voor iedereen met genoeg geld om haar te kopen. Met de woorden van een van haar topjournalisten: "De stad was vibrerend en gewelddadig, stimulerend en meedogenloos, intolerant jegens zelfvoldaanheid, ongeduldig tegenover wie fysiek of intellectueel verlegen was." Het was een bloedige en brutale stad waar tientallen miljoenen koeien, varkens en schapen werden geslacht door mannen die in het slachthuis waadden door het bloed. Het was een zuiver commerciële stad zonder enige waardering voor snobisme of "oud geld".

De politiek was traditioneel corrupt in die uitgestrekte stad in de prairie, waardoor er een sfeer hing van een allesoverheersende wetteloosheid waarin de misdaad gedijde. De stad werd beroemd om haar rijkdom en seksuele promiscuïteit. Toen Al Capone in 1920 naar de stad kwam, werd de prostitutie toenemend het domein van de georganiseerde misdaad. De spil in deze bedrijfstak was "Big Jim" Colosimo samen met zijn vrouw en partner, Victoria Moresco, een uiterst succesvolle madam. Bij elkaar werd het inkomen van hun bordelen geschat op vijftigduizend dollar per maand.

Big Jim bezat het Colosimo Cafe, een van de populairste nachtclubs van de stad. Niemand maakte zich druk over het feit dat hij een pooier was. Het belette hem nooit om vriendschappelijk om te gaan met de *rich and famous*. Enrico Caruso was een vaste klant, evenals de eerbiedwaardige advocaat Clarence Darrow. Big Jim, met enorme glinsterende diamanten aan al zijn vette vingers en met diamanten bezette riemen en gespen was een echt product van de gemeenschap van Chicago: knap, gul, protserig en meer dan levensgroot.

Toen zijn familiebedrijf groeide, haalde Big Jim de discrete Johnny Torrio vanuit Brooklyn naar Chicago om hun imperium draaiende te houden en uit te breiden. Het was de beste beslissing die hij had kunnen nemen, omdat Torrio hun bedrijf uitbreidde zonder aandacht te trekken. Torrio was een serieuze zakenman zonder belangstelling voor hocus pocus. In schril contrast tot Big Jim dronk, rookte en vloekte Torrio niet, noch bedroog hij zijn aanbeden vrouw Ann.

De ondergang van Big Jim werd veroorzaakt door Dale Winter, een knappe jonge zangeres die zijn hart stal. Hij scheidde in een dwaze bui van Victoria en trouwde direct daarna met de jonge zangeres. Geruchten over de dwaasheid van Colosimo bereikten Brooklyn waar Frankie Yale lucht kreeg van de gelegenheid en besloot zich in het enorme imperium van Colosimo in te werken. Op 11 mei 1920 vermoordde Yale Big Jim in diens nachtclub.

Bergreen beschrijft de eerste grote gangsterbegrafenis in Chicago: "Het laatste eerbetoon werd een protserige demonstratie die meer paste bij een... machtige politicus of een populaire entertainer... een gebeurtenis die werd bijgewoond door zowel priesters als hoge ambtenaren van politie die de laatste eer bewezen aan het soort man dat zij behoorden te veroordelen. Colosimo werd algemeen erkend als de eerste pooier van Chicago, toch werd zijn kist onder andere gedragen door drie rechters, een congreslid, een assistent officier van justitie en niet minder dan negen wethouders van Chicago."

Uiteindelijk ontdekte de politie wie de moordenaar was en deze werd in New York gearresteerd. De enige getuige van de moord was echter een kelner, die weigerde tegen Frankie Yale te getuigen. Hoewel Yale aan vervolging kon ontkomen, was zijn poging om het imperium van Colosimo over te nemen mislukt. Torrio kon zijn greep op het enorme, miljoenen dollars per jaar opbrengende bedrijf behouden dat hij had opgebouwd voor Big Jim. Toen hij ook nog eens een grote zet in de rug kreeg door de Drooglegging, stond Torrio aan het hoofd van duizenden hoerenkasten, speelhuizen en clandestiene kroegen.

Capone arriveert

In dit enorme misdaadbedrijf haalde Torrio de tweeën-
twintigjarige Capone binnen vanuit diens brave baan als
boekhouder in Baltimore. Het geld en de kans zich te ver-
beteren waren van een ongekende orde, maar de schande
dat hij bordelen moest beheren zat Al dwars. Het was 1921
en Capone keerde het respectabele leven definitief de rug
toe. Met zijn neus voor zaken werd Al weldra de partner
van Torrio in plaats van diens werknemer. Al nam de plaats
in van manager van de *Four Deuces*, het hoofdkwartier van
Torrio in het Levee gebied. De *Four Deuces* was een illegale
kroeg, speelhuis en bordeel in één. Kort daarop voegde zijn
broer Ralph zich bij hem in het bedrijf van Torrio.

In deze periode kwam Al in contact met een man die zijn
vriend voor het leven zou worden, Jack Guzik. Verbluffend
genoeg verdiende de grote joodsorthodoxe familie van
Guzik de kost in de prostitutie. Guzik, wiens levensstijl meer
op die van Torrio leek, was een toegewijd familievader die
zich opwierp als een oudere broer van Al. Opnieuw gaf
Capone blijk van zijn vermogen om uit de Italiaanse
gemeenschap te stappen net zoals hij had gedaan door zijn
Ierse vrouw te trouwen. Nu was zijn beste vriend een jood.
Capone's onbevooroordeeldheid en zijn vermogen om bond-
genootschappen te sluiten buiten de Italiaanse gangsterwereld zouden hun waarde bewijzen bij zijn latere lotgevallen.

Al verging het financieel tamelijk goed en hij kocht
voor zijn familie een huis in een respectabele buurt. Naar
deze bescheiden woning aan 7244 Prairie Avenue bracht

hij niet alleen Mae en Sonny, maar ook zijn moeder en broers en zusters. In de buurt gaf Al zich uit als handelaar in tweedehands meubels en hij deed zijn best om een façade van eerbaarheid op te houden. Bergreen is ervan overtuigd dat het huis aan Prairie Avenue, Mae en Sonny in feite het streven van Capone naar vergiffenis vertegenwoordigden. "Hoewel hij zijn geld verdiende met de zwakheden van anderen, maakte hij zich heel druk over zijn reputatie en zijn aanzien in de gemeenschap. Hoe dieper hij zich in de gangsterpraktijken en alle aanverwante zonden stortte, hoe meer hij zijn gezin idealiseerde alsof zij in hun onschuld het levende bewijs waren dat hij niet zo monsterlijk was als de kranten hem later zouden afschilderen."

Capone klimt op

Gedurende de eerste jaren dat Capone in Chicago leefde, was het relatief rustig onder de diverse benden die de misdaadscène onderling hadden verdeeld. Toen echter volgde de hervormingsgezinde William E. Dever de spectaculair corrupte burgemeester "Big Bill" Thompson op. Nu het stadsbestuur in handen van een oprecht hervormer was beland, werd het dagelijkse afhandelen van smeergelden en corruptie ingewikkelder. Torrio en Capone besloten een groot aantal operaties vanuit de stad te verplaatsen naar de buitenwijk Cicero, vanwaaruit ze het gehele stadsbestuur en het politieapparaat konden omkopen.

Kort na de opening van een bordeel in Cicero nam Torrio zijn bejaarde moeder mee naar Italië. Capone kreeg de leiding van de zaak in Cicero. Hij maakte duidelijk dat hij uit was op een totale verovering van de stad. Hij installeerde zijn oudere broer Frank (Salvatore), een knappe en respectabel ogende man van negenentwintig, als stroman in het stadsbestuur van Cicero. Ralph kreeg de taak om een bordeel voor de arbeidersklasse te openen, de *Stockade* genaamd, voor de grote blauwe boordenpopulatie in Cicero. Al concentreerde zich op het gokken en toonde belangstelling voor een nieuwe goktent, *The Ship* genaamd. Ook nam hij de touwtjes in handen op de Hawthorne renbaan.

Voor het grootste deel verliep Capone's verovering van Cicero zonder slag of stoot, op het verzet na van Robert St. John, de gedreven jonge journalist van de *Cicero Tribune*. Elke editie bevatte een verslag van de misdaadpraktijken van Capone in de stad. De artikelen waren effectief genoeg om de door Capone gesteunde kandidaten in de voorverkiezingen te bedreigen.

Op de verkiezingsdag verhardde het spel toen mannen van Capone campagnevoerders van opponenten kidnapten en kiezers bedreigden met geweld. Toen de berichten over gewelddadigheden zich verspreidden, verzamelde de commissaris van de politie van Chicago negenenzeventig agenten en voorzag hen van geweren. De agenten, gekleed in burger, reden in burgervoertuigen naar Cicero onder het mom dat ze arbeiders wilden beschermen op de fabriek van Western Electric aldaar.

Frank Capone, die net een huurcontract had onderhandeld, liep over straat toen het konvooi van agenten uit Chicago hem naderde. Iemand herkende hem en de auto's leegden zich voor hem. Binnen enkele seconden was het lichaam van Frank doorzeefd met kogels. Technisch gezien noemde de politie het noodweer, aangezien

Frank zijn revolver had getrokken toen hij de politie op zich af had zien komen met getrokken geweer.

Al was woest en liet de gewelddadigheid escaleren door ambtenaren te ontvoeren en stembussen te stelen. Een ambtenaar werd vermoord. Toen alles voorbij was, had Capone zijn overwinning in Cicero binnengehaald, maar tegen een prijs die hem de rest van zijn leven zou achtervolgen.

Capone gaf zijn broer een ongeëvenaarde luxe begrafenis. Alleen al de bloemen, geleverd door de hofbloemist van de crimineel, Dion O'Banion, kostten twintigduizend dollar. Maar hoe overvloedig alles ook was, de begrafenis van Frank was anders dan die van Big Jim Colosimo. Bergreen zegt dat "de geur van gekneusde bloesems, hoe zoet ook, de rauwe en naargeestige stemming niet kon verzachten. Rondom de begrafenis van Big Jim had een feestelijk tintje gehangen, maar de jeugd van Frank Capone zorgde ervoor dat de toon van zijn laatste eerbetoon slechts tragisch was. In plaats van gezang, weerklonk geweeklaag... Het hoofd van de politie van Chicago Collins wees dezelfde agenten aan die Frank hadden doodgeschoten om toezicht te houden op diens begrafenis. Capone zag af van totale oorlog tegen het politieapparaat van Chicago."

Capone hield zich ongeveer vijf weken in bedwang. Toen echter viel Joe Howard, een onbeduidend schurkje, Capone's vriend Jack Guzik aan toen Guzik hem geen lening wilde verstrekken. Guzik vertelde het aan Capone en Capone spoorde Howard op in een bar. Howard beging het ongeluk om Capone een *dago* pooier te noemen en Capone schoot Howard dood.

William H. McSwiggin, bijgenaamd "de aanklager van de beul" besloot dat hij Capone moest zien te krijgen, maar ondanks zijn vaardigheden kon hij geen veroordeling bewerkstelligen, vooral omdat ooggetuigen plotseling last kregen van een gebrekkig geheugen. Capone kwam weg met moord, maar de publiciteit rond de zaak maakte hem beruchter dan hij ooit was geweest. Hij was voorgoed uit het rolmodel van Torrio gevallen van discrete anonimiteit.

Op zijn vijfendertigste, na slechts vier jaar in Chicago, was Capone iemand om rekening mee te houden. Rijk, machtig, meester van de stad Cicero, werd hij doelwit van zowel wetsdienaars als rivaliserende gangsters. Hij was zich bijzonder goed bewust dat de eerstvolgende dure gangsterbegrafenis weleens zijn eigen zou kunnen zijn. De breekbare vrede die Torrio had opgebouwd met andere benden was aan diggelen gegaan door de Drooglegging. Liquidaties in het criminele circuit namen epidemische vormen aan.

Dion O'Banion

Terwijl de naam van Capone vaak in verband werd gebracht met deze moorden, waren in feite talrijke andere gangsters verantwoordelijk die Capone en Torrio juist in het gareel hadden trachten te houden. Een flamboyant voorbeeld was Dion O'Banion, de eigenaar van een ontluikende handel in illegale drank en een bloemisterij. Schoenberg beschrijft hem als iemand met het uiterlijk van een eeuwige jongen. Dion "trad nooit ruw op. Zijn gewoonte om zelfs vijanden 'beste kerel' te noemen, weerspiegelde een ingeboren opgewektheid en beleefdheid. Hij placht de wereld onveranderlijk toe te stralen.

Dit resulteerde in een onuitwisbare glimlach die alleen werd ontkend door de staalharde koude blauwe ogen. Hij placht onvermoeibaar handen te geven en op ruggen te slaan, hoewel nooit tegelijkertijd. Hij hield altijd een hand vrij om te tasten naar een van de drie revolverzakken die in zijn kleren waren gemaakt."

O'Banion stond bekend om zijn bizarre gedrag. Hij had onder meer een man voor de ogen van een mensenmenigte neergeschoten om een onbenullige reden en een man gedood die hij had ontmoet in de *Four Deuces* van Capone, hetgeen Capone onnodig in een moordonderzoek had betrokken. Het besef dat er iets gedaan moest worden aan het onverantwoordelijke en kinderlijk impulsieve gedrag van Dion groeide.

Het grootste probleem was het antagonisme tussen twee bondgenoten van Torrio en Capone - Dion en de Genna-broers, die nauw bevriend waren met Torrio. De onenigheid ontstond toen de Genna's goedkope inferieure drank begonnen te verkopen aan klanten van O'Banion. Hoewel de enorme inkomsten op bier die O'Banion genoot er niet onder leden, was het voor Dion een principiële kwestie. Daarop kaapte Dion een vrachtwagenlading drank van de Genna's. Torrio vroeg zich af hoe hij dit keer de lieve vrede kon bewaren.

O'Banion bood Torrio een oplossing. Dion stelde voor dat hij zich in Colorado zou terugtrekken als Torrio zijn belang in de Sieben brouwerij zou opkopen. Hoewel hij zich terdege bewust was dat er een inval zou plaatsvinden, lukte het O'Banion om de deal met Torrio in de brouwerij te sluiten. Niet alleen belandde Torrio in de gevangenis, maar O'Banion weigerde het geld terug te geven voor de nu gesloten brouwerij. Erger nog, hij sloeg zich op de borst dat hij Torrio in de luren had gelegd. Daarmee was zijn lot bezegeld.

Mike Merlo, leider van de Unione Sicilana in Chicago, een groep die gangsters uit die tijd landelijke dekking gaf, stierf aan kanker. Er was een enorme begrafenis gepland waarbij Dion, de bloemist van de benden, natuurlijk een grote rol zou spelen. Frankie Yale, hoofd van de machtige New Yorkse tak kwam overeen met Torrio en Capone dat Angelo Genna, die net door Dion was vernederd vanwege een gokschuld, de afdeling in Chicago zou overnemen.

Twee dagen na de dood van Merlo, op 10 november 1924, bevond Dion zich in zijn bloemenwinkel waar hij de kransen voor de begrafenis van Merlo maakte toen drie gangsters de winkel inkwamen. De hulp van Dion liet de mannen discreet alleen. O'Banion verwachtte al bezoek om een krans op te halen. Hij groette de mannen en wilde hun een hand geven. Een van de mannen pakte O'Banion bij de arm en trok hem omver.

De medewerker van Dion hoorde zes geweerschoten en snelde zijn baas te hulp, die op de vloer lag in een plas bloed. De drie mannen waren verdwenen. Het lijkt zeker dat twee van de mannen de gemene Siciliaanse moordenaars John Scalise en Albert Anselmi waren. Er bestaat enige verwarring of de derde man Frankie Yale was, die in de stad was voor de begrafenis van Merlo, of Mike Fenaa. Geen van de drie waarschijnlijke moordenaars kwam ooit voor het gerecht.

De begrafenis van Dion was weergaloos. De *Chicago Tribune* genoot van elk protserig detail ervan: "Op alle hoeken van de grafkist zitten massiefzilveren stijlen voorzien van prachtige ontwerpen. Bescheiden is het waardige zilvergrijs van de kist, tevreden met de strenge glans van de gebeeldhouwde zilveren stijlen op de hoeken... Zilveren engelen staan aan het hoofd en voeteneinde, hun hoofden gebogen in het licht van de tien kaarsen die branden in de massiefgouden kandelaars die ze in hun hand houden. En alles wordt overheerst door de geur van bloemen.

Maar met die geur wedijvert de odeur van de geparfumeerde vrouwen, van oor tot enkels gehuld in bont, die langs het altaar trippelen, begeleid door zachtgeschoeide heren in maatpakken en met zwartglanzende opgekamde haren."

Rond de tienduizend mensen liepen voor en achter de lijkwagen, terwijl nog eens vijfduizend mensen op het kerkhof stonden te wachten. Zesentwintig wagens en trucks vervoerden de grafstukken, drie bands en de politie-escorte.

Met de begrafenis van Dion vierden Torrio en Capone dat ze Dions uitmuntende handel in clandestiene alcohol hadden overgenomen en zich hadden ontdaan van een gevaarlijk onvoorspelbare collega. Ze wisten toen nog niet welke gevolgen Dions dood zou hebben en wat dat voor hen persoonlijk betekende. Terwijl de politie zich afvroeg wie O'Banion had gedood, wist Dions vriend "Hymie" Weiss precies wie verantwoordelijk was en hij zwoer wraak te nemen.

Bugs Moran

Vanaf dat moment keken Capone en Torrio voortdurend over hun schouder of "Hymie" Weiss en Dions andere bondgenoot Bugs Moran er niet waren. "Hymie" Weiss heette in werkelijkheid Earl Wajciechowski, wat hij had ingekort tot Weiss. De bijnaam "Hymie" bleef op de een of andere manier hangen en iedereen nam aan dat hij een joodse gangster was, terwijl hij in feite een zeer vroom katholiek was. George Moran was een gewelddadige en onstabiele man, die de bijnaam "Bugs" dankte aan het feit dat iedereen hem voor gek hield.

Torrio was zo bevreesd voor zijn leven dat hij besloot Chicago een tijd te verruilen voor Hot Springs in Arkansas. Capone maakte zich al evenveel zorgen en nam elke mogelijke veiligheidsmaatregel. Toch zouden de voormalige collega's van Dion O'Banion gedurende de volgende twee jaar tientallen pogingen ondernemen om Capone te vermoorden.

Bergreen tekent het diepgaande effect dat de bedreigingen hadden op de manier waarop Capone zaken deed. "Hoewel hijzelf onbewapend was ten teken van zijn status, ging hij nergens heen zonder ten minste twee bodyguards, een aan elke kant. Met uitzondering van zijn woning aan South Prairie Avenue, was hij nergens alleen. Hij reisde alleen per auto, geflankeerd door lijfwachten, en met een bewapende chauffeur Sylvester Barton genaamd... Hij reisde bij voorkeur 's nachts en waagde zich alleen overdag op pad wanneer dat per se noodzakelijk was."

In januari 1925, twaalf dagen nadat de bende Weiss-Moran had getracht Capone te vermoorden, kwam Torrio terug naar Chicago. Hij en zijn vrouw Ann hadden net inkopen gedaan en stapten uit hun wagen om naar de deur van hun appartementencomplex te lopen.

Torrio liep achter haar met de pakjes. Weiss en Bugs Moran sprongen uit hun auto en vuurden in de veronderstelling dat Torrio nog steeds in zijn wagen zat, wild op het voertuig, waarbij zij de chauffeur verwondden. Toen ze Torrio uiteindelijk zagen, schoten ze hem in de borst en nek, vervolgens in zijn rechterarm en in zijn buik. Moran hield een pistool tegen de slaap van Torrio en haalde over, maar het magazijn was leeg en de arme Johnny Torrio, de vredestichter, hoorde slechts een zwakke klik.

In het ziekenhuis nam Capone de leiding over terwijl de chirurgen de kogels uit Torrio's gehavende lijf haalden. Het ziekenhuis was een gevaarlijke plek voor een gangster. De beveiliging was ontoereikend. Daarom organiseerde Capone persoonlijk de beveiliging van Torrio, onder meer door in zijn kamer te slapen op een veldbed om zich ervan te verzekeren dat zijn geliefde mentor veilig was.

Vier weken later shockeerde Torrio iedereen door voor de rechtbank te verschijnen vanwege de beschuldigingen gedaan tijdens de inval in de Sieben brouwerij. De tere, geschokte man pleitte schuldig en kreeg een celstraf van negen maanden. Het had veel erger kunnen zijn. Hij raakte nauw bevriend met de sheriff die ervoor zorgde dat er geen moordaanslagen meer werden gepleegd zolang hij in de gevangenis zat en werd behandeld als een bevoorrecht gentleman.

Toch zou het leven voor Torrio nooit meer hetzelfde zijn. Hij wilde uit dit gewelddadige bestaan stappen. Hij wilde met pensioen gaan en rustig leven van zijn aanzienlijke vermogen. Hij liet Al naar de gevangenis komen in Waukegan in maart 1925 en deelde hem mee dat hij zich terugtrok uit de misdaadscène in Chicago om in het buitenland te gaan wonen. Torrio droeg zijn enorme aandelen over aan Al en de rest van de gebroeders Capone. Het was een ontzagwekkend legaat: nachtclubs, hoerenkasten, speelhuizen, brouwerijen en clandestiene kroegen. De macht van Capone nam immens toe.

Macht

Kort nadat hij het imperium van Johnny Torrio had overgenomen, werd duidelijk dat deze nieuwe status Al Capone had veranderd. Hij was een belangrijke speler in de onderwereld van Chicago. Om zijn promotie in de wereld te onderstrepen verhuisde hij zijn hoofdkwartier naar het Metropole Hotel. Daar kostte zijn luxueuze vijfkamersuite vijftienhonderd dollar per dag. Hij stapte over van een leven in verborgenheid naar een gekoesterde zichtbaarheid.

Zijn vriendschap met krantenuitgever Harry Read overtuigde Capone ervan dat hij zich moest gedragen als de prominente figuur die hij was. "Verberg je niet langer", raadde Read hem aan. "Doe aardig tegen de mensen." Capone liet zich zien in de opera, bij sportevenementen en in liefdadige functies. Hij was een vooraanstaand lid van de gemeenschap: vriendelijk, vrijgevig, succesvol en leverancier aan een menigte dorstige klanten. In een tijd waarin de meerderheid van de volwassen bevolking illegale alcohol dronk, leek de drankhandelaar bijna eerbaar.

Volgens Bergreen "was het kopen van gunstige publiciteit maar een deel van het spel. Politieke invloed was even belangrijk... Bijna elke dag reed hij naar het complex dat diende als stadhuis en als provinciehuis. Hij deed wat hij kon om zich in het openbaar te laten zien, een man die niets te vrezen heeft. Steeds fraai gekleed, rustig, als een politiek makelaar die zijn dagelijkse ronde deed, waren de politieke flair van Capone, zijn drang om in het openbaar gezien te worden uniek onder gangsters, die in de regel publiciteit schuwden."

In december 1925 nam Al zijn zoon mee naar New York voor een operatie die zijn chronische oorontstekingen moest verhelpen. Al aanbad zijn enige kind. De zwakke gezondheid van de jongen baarde hem voortdurend zorgen. Capone gebruikte het bezoek aan New York om zaken te doen met zijn oude baas Frankie Yale. Het onderwerp was het voortdurende tekort aan geïmporteerde whisky die over de Canadese grens gesmokkeld moest worden. Het was eenvoudiger voor Yale om whisky in New York te krijgen dan voor Capone om whisky naar Chicago te brengen. Daarom had Yale een buffervoorraad. Ze sloten een deal en Capone zou bedenken hoe hij de whisky van New York naar Chicago zou vervoeren.

Yale nodigde Al uit voor een kerstfeest in de *Adonis Social and Athletic Club*, een fraaie naam voor een clandestien café in Brooklyn. Yale kreeg een tip dat een rivaliserende gangster, Richard "Peg-Leg" Lonergan, het feest zou binnenvallen met een eigen verrassing. Yale wilde het feest afzeggen, maar Capone drong erop aan dat de festiviteiten zouden doorgaan.

Capone had ook een verrassing in petto. Toen de mannen van Lonergan de club binnenvielen rond drie uur 's morgens, gedroegen ze zich beledigend en aanstootgevend. Capone gaf een teken en de hel brak los. Lonergan en zijn mannen hadden niet eens de tijd om hun wapens te trekken, zo overdonderd waren ze door de goedingestudeerde aanval.

De slachtpartij in de Adonis Club was Al die met zijn

spieren rolde in zijn oude domein. Het was ook een manier om de superioriteit van de gangsterwereld van Chicago boven die van New York tentoon te spreiden. "Chicago is de hoofdstad van de gangsterwereld en New York een afgelegen provincieplaatsje", schreef Alva Johnston in de *New Yorker*. In Chicago heeft het bier de gangster omhoog getild van een lokale leider van boeven en schutters tot een groot zakenman die een enorme interregionale en internationale organisatie leidt. Bier, echt bier, is net als stromend water of telefoon, een natuurlijk monopolie." Daarop laat hij een geschreven portret van Al Capone volgen, de "grootste bendeleider in de geschiedenis."

Aanklager van de beul

Terug in Chicago in het begin van 1926 was Capone in een uitstekend humeur. Niet alleen had hij zijn stempel gedrukt op New York, maar zijn whiskydeal zou het gezicht van het transport tussen de staten veranderen. Jongemannen met een honger naar avontuur en de behoefte aan geld verdienden een goed loon als vrachtrijders voor Capone.

In de lente van 1926 kreeg het geluk van Capone een deuk. Op 27 april kreeg Billy McSwiggin, de jonge openbare aanklager die had getracht Capone de dood van Joe Howard in 1924 toe te rekenen, een ongeluk. Hij had het huis van zijn vader, een oud-rechercheur bij de politie van Chicago, verlaten en ging met "Red" Duffy kaarten in een van Capone's speelhuizen. Een handelaar in clandestiene drank, Jim Doherty genaamd, haalde hen op met zijn auto.

Doherty's auto raakte defect en ze kregen een lift van

drankhandelaar "Klondike" O'Donnell, een verbitterde vijand van Capone. De vier Ierse jongens gingen op kroegentocht in Cicero met O'Donnell en zijn broer Myles en belandden in een bar dicht bij de Hawthorne Inn waar Capone net de maaltijd gebruikte. Het opduiken van O'Donnell in Cicero was Capone beledigen op zijn eigen territorium.

Capone en zijn handlangers, die zich niet realiseerden dat McSwiggin samen met Myles O'Donnell in de bar was, wachtten buiten in een konvooi van auto's tot de dronken mannen naar buiten waggelden. De machinegeweren werden getrokken en McSwiggin en Doherty vonden de dood.

Capone kreeg de schuld. Ondanks de smet op de integriteit van McSwiggin omdat hij had rondgehangen met drankhandelaars, was de sympathie aan de zijde van de gedode jonge aanklager. Er ontstond een golf van verontwaardiging tegen de gewelddadigheid van de gangsters en de openbare mening keerde zich tegen Capone.

Hoewel iedereen in Chicago gewoon *wist* dat Al Capone verantwoordelijk was, werd er geen greintje bewijs gevonden en het falen van dit prioriteitsonderzoek om de zaak voor de rechter te krijgen was een schande voor de plaatselijke autoriteiten. De politie reageerde haar frustraties af op de hoerenkasten en clandestiene kroegen van Capone die een reeks van invallen en branden te verduren kregen.

Al duikt onder

Capone dook die zomer drie maanden onder. Naar verluidt zochten zo'n driehonderd rechercheurs hem door het hele land, in Canada en zelfs in Italië. In feite vond hij eerst onderdak in het huis van een vriend in de heuvels van Chicago en daarna, gedurende de meeste tijd, bij vrienden in Lansing, Michigan.

Die drie maanden onderduiken lieten onuitwisbare sporen na bij Al. Hij begon zichzelf te zien als veel meer dan een geslaagde gangster. Hij zag zich steeds meer als een bron van trots voor de Italiaanse immigrantengemeenschap, een gulle weldoener en belangrijke dealer die mensen kon helpen. Zijn drankbedrijf bood duizenden mensen werk, onder wie veel arme Italiaanse immigranten. Zijn vrijgevigheid werd legendarisch in Lansing. Hoewel hiervan veel diende om zijn ego op te blazen, bezat Capone werkelijk leiderscapaciteiten en was hij heel wel in staat om die talenten uit te breiden naar terreinen die de gemeenschap ten goede kwamen. Hij overwoog serieus om zich terug te trekken uit zijn leven van misdaad en geweld.

Hij kon zich niet de rest van zijn leven blijven verbergen. Daarom besloot hij een berekende maar riskante koers te varen. Hij onderhandelde zijn overgave aan de politie van Chicago uit. Het was de eerste stap in de nieuwe richting die hij zijn leven wilde geven. Hij wilde gezuiverd worden van de dood op McSwiggin, zijn enorme rijkdom gebruiken om legitieme bedrijven te financieren en zichzelf opwerpen als de held van de gemeenschap van Italiaanse immigranten.

Op 28 juli 1926 keerde hij terug naar Chicago om te verschijnen op beschuldiging van moord. Het bleek een juiste beslissing omdat de autoriteiten onvoldoende bewijsmateriaal hadden om hem te laten veroordelen. Ondanks alle publieke verontwaardiging en pogingen van ordehandhavers was Al Capone een vrij man. De overheid leek machteloos.

In zijn nieuwe rol als de grote vredestichter deed Capone een ultieme poging om een bondgenootschap te sluiten met Hymie Weiss ondanks een recente moord-aanslag. Hij deed Hymie een zeer winstgevend zakelijk voorstel in ruil voor vrede. Hymie sloeg het af. De volgende dag werd Hymie neergeschoten op de bedaagde leeftijd van achtentwintig.

De inwoners van Chicago kregen genoeg van alle meldingen van bendegeweld en de kranten wakkerden hun woede aan. Capone hield een 'vredesconferentie' die veel publiciteit kreeg en waarin hij de andere daar verzamelde drankhandelaars opriep het geweld terug te dringen. "Er is voldoende te verdienen voor ons allemaal zonder dat we elkaar als beesten afschieten op straat. Ik heb geen zin om op de stoep te sterven doorzeefd door kogels uit een machinegeweer." Hij kreeg gehoor. Aan het eind van de vergadering was er een 'amnestie' bereikt die twee belangrijke zaken bewerkstelligde: ten eerste zouden er geen moorden of afrekeningen meer plaatsvinden en ten tweede zouden moorden uit het verleden niet worden gewroken. In de hierop volgende twee maanden werd niemand die betrokken was bij de illegale drankhandel gedood.

In januari 1927 werd een van Al's beste vrienden, Theodore Anton, bekend als "Tony de Griek", vermoord aan-getroffen. Capone was in tranen over het verlies van zijn vriend en begon serieuzer na te denken over zijn pensioen. Hij nodigde een groep verslaggevers uit in zijn huis en bereidde hen een spaghettimaaltijd, alles om zijn pensio-nering aan te kondigen. Meende hij het of speelde hij maar toneel? Waarschijnlijk was hij echt van plan om met pen-sioen te gaan voor iemand een kogel in zijn schedel boorde, maar Als behoefte aan macht en opwinding liet hem zijn daadwerkelijke pensionering naar later verschuiven.

Een nieuw tijdperk

Toen het hervormingsprogramma van burgemeester Dever was mislukt, werd de opkomst van Chicago als hoofdstad van gangsterland het voornaamste campagnethema bij de verkiezingen van 1927. "Big Bill" Thompson kwam weer aan de macht met steun van een klein fortuin aan campagnefondsen vanuit de georganiseerde misdaad. Het had er alle schijn van dat de slechte jongens de stad voorgoed in hun greep hadden.

Toch beloofden enkele kleine bliepjes op het radarscherm uiteindelijk een groot effect te hebben op de stad Chicago, de illegale handel in alcohol en Al Capone. In mei 1927 besloot het hooggerechtshof dat Manny Sullivan, handelaar in clandestiene alcohol, aangifte moest doen en inkomstenbelasting moest gaan betalen over de inkomsten uit zijn illegale drankhandel. Hoewel het aangeven van of belasting betalen over illegaal verkregen middelen zelfbeschuldiging was, was het nog niet in strijd met de grondwet. Met het Sullivan-vonnis op zak kon de kleine speciale onderzoekseenheid van het IRS onder Elmer Irey achter Al Capone aangaan.

Onbewust van en ongeïnteresseerd in Manny Sullivan of Elmer Irey, werd Capone steeds meer dwangmatig extrovert en groots. Hij stortte zich vol overtuiging op zijn twee grote passies, muziek en boksen. Hij raakte nauw bevriend met Jack Dempsey, maar gezien de bezorgdheid omtrent van te voren geregelde gevechten moest de vriendschap zeer discreet blijven. Capone, die altijd al van opera had gehouden, breidde zijn beschermheerschap uit naar de jazzwereld. Met de opening van de *Cotton Club* in Cicero werd Al een jazz impresario, die een aantal van de beste zwarte jazzmusici van die tijd aantrok en koesterde. Anders dan zoveel andere Italiaanse gangsters leek Al geen diepgeworteld vooroordeel tegen andere rassen te bezitten en hij won het vertrouwen en respect van veel van zijn musici. Al schonk zijn vrijgevigheid en persoonlijke zorg aan iedereen die voor hem werkte, zwart of wit.

Bergreen beschrijft de manier waarop Capone zich binnenwerkte in het leven van hen die hij kende: "Het lukte hem hen te domineren niet door te schreeuwen, overbluffen of dreigen, hoewel de dreiging van fysiek geweld altijd op de achtergrond speelde, maar door de innerlijke mens aan te spreken, zijn behoeften, zijn aspiraties... Door hen het gevoel te geven dat ze gewaardeerd werden, verkreeg hij hun onvoorwaardelijke loyaliteit en loyaliteit was wat Capone nodig had en eiste. In de vluchtige kringen waarin hij zich bewoog, was het de enige bescherming die hij had tegen een plotse dood. Het grootste compliment dat andere mannen Capone konden geven was hem een vriend te noemen, wat betekende dat ze bereid waren zijn schandalige reputatie te vergeten en het feit dat hij een pooier en een moordenaar was."

"Dienstverlening aan het publiek is mijn motto", vertelde Al de pers rond Kerstmis. "Negentig procent van de mensen in Chicago drinkt en gokt. Ik heb getracht hun fatsoenlijke drank te leveren en faire spellen. Maar dat wordt niet gewaardeerd. Ik sta in de hele wereld bekend als een gorillamiljonair." Het werd een crime om in het openbaar op te treden. Toen hij vertrok voor een reis naar de westkust liet hij zich op elk station omringen door politie. De taaiste rechercheur in Los Angeles zei: "We hebben hier geen plaats voor Capone of een andere bezoekende gangster of ze hier nu voor hun plezier komen of niet."

Palm Island Estate

Toen Capone terugkeerde van de westkust zag hij zich omringd door zes agenten uit Joliet die hun wapens op hem gericht hielden. "Wel heb je ooit. Je zou bijna denken dat ik Jesse James was. Waartoe dient al die artillerie?" In Chicago maakte de politie de zaken zo ongemakkelijk mogelijk door zijn woning te omsingelen en hem bij de geringste provocatie te arresteren.

Capone vertrok naar Miami waar het weer veel beter was dan in Chicago in de winter, maar de ontvangst door de plaatselijke bevolking was kil. Hij, Mae en Sonny huurden een enorm huis voor het seizoen en begonnen rond te kijken naar een permanente woning. Via een tussenpersoon kocht hij een landgoed in Spaanse stijl met veertien kamers op 93 Palm Island dat was gebouwd door brouwer Clarence Busch. De daaropvolgende maanden investeerde hij een klein fortuin in de herinrichting van zijn nieuwe paleis in Miami, beveiligde het als een klein fort met betonnen muren en zware houten deuren.

Het landgoed op Palm Island trok de aandacht van waakhond Elmer Irey van de IRS onderzoekseenheid. Hij koos Frank J. Wilson voor de taak om het inkomen en de

uitgaven van Capone vast te leggen. Het was een monu-
mentale taak: ondanks de kwistige uitgaven van Capone
gingen alle transacties via derden; ondanks de ongelooflijke rijkdom van Capone werd elke transactie contant
afgerekend. De voornaamste uitzondering van de materi-
ele activa was het landgoed op Palm Island, het bewijs
voor een enorme bron van inkomsten.

Parallel hieraan werd George Emmerson Q. Johnson,
een lid van het Scandinavische "oude jongens netwerk"
in het Middenwesten door de regering benoemd tot
gevolmachtigde voor Chicago. Johnson richtte zijn pijlen
met ongebreidelde hartstocht op Capone. In de lente van
1928 begon het geweld voorafgaande aan de voorverkiezingen in april uit de hand te lopen. Johnson zelf was
doelwit van bomaanslagen. Het was niet duidelijk wie al
dit geweld orkestreerde, maar ditmaal waren gangsters
niet het doelwit, maar V.S. senator Charles Deneen, een
hervormer en een rechter. De schaamteloos corrupte burgemeester Bill Thompson werd verantwoordelijk geacht
omdat de slachtoffers zijn opponenten waren, maar Al
Capone, nog steeds in Florida, was de zondebok.

Terwijl Mae Capone zich in de lente van 1928 uitleef-
de in een extravagante huisinrichting, probeerde Al zich
te bewijzen als een legitiem burger van Miami. Ondanks
het vernislaagje van eerbaarheid maakte Al in stilte plannen om prangende problemen op te lossen die werden
veroorzaakt door zijn oude baas Frankie Yale. De drank-
toevoer die Capone had uitgehandeld met Yale onder-
vond te veel kapingen, die volgens Capone opgezet waren
door Yale.

Concurrentieproblemen

Al riep zes van zijn partners in Chicago naar Florida om een oplossing te bedenken voor het probleem met de machtige Yale.

"Tegen het eind van de middag op 1 juli, een zondag, zat Frank Yale, zijn inktzwarte haar en donkere huid in contrast met een Panamahoed en een lichtgrijs zomer-kostuum, te drinken in een clandestiene kroeg in Borough Park toen de barkeeper hem aan de telefoon riep. Wat hij hoorde, deed hem naar buiten snellen naar zijn auto, die in de buurt geparkeerd was. Enkele minu-ten later op Forty-fourth Street reed een zwarte sedan hem tegen de stoeprand; kogels uit een heel wapenarse-naal (revolvers, geweren met afgezaagde loop, een tommy-gun) nagelden hem vast in zijn stoel. Voor het eerst was een tommy-gun gebruikt om een New Yorkse gangster te doden." (Kobler)

In de zomer van 1928 koos Capone twee etages van het grote en indrukwekkende gebouw van het eens zeer res-pectabele Lexington Hotel tot hoofdkwartier. Hij leefde er als een potentaat in zijn zeskamersuite met een speci-ale keuken voor zijn gecaterde maaltijden. Er waren geheime deuren aangebracht zodat Capone ongemerkt kon ontsnappen als dat nodig bleek.

Het was Capone duidelijk dat de Drooglegging niet eeuwig zou duren. Daarom begon hij zijn praktijken uit te breiden. Een zakenkrant in Chicago legde uit dat "een 'gangster' de baas kon zijn van een zogenaamd legitieme bedrijvenorganisatie... Of hij nu de gangster is die zich heeft opgedrongen als leider van een vakbond of hij de bedrijven-organisatie stuurt, de methoden zijn identiek. Door een paar bakstenen door een paar ruiten te gooien, een incidentele en misschien wel onbedoelde moord, slaagt hij erin een groep kleine zakenlieden samen te brengen in wat hij een protectievereniging noemt. Vervolgens int hij de bijdragen en lasten die hij wil, legt willekeurig boeten op, stelt prijzen en werktijden vast... En de koopman die zich niet bij de vereniging aansluit of zijn bijdrage niet meer wil betalen, wordt met bommen bestookt, krijgt een aframmeling of wordt op een andere manier geïntimideerd."

Net als in de illegale alcoholhandel stuitte Capone op zijn eeuwige tegenstander Bugs Moran. Moran had tweemaal geprobeerd Als vriend en collega Jack McGurn te vermoorden. Toen Capone naar Palm Island ging voor de winter, zocht Jack McGurn hem begin februari op om de voortdurende problemen met Bugs en zijn North Siders gang te bespreken.

Valentijnsdag

Noch McGurn noch Capone had ooit kunnen denken dat de geplande moord op Bugs Moran een voorval zou zijn dat tientallen jaren zou nagalmen. Capone was zo opvallend aan het luieren in Florida, dus hoe zou men hem verantwoordelijk kunnen houden voor de moord op een drankhandelaar? "Machine Gun" McGurn kreeg carte blanche voor de aanslag.

McGurn stelde een eerste klas team samen van mensen van buiten de stad. Fred "Killer" Burke kreeg de leiding en werd bijgestaan door een schutter, James Ray genaamd. Twee andere belangrijke teamleden waren Scalise en Albert Anselmi die al waren gebruikt voor de moord op

Frankie Yale. Ook Joseph Lolordo was van de partij, evenals Harry en Phil Keywell van de Detroit's Purple Gang.

McGurn's plan was heel creatief. Hij liet een drankhandelaar de bende van Moran naar een garage lokken om wat uitstekende whisky voor een extreem aantrekkelijke prijs te kopen. De leverantie zou plaatsvinden om half elf 's morgens op donderdag 14 februari. De mannen van McGurn zouden hen daar opwachten, gekleed in gestolen politie-uniformen en overjassen alsof ze een inval hadden gepland.

McGurn wilde, net als Capone, zover mogelijk van het oord van het misdrijf vandaan zijn en nam daarom zijn vriendin mee naar een hotel. Hij dacht maar aan een ding: hij moest een waterdicht alibi hebben.

In de garage zagen de Keywells een man die eruitzag als Bugs Moran. Het moordcommando trok de politie-uniformen aan en reed naar de garage in een gestolen politiewagen. Geheel opgaand in hun rol van agenten die een inval doen, gingen de mannen van McGurn de garage in, waar ze zeven mannen aantroffen, onder wie de broers Gusenberg die hadden getracht McGurn te vermoorden.

De drankhandelaars, betrapt in flagranti, deden wat hun gezegd werd. Ze gingen gehoorzaam tegen de muur staan. De vier moordenaars namen de wapens van de drankhandelaars en openden het vuur met twee machinegeweren, een geweer met afgezaagde loop en een .45. De mannen vielen dood neer, behalve Frank Gusenberg die nog adem haalde.

Om het toneelstukje te voltooien, staken de twee 'agenten' in lange jassen hun handen omhoog en marcheerden de garage uit gevolgd door de twee agenten in uniform. Iedereen die hen had gezien, zou hebben geloofd dat twee drankhandelaars in regenjassen waren gearresteerd door twee agenten. De vier moordenaars vertrokken in de gestolen politiewagen.

Het was een briljant plan en werd briljant uitgevoerd, op een klein detail na: het doelwit van het hele plan, Bugs Moran, bevond zich niet onder de geëxecuteerde mannen. Moran was te laat geweest voor de bijeenkomst en had de politiewagen zien aankomen net toen hij de garage naderde. Moran had de benen genomen omdat hij niet bij een inval betrokken wilde raken.

Weldra arriveerden echte agenten in de garage en zagen Frank Gusenberg op de vloer, stervend aan twee-entwintig schotwonden.

"Wie heeft je neergeschoten?" vroeg sergeant Sweeney hem.

"Niemand - niemand heeft me neergeschoten", fluisterde Gusenberg. Hij weigerde om zijn beulen aan te geven tot aan zijn dood korte tijd later.

Men hoefde er geen genie voor te zijn om uit te vinden dat het doelwit van deze zeer slim georganiseerde moord-aanslag Bugs Moran was geweest en dat Al Capone er het meeste baat bij had. Hoewel Al capone hoog en droog in Florida zat en Jack McGurn een waterdicht alibi had, *wisten* de politie, de pers en de inwoners van Chicago gewoon wie verantwoordelijk was. De politie kon echter Capone niet arresteren zonder enig bewijs. McGurn was slim genoeg om te trouwen met zijn vriendin Louise Rolf, beter bekend als het 'blonde alibi', die niet kon getuigen tegen haar kersverse echtgenoot. Alle aanklachten tegen hem vervielen. Er werd nooit iemand voor de rechtbank gedaagd voor de spectaculaire moordpartij.

De publiciteit rondom de slachtpartij van Valentijnsdag overtrof die uit de hele bendehistorie. En het was
niet slechts plaatselijke publiciteit. Het kreeg aandacht
in de media door het hele land. Capone kreeg opeens
nationale bekendheid en schrijvers in het hele land
begonnen boeken en artikelen over hem te schrijven.
Bergreen ziet het bloedbad als iets wat Capone had voorzien van een laagje gruwelglamour: "Er was nog nooit
een schurk geweest zoals Capone. Hij was elegant, had
klasse, had geld. Hij was opmerkelijk brutaal, bleef
omgaan met de chique in Miami en gaf voortdurend blijk
van zijn liefde voor zijn gezin. In geen enkel opzicht
straalde hij het imago uit van een buitenbeentje of een
eenzame ziel. Hij speelde de rol van een selfmade miljonair die de grote jongens op Wall Street nog wel een lesje
kon leren over zakendoen in Amerika. Niemand stond
onverschillig tegenover Capone; iedereen had wel een
mening over hem..."

Status van beroemdheid

Capone genoot van zijn nieuwe status als beroemdheid
en gebruikt Damon Runyon als persagent. Maar al die
publiciteit had zijn negatieve effecten. Het had de aandacht getrokken van president Herbert Hoover. "Meteen
gaf ik opdracht dat de hele federale recherche zich moest
concentreren op meneer Capone en zijn bondgenoten",
schreef Hoover. Begin maart 1929 vroeg Hoover aan
Andrew Mellon, zijn Minister van Financiën: "Hebben
jullie die Capone kerel al? Ik wil die man in de gevangenis." Enkele dagen later moest Capone verschijnen voor

de kamer van inbeschuldigingstelling, maar leek niet te beseffen hoe gevaarlijk de machten waren die zich tegen hem aan het verzamelen waren.

Capone dacht dat hij dringender zaken moest oplossen. Het bewijs stapelde zich op dat twee van zijn Siciliaanse collega's Capone problemen bezorgden. Kobler beschrijft de beroemde scène waarin Capone de problemen bij de kop pakte:

"Zelden hadden de drie eregasten een zo overvloedige maaltijd genoten. Hun donkere Siciliaanse gezichten bloosden terwijl zij zich tegoed deden aan het kostelijke, gekruide voedsel, dat ze doorspoelden met liters rode wijn. Aan het hoofd van de tafel bracht Capone, wiens witte tanden glinsterden in een brede glimlach, de ene toast na de andere uit op het trio. *Saluto, Scalise! Saluto, Anselmi! Saluto, Giunta!*

"Toen lang na middernacht de laatste kruimel was verorberd en de laatste druppel gedronken schoof Capone zijn stoel achteruit. Een ijselijke stilte viel in de kamer. Zijn glimlach was verdwenen. Niemand lachte nog behalve de volgevreten, ontspannen eregasten, die hun riemen en kragen los hadden gemaakt om hun Gargantueske maaltijd de ruimte te geven. Toen de stilte voortduurde verdween echter ook hun glimlach. Nerveus keken ze de tafel rond. Capone boog zich naar hen toe. De woorden vielen als stenen uit zijn mond. Dus ze dachten dat hij van niets wist? Dus ze meenden dat ze de belediging konden verbergen die hij nooit zou vergeven: verraad?

Capone had een oude traditie betracht: gastvrijheid voor executie. De Sicilianen konden zich niet verdedigen. Net als de andere genodigden hadden ze hun wapens in de garderobe achtergelaten. De bodyguards van Capone stortten zich op hen, bonden hen aan hun stoelen met snoer en knevelden hen. Capone ging staan met een baseballknuppel in de hand. Met beide handen bracht hij de knuppel omhoog en sloeg met volle kracht toe. Langzaam en methodisch sloeg hij keer op keer, brak de botten in de schouders, armen en borst van de eerste man. Daarop begaf hij zich naar de volgende en toen hij deze had verminkt tot een hoopje vlees en botten, was de derde aan de beurt. Een van de lijfwachten haalde vervolgens zijn revolver uit de garderobe en schoot elke man in het achterhoofd."

Staatsvijand nummer 1

Hoewel Al het op dat moment niet begreep hadden het bloedbad op Valentijnsdag en de daarop volgende stortvloed aan publiciteit waarvan een deel Capone verheerlijkte en een deel op recht schreeuwde, de machten van de overheid tegen hem op de been gebracht. Al na enkele dagen als president had Herbert Hoover zijn Minister van Financiën, Andrew Mellon, onder druk gezet om de strijd van de regering tegen Capone als speerpunt te nemen.

Mellon besloot tot een tweeledige benadering: hij wilde het nodige bewijs verzamelen voor belastingontduiking en voldoende bewijs bijeenbrengen om Capone met succes te vervolgen wegens overtreding van de wet op de Drooglegging. Was het bewijs eenmaal verzameld, dan moesten vertegenwoordigers van het Ministerie samenwerken met de procureur-generaal George E. Q. Johnson om Capone en de sleutelfiguren binnen zijn organisatie te vervolgen.

De man die werd belast met het verzamelen van bewijsmateriaal voor overtreding van de Drooglegging - handel in clandestiene drank - was Eliot Ness. Deze stelde eerst een team samen van moedige jonge agenten als hijzelf. De grootste inspanning werd geleverd door Elmer Irey van de IRS speciale onderzoekseenheid, die zijn inzet verdubbelde kort na het mandaat van Hoover. Hoewel het geen twijfel leed dat Capone met succes kon worden vervolgd wegens overtreding van de Drooglegging in Chicago, ongeacht de zwaarte van het bewijs, voelde Mellon zich zeker dat de regering dankzij het Sullivan-vonnis Capone kon pakken op belastingontduiking.

Capone was zich, althans in het begin, niet bewust welke krachten er tegen hem in het geweer waren gebracht en liet zijn zaken niet verstoren door zorgen over federale agenten. Half mei 1929 ging Capone naar een conferentie in Atlantic City waar gangsters van allerlei allooi uit het hele land bijeenkwamen om te praten over samenwerking in plaats van wederzijdse vernietiging.

Om het geweld en de rivaliteit tot een minimum te beperken, verdeelden ze het land in 'invloedssferen'. Torrio kreeg de leiding over een bestuurscomité dat zou optreden als scheidsrechter bij ruzies en dat afvalligen zou straffen. De deelnemers besloten dat Capone zijn misdaadimperium in Chicago moest overdragen aan Torrio die dit naar eigen inzicht kon verdelen. Capone was geenszins van plan akkoord te gaan met het opdelen van zijn imperium noch wilde hij het overdragen aan Johnny Torrio.

Capone gearresteerd

Na de conferentie ging Capone naar een film in Philadelphia. Toen de film was afgelopen stonden er twee rechercheurs op hem te wachten. In minder dan 24 uur was Capone gearresteerd en in de gevangenis gegooid vanwege het dragen van een verborgen wapen.

Capone haalde zijn 11.5 karaats diamanten ring van zijn pink, vertrouwde deze toe aan zijn advocaat die hem aan Ralph moest geven en werd eerst overgebracht naar de Holmesburg County gevangenis en later naar het Eastern Penitentiary waar hij bleef tot 16 maart 1930. Hij liet de lopende zaken over aan zijn broer Ralph, Jack Guzik en Frank Nitti "The Enforcer."

Capone kreeg nog een tegenslag te verduren toen Ralph in oktober van dat jaar werd beschuldigd van belastingontduiking. Als signaal naar andere gangsters voerden federale agenten Ralph in handboeien af tijdens een bokswedstrijd. De volhardende ambtenaar Elmer Irey had de gangen van Ralph al jarenlang nagetrokken. Ralph was in de verste verte niet zo slim als zijn broer Al als het erop aankwam zijn rijkdom en financiële transacties verborgen te houden. Hij was slordig, gierig en dom - een onmisbaar doelwit voor een ambitieus ambtenaar van het Ministerie van Financiën, Eliot Ness genaamd, die zijn telefoon liet afluisteren, en voor Nels Tessem, een zeer getalenteerd IRS-agent, die elke financiële transactie kende die Ralph deed. Nitti en Guzik moesten ook opdraven voor de rechtbank als gevolg van dit hardnekkige en uitputtende onderzoek.

Met Al in de gevangenis en Ralph, Guzik en Nitti aan het

roer in zaken, kreeg Ness de opdracht om voldoende bewijsmateriaal te verzamelen voor de clandestiene drankhandel van Capone om een jury ervan te overtuigen dat Capone de Drooglegging overtrad en inkomstenbelasting ontdook. Ness liet zijn mannen voortdurend de telefoons van Ralph afluisteren. Met de informatie die Ness verzamelde kon hij de voordeur van Capone's South Wabash brouwerij rammen met een vrachtwagen voorzien van een sneeuwploeg aan de voorkant. Gesterkt door de benadering van deze pionier onder de gerechtsdienaars, bleven Ness en zijn 'ongenaakbaren' Capone's brouwerijen afluisteren en sluiten.

Half maart 1930 kwam Capone vrij, een paar maanden eerder wegens goed gedrag. Een week later stelde Frank J. Loesch, hoofd van de Chicago Crime Commission, een lijst op van staatsvijanden die werd aangevoerd door Alphonse Capone, Ralph Capone, Frank Rio, Jack McGurn en Jack Guzick, allemaal collega's van Capone. De lijst werd gepubliceerd in de kranten en al snel opgepakt door J. Edgar Hoover als de lijst van 'meest gezochte criminelen' van de FBI. Al Capone, die zich zo graag wilde legitimeren als waardevol lid van de gemeenschap was nu staatsvijand nummer 1. Hij was woest, vernederd en diep beledigd.

Nog in dezelfde maand ging Elmer Irey naar Chicago voor een ontmoeting met zijn uitvoerder Arthur P. Madden om hun strategie uit te stippelen. Het was beiden duidelijk dat ze iemand binnen in de organisatie van Capone nodig hadden als ze op korte termijn succes wilden hebben. Voor hij terugging naar Washington hing Irey twee dagen rond in de lobby van het Lexington Hotel, waar hij zich voordeed als verkoper. Toen hij zich had ingeleefd in het soort schurken dat er woonde, kwam hij op een briljant plan: hij zou twee undercover agenten zoeken die zich konden voordoen als gangsters om zo de organisatie van Capone te infiltreren.

"Michael J. Malone was een vanzelfsprekende keus... Hij was een goed acteur met een vermogen om op te gaan in een willekeurige omgeving. Zijn donkere, bijna Mediterrane uiterlijk en zijn beheersing van de Italiaanse taal maakten hem tot een ideale kandidaat voor infiltratie in het door Italianen beheerste Capone imperium" (Ludwig Smyth). Een andere undercover agent werd geselecteerd als zijn partner in dit waagstuk.

Malone zou de naam De Angelo aannemen en de andere agent Graziano. Er werd van alles aan gedaan om de twee mannen een valse identiteit te geven als kleine gangsters uit Brooklyn. Ze wisten dat elk detail uit hun aaneengesmede identiteit zou worden doorgelicht en dat hun leven ervan afhing hoe goed ze hun rol instudeerden.

Noch Graziano noch De Angelo mocht ooit laten zien of horen dat hij in contact stond met Irey of Madden. Daarom moest er een tussenpersoon gevonden worden. De derde agent in het complot was Frank J. Wilson, een 43-jarige coryfee bij de dienst. Wilson zou niet alleen contactpersoon zijn voor Graziano en De Angelo, maar zou ook de informatie en het bewijsmateriaal coördineren en zelf ook het nodige onderzoek doen.

Infiltratie

In juni 1930 kreeg Wilson toestemming van de excentrieke uitgever van de *Chicago Tribune* om een van zijn verslaggevers te ondervragen. Jake Lingle was een vriend van Al Capone die prat ging op deze relatie. Bergreen gelooft dat Lingle meer wilde dan de rendabele connectie die hij met de bende had. "Zijn invloed maakte dat hij zich onkwetsbaar voelde terwijl zijn positie in werkelijkheid extreem precair was. Zijn rol als dubbelagent of zelf drie-dubbelagent was te verleidelijk om te weerstaan. Niet tevreden met deze uiterst heikele rol, stemde hij toe om naar Capone te informeren voor de federale overheid."

Lingle's benoeming zou plaatsvinden op 10 juni, maar hij kreeg de dag ervoor een kogel achter in zijn schedel.

De opschudding was oorverdovend. Capone kwam er allemaal heelhuids door in zijn woning in Miami Beach. Toen men hem naar Lingle vroeg, zei Capone: "Kranten en krantenmensen zouden zich moeten bekommeren gangsterpraktijken te onderdrukken, niet ze te steunen. Het past mij niet om dat te zeggen, maar het is mijn over-tuiging."

Intussen checkte Mike "De Angelo" in dienst van Irey in in het Lexington Hotel, kleedde zich in flitsende dure kleding en hing rond in de hotelbar, waar hij rustig de kranten las. Uiteindelijk spraken de soldaten van Capone hem aan en begonnen hem vragen te stellen over zijn achtergrond.

"We willen de waarheid over je weten", vertelde een van de gangsters hem. "Je ziet eruit of je op de loop bent en openstaat voor een voorstel - en weet je wat? Mis-schien hebben we wat voor je."

De Angelo speelde mee: "Ik sta inderdaad open voor een voorstel, maar het moet wel een goed voorstel zijn. Als je het wilt weten, ik ben in de eerste plaats hierheen gekomen omdat ik me misschien zou kunnen aansluiten bij de Big Boy."

De gangster vertelde hem dat ze eerst het een en ander moesten natrekken, maar als hij nog een paar dagen in de buurt bleef, zou hij een antwoord krijgen. De Angelo hoopte dat hij niets van zijn verzonnen identiteit had vergeten. Anders was hij dood. Enkele dagen later werd hij uitgenodigd voor een ontmoeting met de bende en Capone zelf op een groot feest. In het volle bewustzijn dat Capone een verrader fantastisch kon onthalen om hem daarna met een honkbalknuppel dood te slaan, ging De Angelo ongerust naar het feest. Gelukkig bewees de grondigheid die Irey betracht had bij het in elkaar draaien van de achtergrond voor zijn agent zijn waarde. De Angelo werd aangesteld als croupier in een van de speelhuizen van Capone in Cicero.

Net voor de zaak tegen Ralph Capone voor de rechtbank kwam, ontdekte De Angelo dat de bende van plan was zich te richten op getuigen à charge. Het was waardevolle informatie waardoor Irey extra bescherming kon regelen voor de getuigen. Het resulteerde in een veroordeling van Ralph zonder dat de getuigen iets overkwam.

Enkele maanden later kreeg De Angelo gezelschap van Graziano, die de bierleveranties van Capone moest controleren. Vlak voor de Kerst ontdekten ze nog net op tijd een samenzwering tegen Wilson's leven. Nu de organisatie van Capone wist van Wilson, wilde Irey hem vervangen, maar Wilson wilde er niet van horen. Deze aanslag op zijn leven maakte hem alleen nog maar vastberadener om Capone te pakken te krijgen.

Goudmijn

De echte goudmijn voor informatie was een gesprek tussen Graziano en een van de werknemers van Capone. "Die jongens van de inkomstenbelasting zijn niet zo slim. Ze hebben al vijf jaar een kasboek van Al dat hem de lik in kan sturen en ze zijn te stom om het zich te realiseren."

Zoals bleek bevond zich tussen de stapels verslagen die in beslag waren genomen tijdens een inval jaren eerder in het Hawthorne Hotel een kasboek waarin de financiële operaties van de *Hawthorne Smoke Shop* over de jaren 1924 tot 1926 stonden. Wat Irey nu moest doen was de identiteit achterhalen van de twee boekhouders die deze cijfers hadden bijgehouden. De handschriften kwamen niet overeen met een van Capone's mannen. De kans bestond dat Capone hen uit de weg had geruimd toen de kasboeken in beslag waren genomen.

Graziano nam een enorm risico en vroeg de man, die hem van de kasboeken had verteld, of er "goed gezorgd was" voor de boekhouders. De gangster antwoordde: "Ze zijn niet echt uit de weg geruimd omdat het maar een paar verslaafden waren, maar ze zijn vijf jaar geleden uit de stad verdwenen na de inval in de smoke shop." Ongelooflijk genoeg vertelde de gangster daarop Graziano hun namen: Leslie Shumway and Fred Reis.

Tegen het einde van 1930 zette Capone een grote publiciteitscampagne in. Hij opende een gaarkeuken voor de mensen die hun baan kwijt waren geraakt door de oprukkende Depressie. Gedurende de laatste twee maanden van het jaar serveerde de gaarkeuken drie gratis maaltijden per dag. "De gaarkeuken was er zorgvuldig op berekend om hem te rehabiliteren. Hij wilde integreren met de arbeiders die hem waren gaan zien als nog een onvoorstelbaar rijke en machtige tycoon" (Bergreen).

In de eerste maanden van 1931 lokaliseerden de mannen van Irey Shumway in Miami, waar hij ironisch genoeg werkte bij de Hialeah renbaan waar Capone bijna dagelijks kwam als hij in Florida was. Frank Wilson vertrok naar Miami voor een gesprek met Shumway en ontsnapte uit de stad met de boekhouder op sleeptouw net een half uur voor een auto vol bullenbakken Shumway kwam opzoeken. Fred Reis had zich gesetteld in Peoria, Illinois. Beide mannen waren bereid hun volledige medewerking te geven en kregen maximale beveiliging en bescherming.

Ness maakt Capone woest

Aan een ander overheidsfront kreeg Eliot Ness steeds meer succes bij het opsporen en sluiten van de brouwerijen van Capone. Hij en zijn Ongenaakbaren hadden duizenden overtredingen van de Drooglegging vastgelegd die zouden worden gebruikt tegen Capone indien de belastingzaak misliep.

Ness wilde heel graag Capone in het openbaar vernederen en hem achter de tralies brengen. De moord op een van zijn vrienden was de reden waarom hij openlijk Capone in verlegenheid wilde brengen. Tijdens de vele succesvolle invallen in de brouwerijen van Capone en andere operaties met drank had Ness zo'n vijfenveertig vrachtwagens van diverse soorten verzameld, waarvan de meeste nieuw waren. De regering had een opslagruimte gehuurd om de wagencollectie van Ness onder te brengen. Uiteindelijk zouden de trucks openbaar geveild worden. Tot het zover was moesten de vrachtwagens naar de nieuwe garage gebracht worden.

Ness kreeg een idee hoe hij de trots van Capone een gevoelige tik kon geven, iets wat weinig intelligente mensen ooit hadden gewaagd. Ness liet alle trucks oppoetsen tot ze blonken. Vervolgens organiseerde hij een groep chauffeurs die het vrachtwagenkonvooi zouden rijden. Toen alles geregeld was, plaatste Ness zijn brutaalste zet.

Hij belde het hoofdkwartier van Capone in het Lexington Hotel en praatte net zolang tot hij Capone zelf aan de lijn kreeg.

"Wel, Snorkey," Ness noemde hem bij de koosnaam die alleen Capone's naaste vrienden gebruikten, "Ik wilde je alleen maar zeggen dat als je uit het raam kijkt op Michigan Avenue precies om elf uur, je iets zult zien dat je moet interesseren."

"Wat is er aan de hand?" vroeg Capone met iets van nieuwsgierigheid.

"Kijk maar uit het raam en je zult het zien", zei Ness en gooide meteen de hoorn op de haak.

De optocht passeerde Capone's hoofdkwartier in het Lexington Hotel om elf uur 's morgens. Heel traag reed men langs een paar van Capone's gangsters die buiten het hotel rondhingen. Ness kon wilde gebaren en verwarring op het balkon van Capone waarnemen.

Het was een grote dag voor Ness en zijn team. "Wat we die dag hebben gedaan", zo vertelde hij later aan mensen, "was de bloedigste bende in de misdaadgeschiedenis tergen. We hebben hen als Ongenaakbaren openlijk getart. Toen moesten ze wel beseffen dat we bereid waren tot het einde toe door te vechten."

Ness was er zeker in geslaagd om Capone woest te maken. Vlak na de optocht beende Capone door zijn suite, schreeuwend en smijtend met spullen. Niet alleen was het Ness gelukt om zich de woede van Capone op de hals te halen, hij bracht ook een gevoelige slag toe aan het bedrijf van Capone. Er was voor miljoenen dollars aan brouwerijuitrusting in beslag genomen of vernietigd, duizenden liters bier en alcohol waren weggestroomd en de grootste brouwerijen waren gesloten.

Afluisterapparatuur bij de assistenten van Capone onthulde hoe slecht de zaken gingen. De bende moest zijn omkoperij en smeergelden aan politieagenten terugbrengen. Bier moest worden geïmporteerd uit andere gebieden om de clandestiene kroegen te bevoorraden die het bier van Capone plachten te kopen. De zaken werden nog erger toen ze een inval deden in een gigantische operatie die negentigduizend liter per dag opbracht.

De afgesproken zaak

Ten slotte bereikte de missie van de overheid een ontknoping in de vroege lente van 1931. Vanwege een verjaringstermijn van zes jaar op een deel van de eerste bewijzen moest de overheid het bewijsmateriaal uit 1924 vóór 15 maart 1931 opvoeren. Enkele dagen voor die tijdslimiet, op 14 maart, kwam een federale kamer van inbeschuldigingstelling in het geheim bijeen. Ze zou zich buigen over de bewering van de regering dat Capone in 1924 een belastingschuld had van 32.488,81 dollar. De kamer besloot tot een aanklacht tegen Capone die geheim werd gehouden tot het onderzoek naar de jaren 1925 tot 1929 zou zijn voltooid.

Op 5 juni 1931 kwam de kamer opnieuw bijeen en trad naar buiten met een aanklacht tegen Capone met tweeëntwintig gevallen van belastingsontduiking voor een bedrag van in totaal 200.000 dollar. Een week later kwam er een derde aanklacht gebaseerd op het bewijsmateriaal dat Ness en zijn team hadden geleverd. Capone en achtenzestig leden van zijn bende werden beschuldigd van vijfduizend afzonderlijke overtredingen van de Volstead Wet, waarvan er een aantal terugging tot 1922. De zaken betreffende inkomstenbelasting kregen voorrang boven de overtredingen van de Drooglegging.

Capone stond mogelijk een celstraf te wachten van 34 jaar als de overheid de zaak volledig won. De advocaten van Capone stelden de procureur-generaal Johnson een deal voor. Capone zou schuld bekennen in ruil voor een relatief lichte straf. Johnson aanvaardde het voorstel, na overleg met Irey en de nieuwe Minister van Financiën Ogden Mills, en stemde toe een straf te eisen van tussen de twee en vijf jaar.

Waarom ging de overheid na al haar inspanningen akkoord met zo'n lichte straf? Ten eerste bestonden er heel reële zorgen hoe de overheid ondanks uitzonderlijke maatregelen Shumway en Reis moest verbergen zodat ze in leven bleven om te kunnen getuigen. Capone had een kopgeld van 50.000 dollar voor elk van de boekhouders uitgeloofd. Ook bestond er enige twijfel of de verjaringstermijn van zes jaar door het hooggerechtshof zou worden erkend. In hoger beroep was al een verjaringstermijn van drie jaar afgewezen voor belastingontduiking. Verder was de dreiging enorm dat de jury zou worden gemanipuleerd, zowel door omkoping als door intimidatie.

Toen geruchten over de afspraak uitlekten, was de pers furieus dat Capone er met zo'n lichte straf van af zou komen.

Capone begaf zich naar de rechtszaal op 16 juni als een vrij gelukkig man. Toen Capone schuld bekende, verdaagde rechter Wilkerson de zaak tot 30 juni. Capone vertelde de pers dat hij aanbiedingen overwoog van filmstudio's die zijn leven wilden verfilmen. Hij was in een uitstekend humeur toen hij eind van die maand voor Wilkerson verscheen voor het vonnis.

Rechter Wilkerson had een kleine verrassing in petto voor Al. "Partijen bij een criminele zaak mogen niet bedingen welk oordeel wordt geveld", sprak Wilkerson vastberaden. Hij maakte het heel duidelijk dat hij weliswaar zou luisteren naar de aanbevelingen van Johnson, maar dat hij zich niet gebonden voelde ermee in te stemmen. "Het is tijd dat iemand de beklaagde inprent dat het volledig uitgesloten is te onderhandelen met een federale rechtbank." Het was een schok voor Capone. De deal, de bekentenis-afspraak was kaput en Al maakte zich duidelijk zorgen. Capone kreeg de gelegenheid om zijn schuldbekentenis in te trekken en de rechtszaak werd gepland op 6 oktober.

De rechtszaak

Capone bracht de zomer door in vrijheid in zijn oude schuilplaats in Lansing, Michigan, en leek zich te hebben neergelegd bij de rechtszaak. Achter de schermen had zijn organisatie echter een lijst opgesteld van de mogelijke juryleden en begon men deze met alle mogelijke middelen om te kopen.

Wilson kreeg lucht van de omkoperij en ging met Johnson naar rechter Wilkerson met het bewijs dat de bende van Capone mogelijke juryleden omkocht en bedreigde. Rechter Wilkerson was noch verrast, noch bezorgd. "Breng jullie zaak nu maar voor de rechtbank zoals gepland, heren", zei hij hun vol zelfvertrouwen. "Laat de rest maar aan mij over."

Op 6 oktober 1931 escorteerden veertien rechercheurs Capone naar het federale gerechtsgebouw. De beveiliging was streng, heel streng. Capone werd via een tunnel naar een goederenlift gebracht.

De koning van de misdaad was goedgekleed in een conservatief blauw serge kostuum. Geen pinkringen of andere protserige gangstersieraden ditmaal. Elke grote krant had zijn beste verslaggever gestuurd. Het was de crème de la crème van de krantenjournalistiek. De vraag die men herhaaldelijk stelde aan Al was: "Maakt u zich zorgen?"

"Zorgen?" antwoordde Capone met een glimlach. "Wie zou zich geen zorgen maken?" Zoals Bergreen opmerkt: "Op dat moment echter voelde hij zich tamelijk zeker van zichzelf. Hij nam aan dat zijn organisatie de jury onder handen had genomen en dat van hem alleen gevraagd werd om elke dag voor de rechtbank te verschijnen, zich beleefd en respectvol te gedragen, tot aan zijn onvermijdelijke vrijspraak. En zelfs dan zou hij zich zeker groots weten te gedragen en zou hij de pers vertellen dat hij geen kwade gevoelens koesterde. Hij wist dat de jongens van de overheid alleen maar hun werk deden.

Het team van de overheid bestond uit procureur-generaal George E. Q. Johnson, een lange man met goudgerande bril, en zijn openbare aanklagers Samuel Clawson,

Jacob Grossman, Dwight Green en William Froelich. Een journalist vergeleek Johnson en Capone: "Het bolle gezicht van Capone, de vleesrol in zijn nek, vormen een schril contrast met het magere gezicht van de procureur, zijn dikke grijze haardos en zijn onvermoeibare gedrevenheid."

Rechter Wilkerson betrad de gerechtszaal. Hij droeg geen toga over zijn donkere kostuum. "Rechter Edwards zal vandaag ook aan een nieuw proces beginnen", kondigde hij aan. "Ga naar zijn rechtszaal en haal de voltallige jury daar op. Breng mijn hele jury naar rechter Edwards." Iedereen was geschokt, maar niemand meer dan Capone en zijn advocaat Michael Ahern. De nieuwe juryleden, voor het merendeel blanke mannen uit plattelandsgebieden, hadden nooit op een lijst van Capone gestaan en waren nooit benaderd met omkoopgelden. Deze gezworenen zouden 's nachts in afzondering worden gehouden zodat de bende van Capone hen niet kon benaderen.

Op 17 oktober hield Johnson zijn slotpleidooi voor een jury samengesteld uit mannen met dezelfde agrarische achtergrond als hij. Na zijn openingsverklaring richtte hij de aandacht op Capone zelf. "Ik heb nogal versteld gestaan in deze zaak over de manier waarop de verdediging heeft getracht een aura van geheimzinnigheid en romantiek om deze man te weven. Wie is hij? Wie is de man die in de jaren die we hebben onderzocht naar zijn zeggen bijna een half miljoen dollar uitgaf? Is dit het jongetje uit de schoolboeken die het lukt een pot goud te vinden aan de voet van de regenboog, die hij zo kwistig heeft uitgegeven, of is hij misschien Robin Hood zoals zijn raadsman beweert? Maar was het Robin Hood die in deze zaak gespen bezet met diamanten ter waarde van achtduizend dollar kocht om ze aan de werkelozen te geven? Nee. Was het Robin Hood die in deze zaak een slagersrekening van zes en een half duizend dollar betaalde? Was dat voor de werkelozen? Nee, het was voor het huis op Palm Island. Kocht hij deze hemden van zevenentwintig dollar om de rillende mannen te warmen die 's nachts onder de Wacker Drive slapen? Nee.

"Heeft zijn cliënt zich ooit ergens laten zien in een eerbaar bedrijf? Is er een enkel voorbeeld van contact met een eerbare nering? Welk beeld hebben we van hem in deze zaak: geen inkomen, maar diamanten gespen, hemden van zevenentwintig dollar, meubilair voor zijn woning ter waarde van 116.000 dollar dat niet inkomensaftrekbaar is. En toch waagt de verdediging hier voor u te beweren dat de man geen inkomen heeft!"

Laat 's avonds op zaterdag 17 oktober 1931, na negen uur discussiëren sloot de jury haar beraad af en achtte Capone schuldig aan een aantal, maar niet alle gevallen van belastingontduiking. De volgende zaterdag veroordeelde rechter Wilkerson Capone tot elf jaar, een boete van vijftigduizend dollar en bovendien de gerechtelijke kosten van dertigduizend dollar. Vrijlating op borgtocht werd afgewezen en Capone zou worden overgebracht naar de gevangenis van Cook County in afwachting van overplaatsing naar een federale penitentiaire instelling.

"Capone probeerde te glimlachen", meldde de *New York Times,* "maar de glimlach was bitter. Hij likte zijn vette lippen. Hij stond te wiebelen. Zijn tong bewoog achter zijn wangen. Hij trachtte nonchalant over te komen, maar zag eruit zoals hij zich moet hebben gevoeld - alsof hij elk moment in woede kon uitbarsten. Het was een verpletterende klap voor de massieve bendeleider. Zijn worstenvingers, die hij strak achter zijn rug hield, draaiden en woelden."

Toen Capone de rechtszaal verliet, legde een ambtenaar van het fiscale incassobureau beslag op zijn bezittingen zodat de overheid haar belastingvordering kon innen. Capone schoot uit zijn slof en trachtte de man aan te vallen, maar werd in bedwang gehouden door de gerechtsboden die hem begeleidden.

"Nou, ik ben op weg naar elf jaar cel", zei hij en keek naar Ness. "Daar kom ik niet onderuit, dat is alles. Ik draag niemand een kwaad hart toe. Sommige mensen hebben geluk. Ik niet. Bovendien maakte mijn bedrijf toch al te veel kosten, door de hele tijd smeergelden te betalen en trucks en brouwerijen te vervangen... Ze zouden het moeten legaliseren."

"Als het legaal was, zou jij er niets mee te maken willen hebben", antwoordde Ness hem, terwijl hij wegliep. Het was de laatste keer dat hij Capone zag.

Two-Gun Hart

De oudste broer van Al Capone, James Vincenzo Capone, ging als zestienjarige in 1908 uit huis in Brooklyn. Met zijn sterke wil en onafhankelijke instelling wilde de jongen weg uit de drukke stad en ging naar het westen waar de vooruitzichten beter waren.

Sterk en gespierd, verlangend naar avontuur en de wilde open ruimte, sloot hij zich aan bij het circus en trok door het hele Middenwesten. Hij zag voor het eerst Amerikaanse indianen en raakte gefascineerd door hun cultuur.

Hij werd ook aardig bedreven met schietwapens en toen de Eerste Wereldoorlog uitbrak, meldde hij zich aan bij het leger en werd naar Frankrijk gestuurd met het Amerikaanse expeditieleger. Hij was een uitstekend scherpschutter en een goed soldaat, en werd bevorderd tot de rang van luitenant. Hij was de enige Capone-zoon van die generatie die in de Eerste Wereldoorlog meevocht.

Thuis in Brooklyn had zijn familie geen idee dat hij in dienst was. Het contact met hen was nagenoeg verloren gegaan.

Na de oorlog stapte hij op de trein naar Nebraska en bleef hangen in de kleine stad Homer waar hij in 1919 een jonge vrouw, Kathleen Winch genaamd, en haar familie redde tijdens een overstroming. Kort daarna trouwden Capone, die zich toen Richard Hart noemde, en Kathleen. Zijn gezin groeide en Hart trachtte een rustig bestaan te leiden in Homer, maar de avonturier had behoefte aan meer spanning.

Toen de wetten op de Drooglegging van kracht werden in 1920, zag Hart de mogelijkheid om een interessantere baan te krijgen, waarin zijn expertise als scherpschutter nuttig zou zijn. Hij werd aangesteld als handhaver van de Drooglegging.

Ongelooflijk genoeg maakte grote broer Vincenzo naam door hardhandig clandestiene stokerijen in Nebraska op te ruimen, terwijl babybroer Al geschiedenis begon te schrijven in het stoken van alcohol in Chicago. Hart was bovendien geen gewoon Droogleggingsambtenaar. Hij bewaarde de vrede in dat grensgebied, arresteerde regelmatig paardendieven en andere criminelen.

Toen zijn faam als wetshandhaver groeide, werd hij

aangesteld door de Amerikaanse Indian Service om de alcohol uit de indianenreservaten te houden. Hart, Kathleen en hun vier zonen woonden onder de diverse stammen, zoals de Sioux en de Cheyenne. Door Harts werk leerden hij en zijn gezin verschillende indianentalen en knoopten ze nauwe banden aan met de stamhoofden.

Zijn fabelachtige schutterskunsten, plus het paar revolvers met paarlemoeren handvat die hij droeg, bezorgden hem de naam "Two-Gun Hart." In een deel van het Middenwesten kopten de kranten: "Two-Gun Hart krijgt zijn mannetje" en "Two-Gun Hart rekent drankovertreders in." Op een zeker moment was Two-Gun lijfwacht van president Calvin Coolidge. Zijn kleine broertjes Al en Ralph haalden de kranten onder een ander soort koppen in een ander deel van het Middenwesten.

Hart vervolgde zijn eervolle carrière als Drooglegginggingsagent tot de Drooglegging werd afgeschaft. Daarna werd hij marshal in Homer, Nebraska, waar zijn vrouw vandaan kwam.

Hart was een toegewijde vader en leerde zijn zoons en kleinkinderen veel over jagen en buitensporten, maar lange tijd hield hij zijn ware naam en achtergrond voor iedereen verborgen.

Uiteindelijk, begin jaren veertig, nam hij in stilte contact op met zijn broers in Chicago en ontmoette hij Ralph en John Capone in Sioux City, Iowa. Daarna ging hij naar Chicago naar zijn moeder, Teresa. Bij zijn thuiskomst vertelde hij Kathleen en de jongens dat hij in werkelijkheid de broer van Al Capone was. Een aantal malen, als het gezin van Two-Gun in financiële moeilijkheden kwam, hielp zijn broer Ralph hen met een cheque.

In 1946 vond Two-Gun het goed dat zijn zoon Harry

Hart hem begeleidde naar een jachthut van de Capone-familie in Wisconsin, waar hij de kans kreeg zijn beroemde oom, Al Capone, te ontmoeten. Deze was toen uit de gevangenis en leed aan derdegraads syfilis. Two-Gun zei Harry dat hij niet al te goede maatjes moest worden met Al tijdens het familiebezoek. De twee broers kwamen uit twee totaal verschillende werelden. Hart wilde waarschijnlijk voorkomen dat zijn zoon te veel beïnvloed werd door een van de beroemdste figuren uit die andere wereld.

In 1952 kreeg Two-Gun Hart een fatale hartaanval in Homer, Nebraska. Kathleen en Harry waren bij hem. Zijn oudste zoon, Richard Hart Jr., was gesneuveld in de Tweede Wereldoorlog en zijn twee andere zoons hadden zich in Wisconsin gevestigd.

Het lijkt ongelooflijk dat de twee broers, Richard Hart en Al Capone, een zo opvallend ander leven leidden aan tegengestelde zijden van de wet. Maar als we kijken naar de kwaliteiten die de twee broers zo succesvol maakten in hun eigen milieu, zijn de overeenkomsten tussen hen zichtbaar: intelligentie, initiatief, het risico niet schuwen, wilskracht, doelgerichtheid, doorzettingsvermogen en overtuiging, en de kunst om anderen leiding te geven en te overtuigen. Vreemd genoeg was het een nationale wet, die op de Drooglegging, die deze kwaliteiten in beide broers naar voren haalde.

Het laatste hoofdstuk

Aanvankelijk zat Al gevangen in de penitentiaire instelling in Atlanta waar hij al snel de beroemdste gevangene werd. Vrijwel onmiddellijk kwamen er aantijgingen dat hij er leefde 'als een vorst'. Hoewel dat met zekerheid overdreven was, had hij het duidelijk beter dan de overige gevangenen. Hij had meer sokken, ondergoed, lakens enz. dan ieder ander. Hij kon zich deze extravagantie permitteren dankzij het holle handvat van zijn tennisracket waarin hij duizenden dollars aan contanten verborgen had.

In 1934 nam procureur-generaal Homer Cummings de gevangenis over op het eiland Alcatraz om er gevaarlijke en onverbeterlijke criminelen onder te brengen. In een persbericht legde Cummings uit dat "hier de criminelen kunnen worden afgezonderd van het kwaadaardige en hopeloze soort zodat hun slechte invloed zich niet kan uitstrekken naar andere gevangenen."

In augustus 1934 werd Capone naar Alcatraz gestuurd. De dagen waarin hij als een vorst leefde in de gevangenis waren voorbij. "Capone kon *niets* Alcatraz uit of in smokkelen. Hij wist niet eens wat er in de buitenwereld gebeurde. Er zouden geen brieven of boodschappen meer overgebracht worden.

Alle inkomende post werd gecensureerd en overgetypt door bewakers waarbij verboden onderwerpen werden weggelaten zoals de geringste aanduiding van zaken of de verrichtingen van vroegere partners. Censors wisten zelfs de vermelding van actuele gebeurtenissen. Kranten waren niet toegestaan, tijdschriften moesten meer dan zeven maanden oud zijn. De enige bron van nieuws waren de nieuwkomers. Gevangenen mochten maximaal een brief per week schrijven, die streng werd gecensureerd, en alleen aan hun naaste familieleden. Alleen naaste familie mocht op bezoek komen en slechts twee

personen per maand. Elke keer moesten ze de gevange-
nisdirecteur schriftelijk om toestemming vragen. Bezoekers en gevangenen mochten niet fysiek in contact
komen met elkaar. Ze zaten tegenover elkaar aan weers-
zijden van een glasplaat... Niemand kon geld binnen-
smokkelen voor Capone. Hij had het overigens niets eens
kunnen uitgeven." (Schoenberg).

Hoe ging Capone om met dit verlies van populariteit
en status? Hij leek het tamelijk goed op te nemen en
paste zich beter aan dan menigeen. Met zijn gezondheid
was het echter minder goed gesteld. De syfilis die hij had
opgelopen als heel jong ventje ontwikkelde zich naar het
derde stadium die neurosyfilis werd genoemd. In 1938
was hij verward en gedesoriënteerd.

Het laatste jaar van zijn straf, die was teruggebracht
tot zes jaar en vijf maanden op grond van een combina-
tie van goed gedrag en werkijver, zat Al uit in de zieken-
afdeling waar hij behandeld werd voor syfilis. Hij kwam
in november 1939 vrij. Mae bracht hem naar een ziekenhuis in Baltimore waar de behandeling werd voortgezet
tot maart 1940.

Sonny Capone leek een opmerkelijk vriendelijke en
goedaangepaste jongeman ondanks zijn zeer ongebruikelijke achtergrond. In 1930 trouwde hij met een Iers meisje en ging in Miami wonen. Sonny en Diana schonken Al
en Mae vier kleindochters voor wie niets te goed was.

Zijn laatste jaren ging Al traag achteruit in de kalme
pracht van zijn paleis op Palm Island. Mae bleef bij hem
tot 25 januari 1947 toen hij overleed aan een hartstil-
stand op achtenveertigjarige leeftijd, omringd door zijn
diepbedroefde familie. Een week eerder was Andrew
Volstead, de auteur van de Volstead Wet die het tijdperk

van de Drooglegging van 1920 tot 1933 had ingeluid, overleden op de leeftijd van 87 jaar.

"In zijn achtenveertig jaar had Capone zijn stempel op de gangsterpraktijken en op Chicago gezet, en meer dan iemand anders had hij de waanzin van de Drooglegging bewezen. Al doende had hij tevens een fortuin verdiend. Bovendien had hij tot de verbeelding gesproken van het Amerikaanse publiek zoals weinig mensen dat ooit zullen doen. De roem van Capone had een vluchtige, voorbijgaande sensatie moeten zijn, maar in plaats daarvan nestelde zij zich permanent in het bewustzijn van de Amerikanen, voor wie hij het concept van de misdaad herdefinieerde tot een georganiseerde onderneming naar het voorbeeld van het bedrijfsleven. Zoals hij vol vuur duidelijke maakte, waren veel van zijn misdaden relatief; clandestiene brouwerijen waren alleen crimineel omdat een paar wetten dat zo voorschreven, wetten die vervolgens weer werden veranderd." (Bergreen).

2.

DE FAMILIE LUCCHESE

Bloed en vette jus

In de nacht van 26 februari 1930 trok Gaetano 'Tom' Reina, het eerste hoofd van de later befaamde misdaadfamilie Lucchese, zijn winterjas aan in de hal van het huis van zijn tante. Het was een woensdag en Reina ging elke woensdag bij zijn tante op bezoek. Hij keek altijd uit naar haar eigengemaakte Siciliaanse gerechten en ze stelde hem nooit teleur. Deze avond was daarop geen uitzondering geweest. Het aroma van haar 'jus', zoals de pas aangekomen immigranten haar marinarasaus in het Engels noemden, zweefde nog door het huis.

Toen Reina bij de deur stond, streelde zijn tante zijn wang en zette zijn kraag omhoog rond zijn hals. Het was hartje winter en ze maakte zich zorgen om hem. Het feit dat hij veertig jaar was en de leider van een criminele organisatie die de touwtjes in handen had in de Bronx en in de ijsdistributie door heel New York City maakte voor haar geen verschil. Ze moest toch voor hem zorgen.

Ze speurde zijn gezicht af naar tekenen van ziekte of zorgen, maar hij schonk haar direct een stralende glimlach en kuste haar op de wangen, bedankte haar voor de maaltijd en zei haar dat het goed met hem ging. Maar hij kon haar niet voor de gek houden. Ze had de zorgen in zijn blik gezien - die waren er de hele avond geweest - maar Reina zou zijn oude tante niet belasten met zijn problemen. Ze had gelijk: er zat hem iets dwars en dat vrat al een hele tijd aan hem. Zijn baas, Giuseppe Masseria, was te veeleisend geworden. Masseria was de maffiabaas van heel New York en hij heerste met ijzeren hand, stond erop dat iedereen hem 'Joe the Boss' noemde. De gierige schurk wilde nu een nog groter deel van de

winst en vanuit Reina's oogpunt verdiende hij dat aller-
minst.

Maandenlang dacht Reina er nu al serieus over om zich
aan te sluiten bij de rivaal van Masseria, Salvatore Maranzano, die relatief nieuw was in New York en pas enkele
jaren eerder vanuit Castellammare del Golfo op Sicilië
naar Amerika was gekomen. Maranzano won inmiddels
aan terrein en maakte het Masseria niet gemakkelijk.
Reina had nog geen definitieve beslissing genomen maar
met elke dikke envelop die van zijn handen overging in
die van Masseria's arrogante handlangers, kwam die een
stapje dichterbij.

Reina's tante streelde zijn wang met de palm van haar
hand en deed hem opschrikken uit zijn sluimerende
woede. Hij glimlachte even naar haar om haar ervan te
verzekeren dat alles in orde was terwijl hij naar de deur-
knop reikte en haar vaarwel zei.

Toen Reina de treden naar het trottoir afliep zag hij
een bekend gezicht. Vito Genovese, destijds 33, die later
de naamgever van de grootste misdaadfamilie van New
York zou worden, stond onder een lantaarn op hem te
wachten. Destijds was Genovese een bondgenoot van
Charles 'Lucky' Luciano, de linkerhand van 'Joe the Boss'
Masseria. Reina stak zijn hand op naar Genovese maar
"terwijl hij dat deed", schrijft Carl Sifakis in *The Mafia
Encyclopedia,* "knalde Genovese hem door zijn kop."
Genovese liet Reina's lichaam ter plekke liggen, voor het
huis van zijn tante aan Sheridan Avenue.

Tom Reina werd het eerste slachtoffer in de bloedige
strijd om de macht over de Siciliaanse maffia in Amerika,
de zogenoemde Castellammarese Oorlog, vernoemd naar

de Siciliaanse stad waar veel van de betrokkenen waren geboren. *Maar waarom moest Reina dood?* vroegen velen zich af. Lucky Luciano had zich zelf geërgerd aan de harde hand van Masseria en hij wist dat Reina erover dacht zich aan te sluiten bij nieuwkomer Maranzano. Waarom moest hij iemand elimineren die een machtige bondgenoot had kunnen zijn bij het afzetten van 'Joe the Boss'?

Daarvoor had de ingenieuze Luciano zo zijn redenen.

De twee Tommy's

Lucky Luciano dacht altijd drie stappen vooruit. Hij had het allesomvattende plan bedacht een nationale misdaadorganisatie op te zetten die groter zou zijn dan de maffia en waartoe gangsters van allerlei signatuur zouden behoren, niet alleen Sicilianen. Hij wist dat hij, om zijn plan te verwezenlijken, de ouderwetse 'Mustache Petes' zou moeten uitschakelen die vanuit Sicilië naar Amerika waren gekomen en heersten als middeleeuwse baronnen in een land van onbegrensde criminele mogelijkheden. Natuurlijk stond 'Joe the Boss' Masseria boven aan Luciano's dodenlijst, maar Lucky was ook op zijn hoede voor Masseria's rivaal, Salvatore Maranzano. Luciano wilde geen nieuwe baas; *hij* wilde de baas zijn. Maar hij wist dat hij nog niet sterk genoeg was om die zet te wagen. Vandaar dat hij opdracht gaf Tom Reina te vermoorden.

Luciano was bang dat als Reina partij koos voor Maranzano, de laatste al te machtig zou worden en mogelijk een groter obstakel zou vormen dan Masseria. Bovendien had Luciano al geheime toezeggingen van Reina's vertrouwelingen Gaetano 'Tommy' Gagliano en

Tommy Lucchese; zij zagen Luciano's nationale organisatie als de toekomst van de misdaad in Amerika. De Castellammarese Oorlog was de verraderlijke rebellie van de jonge honden tegen de oude garde.

Na de dood van Reina dreef Masseria Reina's Bronxbende van zich af door een buitenstaander te introduceren die de leidersrol op zich moest nemen; dit was eveneens een 'Mustache Pete', Joe Pinzolo genaamd. De twee topfiguren in de bende, Tommy Gagliano en Tommy Lucchese, waren getergd door het eigenmachtige leiderschap van Pinzolo en het duurde niet lang of Lucchese vermoordde Pinzolo, iets wat Masseria ten onrechte op het conto van Maranzano schreef.

Omdat ze hun buik vol hadden van 'Joe the Boss' besloten Gagliano en Lucchese samen te werken met Maranzano. Lucky Luciano, die altijd vooruitdacht, haalde hen echter over in het geheim over te stappen zodat Masseria er niet achter zou komen. Hierdoor werden de twee Tommy's veel interessanter voor Maranzano, die dacht dat hij nu twee nuttige spionnen in Masseria's organisatie had, terwijl het in werkelijkheid Luciano was die twee nuttige spionnen had in de organisatie van Maranzano. Luciano was nu gereed om de brutaalste zet te doen die een Amerikaanse mafioso ooit op zijn naam had geschreven.

De moord op Giuseppe Masseria en die op Salvatore Maranzano behoren tot de maffialegenden en markeren de geboorte van de moderne georganiseerde misdaad in de Verenigde Staten.

Op 15 april 1931 lokte Luciano 'Joe the Boss' naar een restaurant op Coney Island, waar ze na een overvloedige maaltijd de hele middag zaten te kaarten. Toen Luciano even naar het toilet ging, kwamen vier bewapende mannen het restaurant binnen en doorzeefden Masseria met zes kogels; zo kwam een eind aan diens draconische heerschappij. Luciano, die het toilet uit kwam om het lichaam te inspecteren, knikte goedkeurend naar zijn eigenhandig geselecteerde groep moordenaars die uiteindelijk zelf prominente onderwereldfiguren zouden worden - Albert Anastasia, Vito Genovese, Joe Adonis en Bugsy Siegel.

Nu Masseria uit de weg was geruimd riep Maranzano zichzelf uit tot de onbetwiste opperbaas, aanvankelijk denkend dat hij de steun had van Luciano. In stilte kreeg Maranzano echter genoeg van Luciano en zijn groeiende kring niet-Siciliaanse gangstervrienden. Al snel ging Maranzano Luciano beschouwen als "een bedreiging", zoals de auteur Ernest Volkman stelt in zijn boek *Gangbusters: The Destruction of America's Last Great Mafia Dynasty* [Bendebestrijders: de ondergang van de laatste grote maffiadynastie in Amerika, vert.]. Maranzano nam de beruchte Ierse huurmoordenaar Vince 'Mad Dog' Coll in de arm om Luciano en zijn naaste medewerker Vito Genovese uit de weg te ruimen. Luciano kreeg echter lucht van dit plan en was Maranzano voor; hij huurde vier joodse moordenaars uit de bende van Meyer Lansky en Bugsey Seigel om Maranzano te vermoorden.

Maranzano had Luciano ontboden voor een ontmoeting op zijn makelaarskantoor bij Grand Central Station, op 10 september 1931. Luciano vermoedde een hinderlaag dus stuurde hij zijn team moordenaars naar de geplande ontmoeting met Maranzano. Gekleed in het uniform van functionarissen van het ministerie van Financiën gingen de vier moordenaars naar Maranzano's kantoor en zeiden dat ze de boeken aan een steekproef moesten onderwerpen. Twee van de 'ambtenaren' schakelden Maranzano's lijfwachten buiten diens kantoor uit terwijl de andere twee naar binnen gingen om af te rekenen met Maranzano.

Tommy Lucchese was bij Maranzano, die er geen idee van had dat Lucchese al die tijd aan de kant van Luciano had gestaan. De moordenaars wisten niet hoe Maranzano eruitzag, dus was het aan Lucchese ervoor te zorgen dat ze de goede man te grazen namen; dit deden ze zeker - Maranzano werd doodgeschoten *en* -gestoken.

Ironisch genoeg liep een van deze killers op de trap 'Mad Dog' Coll tegen het lijf toen hij het gebouw uit stormde. Coll was op weg om Luciano en Genovese af te maken, die een ontmoeting zouden hebben met Maranzano.

Toen Coll erachter kwam dat de baas net was vermoord, maakte hij rechtsomkeert en liep tevreden weg. Maranzano had hem de helft van zijn honorarium van 50.000 dollar al vooruit betaald en zou zijn geld echt niet terugvorderen.

Nu de 'Mustache Petes' of dood waren of de benen hadden genomen, was voor Luciano en zijn kompanen de weg vrij om de macht te grijpen. Luciano nam de leiding op zich over Masseria's groep terwijl Tommy Gagliano de baas van Reina's bende werd, met Tommy Lucchese als tweede man. Gagliano behield zijn toppositie tot hij in 1953 een natuurlijke dood stierf.

'Three-Finger Brown'

Tommy Lucchese viel in zijn kringen nogal uit de toon. Hij was 1,60 m lang en tenger gebouwd, maar niet vies van geweld. Zoals Carl Sifakis stelt was hij wellicht de 'favoriete killer' van Lucky Luciano en mogelijk betrokken bij zo'n dertig moorden. Dit zou een blijk van grote waardering zijn geweest van de kant van Luciano, die op een bepaald moment Albert 'Lord High Executioner' [Heer Opperbeul, vert.] Anastasia en nog andere zware huurmoordenaars tot zijn stal mocht rekenen. Lucchese verloor in 1915 een vinger, wat hem de bijnaam 'Three-Finger Brown' opleverde, naar een populaire honkballer uit die tijd. Als jongeman bracht hij een lange lijst van arrestaties op zijn naam, waaronder enkele voor moord, maar hij slaagde er telkens in een veroordeling te ontlopen, behalve een voor diefstal in het begin van de jaren twintig van de vorige eeuw.

Lucchese diende 22 jaar lang trouw als tweede man van Tom Gagliano. Nct als Gagliano zette hij zijn ego opzij en concentreerde zich op kernwaarden van de maffia: geld verdienen en niet worden gepakt. Lucchese, die had geleefd onder het tirannieke regime van de 'Mustache Petes', toonde zich meer begaan met het welzijn van zijn mannen toen hij zelf de baas werd. Hij was populair en geliefd bij zijn manschappen en zette met zijn familie nieuwe zwendelpraktijken op in het kledingdistrict in Manhattan en in het aanverwante vrachtvervoer. Volgens maffiadeskundige Jerry Capeci zou Luccheses succesvolle infiltratie in deze bedrijfstakken erop wijzen dat hij macht had over "de belangrijkste plaatselijke vakbonds-afdelingen voor vrachtwagenchauffeurs en arbeiders in de dameskledingindustrie en over beroepsverenigingen."

Lucchese was een moderne gangster naar het voorbeeld van Luciano, die zijn macht uitbreidde op nieuw terrein terwijl hij vasthield aan de traditionele zwendelpraktijken die altijd de basis hebben gevormd van de geldmachine van de maffia: gokken, de bouw, woekerleningen en drugs. Samen met Gagliano begon hij nieuwe gangster- praktijken op het pasgeopende Idelwild Airport (later omgedoopt in Kennedy Airport), waar hij vakbonden omkocht om gelegenheid te scheppen voor monopolies op het vrachtvervoer, diefstal uit pakhuizen en kapingen.

Maar Lucchese had er ook handigheid in bevriend te raken met mensen op hoge posten en die vriendschap- pen uit te buiten. Een van zijn goede vrienden was Armand Chankalian, adminstratief medewerker van de officier van justitie van het zuidelijke district van New York. Chankalian stelde hem voor aan officier van justi- tie Myles Lane. In 1945 vroeg Lucchese bij de parool- commissie van de staat New York een verklaring van goed gedrag aan en Chankalian trad als referentie voor hem op. Hij kreeg de verklaring.

Lucchese rekende ook de assistent-officier van justitie Thomas Murphy tot zijn vrienden. Murphy was vooral bekend om het vervolgen van de vermeende commu- nistische spion Alger Hiss wegens het plegen van mein- eed in 1949. Murphy werd benoemd tot hoofdcommissa- ris van politie van de stad New York toen burgemeester Vincent Impellitteri in 1950 werd herkozen. Tommy Lucchese was een van de ferventste aanhangers van Impellitteri en was vaak te gast geweest bij Murphy thuis. De hoofdcommissaris beweerde tot dat jaar niets te heb- ben geweten van Luccheses strafblad.

Voorzover dat mogelijk is bij een maffiabaas was Lucchese een waardig drager van de naam van de familie die hij leidde. Hij hield zijn criminele leefwijze 44 jaar lang vol zonder een enkele veroordeling, wat op zichzelf al een gedenkwaardig feit is. Tegen het eind van zijn leven leed hij aan een hartkwaal en werd hij geopereerd aan een hersentumor, waarvan hij nooit geheel herstelde. Hij stierf op 13 juli 1967. Meer dan duizend mensen woonden zijn begrafenis bij, onder wie hooggeplaatste maffialeden die wisten dat ze zouden worden gadegeslagen door surveillanceteams van de politie en de FBI. Tommy Lucchese werd zo gerespecteerd dat niets hen ervan kon weerhouden aanwezig te zijn.

Lucchese werd als hoofd opgevolgd door Carmine Trumunti, maar diens machtsperiode was betrekkelijk kort en onopvallend. Hij werd berecht wegens het sanctioneren van drugshandel en veroordeeld tot een levenslange gevangenisstraf. Het volgende hoofd was een waardiger opvolger van 'Three-Finger Brown'.

Tony Ducks en de Jaguar

Het hoofd van de Luccheses, Anthony 'Tony Ducks' Corallo, had zijn bijnaam niet te danken aan zijn liefde voor waterwild. Hij werd zo genoemd wegens zijn geluk in het ontkomen aan ["ducking" in het Engels, vert.] vervolging in het begin van zijn loopbaan; maar anders dan Tommy Lucchese, die ruim vier decennia veroordeling wist te vermijden, was Corallo niet volkomen immuun voor het waakzame oog van de regering. Als jong lid van de familie Gagliano zat Corallo zes maanden in de bak wegens zijn betrokkenheid bij een drugsbende. Deze ervaring heeft hem mogelijk een lesje geleerd. Na zijn vrijlating richtte hij zich op criminele ondernemingen die justitie moeilijker op het spoor kon komen en kon vervolgen, met name op het omkopen van vakbondsmensen.

Rond 1950 was Corallo een van de diverse maffialeden die vakbondsafdelingen stevig in hun greep hadden, met de stilzwijgende goedkeuring van vakbondsfunctionarissen. Het melkkoetje van Corallo was afdeling 239 van de vrachtrijdersbond in New York. Hij werd beschuldigd van het creëren van nepmedewerkers en het incasseren van hun salarissen, wat was opgelopen tot een bedrag van 69.000 dollar toen de autoriteiten deze zwendel op het spoor kwamen. Corallo en andere maffialeden werkten samen met Jimmy Hoffa, voorzitter van de internationale vrachtrijdersbond, die het best vond dat zware jongens de vakbondskassen plunderden zolang ze ervoor zorgden dat de afdelingen waarover ze gingen hem aan de macht hielden. Corallo werd door de commissie voor arbeidszwendel van de Amerikaanse senaat (beter bekend als de McClellan-commissie) genoemd als een hoofdrolspeler in de vakbondscorruptie. Robert Kennedy, de voornaamste raadsman van de commissie, trad op in een in het hele land uitgezonden talkshow op de late avond en noemde Corallo en andere maffialeden met naam en toenaam. Toen hij werd gedagvaard om voor de commissie te getuigen, beriep Corallo zich onverstoorbaar 83 keer op het vijfde amendement toen hij werd ondervraagd over een afgeluisterd gesprek waarin Jimmy Hoffa zijn zegen leek te geven aan de illegale vakbondsactiviteiten van Corallo.

'Tony Ducks' wist problemen met betrekking tot het vakbondsonderzoek te ontlopen, maar werd wel gesnapt voor het omkopen van een rechter van het hooggerechtshof van New York en een assistent-officier van justitie wat hem een gevangenisstraf van twee jaar opleverde. Jaren later werd hij veroordeeld wegens het omkopen van het hoofd van het waterleidingbedrijf van New York, James L. Marcus; hij had geprobeerd contracten te krijgen voor het schoonmaken en repareren van delen van het reservoirstelsel van de stad. Met de contracten was meer dan 800.000 dollar gemoeid en Corallo werd veroordeeld tot een gevangenisstraf van viereneenhalf jaar.

Toen Corallo vrijkwam, lag Tommy Lucchese op zijn sterfbed en stond Carmine Trumunti klaar in de coulissen. Een paar jaar later ging Trumunti de gevangenis in en had de familie grote behoefte aan een stabiliserende kracht; Corallo voorzag daarin twaalf jaar lang. Onder de leiding van Corallo groeide en bloeide de familie Lucchese, hoewel ze niet zo groot werd als de families Genovese en Gambino. Alleen al in de drugshandel profiteerden ze er flink van toen een compagnon van de familie, Matty Madonna genaamd, hoofdleverancier werd voor Leroy Nicky Barnes, de heroïnekoning van Harlem. Madonna verkocht Barnes wel veertig kilo per maand in de wilde discodagen in de eerste jaren na 1970. De praktijken van de familie liepen vele jaren gladjes en in het geniep, tot Tony Ducks slachtoffer werd van een Jaguar.

Kort na 1980 plaatsten rechercheurs afluisterapparatuur in de Jaguar van Corallo's lijfwacht en chauffeur Salvatore Avellino. Ironisch genoeg werd Corallo, die meestal nors en zwijgzaam was, op de band vastgelegd terwijl hij uitvoerig en gedetailleerd sprak over maffiazaken. De informatie die via deze opnamen werd vergaard, werd tegen Corallo gebruikt in wat bekend werd als de commissiezaak. Geschraagd door de RICO-statuten opende justitie de jacht op de leiders van de families in New York; men wilde bewijzen dat deze mannen aan het hoofd stonden van een groeiende criminele onderneming. In 1986 werd Corallo schuldig verklaard en naar de gevangenis gestuurd, waar hij in 2000 stierf.

Corallo selecteerde zijn eigen opvolger en net als andere bazen voor hem koos hij de verkeerde. (Als bijvoorbeeld Carlo Gambino zijn populaire tweede man, Aniello Dellacroce, als opvolger had gekozen in plaats van zijn zwager Paul Castellano, was John Gotti mogelijk nooit de Dapper Don geworden.) Corallo koos Vittorio 'Vic' Amuso, een man die in een vorig leven de guillotine had kunnen bedienen tijdens de Franse Revolutie.

Ieders kop eraf

Vic Amuso en zijn al even bloeddorstige tweede man, Anthony 'Gaspipe' Casso, heersten met de subtiliteit van een paar mokers. Maffiadeskundige Jerry Capeci vat hun leiderschapsfilosofie beknopt samen: "Hun voornaamste idee over leidinggeven was iedereen te doden die hun op de een of andere manier onwelgevallig was. Hun tweede basisprincipe was iedereen te doden die hun naar zij dachten onwelgevallig zou kunnen worden." De regels en tradities van de maffia verdwenen in de prullenbak toen Amuso en Casso aantraden.

Het bloedvergieten begon toen Amuso en Casso met een hoop andere maffialeden werden aangeklaagd in de 'ramenzaak', waarin figuren uit de georganiseerde misdaad afkomstig uit verschillende families werden beschuldigd van omkoperij en afpersing; zo haalden ze exclusieve contracten binnen voor het repareren van gebouwen voor het bureau huisvesting van de stad New York. Deze contracten stelden de maffia in staat de stad honderdduizenden ramen te verkopen en ze te plaatsen tegen een verhoogde prijs en zonder enige concurrentie. Amuso en Casso wisten dat de regering een ijzersterke zaak tegen hen had. Daarom namen ze in 1990 de benen en leidden de familie vanuit een schuilplaats, waarbij ze vanaf een afstand opdracht gaven iedereen koud te maken die in hun ogen problemen zou kunnen veroorzaken.

Een van de eerste doelwitten was een van hun eigen huurmoordenaars, de bijna 200 kilo zware Pete Chiodo, die in de 'ramenzaak' schuld had bekend in de wetenschap dat hij in een proces geen schijn van kans had. Amuso en Casso gingen ervan uit dat Chiodo met justitie overeen was gekomen tegen hen te getuigen in ruil voor strafvermindering. Ze seinden hun waarnemend hoofd, Alphonse 'Little Al' D'Arco, in 'Fat Pete' koud te maken.

'Little Al', kort en pezig en met standaard een harde uitdrukking op zijn gezicht, deed wat hem werd gezegd en stuurde een team huurmoordenaars om af te rekenen met Chiodo. Ze overvielen hem bij een tankstation op Staten Island nabij het tolplein van de Verranzanobrug, waar hij onder zijn motorkap stond te rommelen om de motor te controleren. De moordenaars joegen zeven kogels in zijn lijf waarvan "vijf kogels helemaal door zijn lichaam gingen", aldus de schrijver Allan May. Maar geen ervan raakte een vitaal orgaan en Chiodo bleef in leven.

Ironisch genoeg was Chiodo in werkelijkheid een

betrouwbare vent die weerstand had geboden aan alle pogingen van justitie hem te laten overlopen. Maar toen Amuso een paar zware jongens naar het kantoor van Chiodo's advocaat stuurde met de boodschap dat Chiodo's zuster als volgende aan de beurt was, ging 'Fat Pete' enigszins anders denken over zijn eed van trouw aan de maffia. Het doden van vrouwen was binnen de maffia strikt verboden, maar kennelijk waren Amuso en Casso de spelregels vergeten, want nu probeerden ze Chiodo tegen te houden door een aanslag te plegen op het leven van zijn zus. Een bestelauto hield stil voor het huis van Patricia Capozzalo en opende het vuur op haar toen ze naar binnen ging nadat ze twee van haar kinderen naar school had gebracht. Ze werd getroffen in haar hals en rug voor de bestelauto ervandoor ging. Net als haar broer overleefde ze de aanslag. Kort na het neerschieten van Capozzalo werd Chiodo's oom, Frank Signorino, dood aangetroffen in de kofferbak van een auto. Chiodo wist wat hem nu te doen stond. Dankzij de onhandige pogingen van Amuso en Casso hem het zwijgen op te leggen trad Chiodo toe tot het getuigenbeschermingsprogramma en werd een van de productiefste getuigen tegen de maffia die de overheid ooit heeft gehad.

Amuso en Casso hadden niet goed begrepen hoe ze zich gedeisd moesten houden. Terwijl ze waren ondergedoken gaven ze waarnemend hoofd D'Arco opdracht om de hele New Jersey-groep binnen de familie Lucchese uit te moorden, in totaal dertig leden. Teleurgesteld over het grillige leiderschap van Amuso was de baas in New Jersey, Anthony 'Tumac' Accetturo, ermee opgehouden de leiding in New York in zijn winst te laten meedelen. Vanuit het standpunt van Accetturo waren de leden van de Jerseygroep hardwerkende verdieners die van de bazen in New York niets dan problemen ondervonden. Al dat moorden en schieten vestigde de aandacht van de politie op de leden van de familie Lucchese en was slecht voor de zaken. Accetturo probeerde met Amuso en Casso te onderhandelen, maar ze lieten zich niet vermurwen. Het bevel werd gegeven: "Maak gehakt van New Jersey!"

Het dilemma van Little Al

In dit stadium moet waarnemend hoofd 'Little Al' D'Arco de indruk hebben gehad dat hij in het konijnenhol was gevallen en was beland op het theepartijtje van de Gekke Hoedenmaker. Amuso en Casso werden steeds onredelijker en moeilijker te volgen. Zoals auteur Ernest Volkman schrijft in zijn boek *Gangbusters* gaf Casso tijdens een heimelijke ontmoeting D'Arco een lijst met 49 namen - mensen die Casso had voorbestemd om te worden geëxecuteerd. D'Arco nam de lijst door en realiseerde zich dat de helft van die mensen leden van de familie Lucchese waren. Toen D'Arco zijn twijfels over enkele keuzes van Casso uitsprak, zei de tweede man dat ze allemaal dood moesten omdat het 'gluiperds' waren. Volgens Volkman beloofde Casso tijdens een andere ontmoeting dat hij een feestje zou geven als hij eindelijk weer boven water zou komen waarop hij alle 'gluiperds' zou uitnodigen; hij kon hen dan allemaal tegelijk vermoorden.

Amuso gaf blijk van zijn grootheidswaan toen hij

D'Arco opdroeg een bomexpert te rekruteren uit de maffiafamilie van Philadelphia, die een explosief kon samenstellen dat het hoofd van de Gambino's, John Gotti, zou doden. D'Arco wees erop dat dit zeker zou leiden tot een vergeldingsactie van de familie Gambino en dat de familie Lucchese niet zat te wachten op nog meer moeilijkheden. Amuso zei hem dat hij zich daar niet druk over moest maken omdat 'de robe', het hoofd van de Genoveses Vincent Gigante, hen zou steunen.

D'Arco moet hebben gedacht dat het tweetal was doorgedraaid. Als ze opdracht konden geven tot het vermoorden van hun eigen familieleden en hun geliefden, hoe veilig was hijzelf dan? Het teken aan de wand kwam toen Amuso hem degradeerde tot lid van een vier man sterke commissie die werd benoemd om de familie te leiden. Hij wist dat Amuso en Casso hem verantwoordelijk hielden voor de mislukte aanslag op 'Fat Pete' Chiodo. 'Little Al' besloot dat hij voortaan nog meer dan anders op zijn hoede moest zijn.

Op 29 juli 1991 arresteerden FBI-agenten Vic Amuso en zijn lijfwacht in een winkelcentrum buiten de stad nabij Scranton, Pennsylvania. Ze gaven zich vreedzaam over maar het nieuws van Amuso's arrestatie stelde D'Arco niet gerust. Als er een prijs op zijn hoofd stond, was die nog steeds van kracht en Casso liep nog vrij rond.

Zes weken later liep D'Arco Hotel Kimberly binnen in het centrum van Manhattan en nam de lift naar een suite waar de waarnemende Lucchesetop een bijeenkomst had gepland. Zodra hij de suite betrad, wist hij instinctief dat er iets mis was. Volgens Alan May "merkte D'Arco op dat een van de mannen een bobbel onder zijn hemd had, een duidelijk teken dat hij een wapen droeg." Het gewapend bijwonen van een bijeenkomst was een evidente schending van het maffiaprotocol. De man met de bobbel verontschuldigde zich en ging naar het toilet. Toen hij terugkwam was de bobbel verdwenen. De moed zonk D'Arco in de schoenen. Het was een klassieke truc: de volgende die naar de wc ging, zou naar buiten komen met het pistool in zijn hand.

'Little Al' was ervan overtuigd dat hij het doelwit was. Hij moest het wel zijn, meende hij. Hij probeerde een manier te bedenken om te ontsnappen maar de overmacht was te groot. Hij zou de deur niet eens halen.

Toen een andere man naar het toilet ging wist D'Arco zeker dat zijn laatste uurtje had geslagen. Maar toen de man weer naar buiten kwam, gebeurde er niets. Hij was waarschijnlijk niet aangewezen om te schieten, dacht D'Arco. Misschien had hij gewoon moeten plassen. De schutter wachtte zijn kans nog af.

Op dat moment besloot D'Arco dat hij echt weg moest zien te komen. Hij mompelde een excuus en verliet de suite, haastte zich naar de lobby en de straat op. Hij zocht de buurt van het hotel af maar kon nergens zijn chauffeur ontdekken, een duidelijk teken dat het de bedoeling was geweest hem die dag te executeren. Snel hield hij een taxi aan en ging rechtstreeks naar huis, waar hij zijn vrouw en familie oppikte. Ze haastten zich direct naar een veilige plaats.

D'Arco voelde zich verraden. Hij had altijd geleefd volgens de maffiacode en was honderd procent loyaal geweest jegens de familie Lucchese. De regels die de godfathers van vorige generaties hadden opgesteld hadden echter geen enkele betekenis meer. Amuso en Casso waren ontspoord, niet hij. Hij vond het beschamend te moeten vluchten terwijl hij niets verkeerds had gedaan. Hij was niet dadelijk van plan geweest naar justitie te gaan, maar omdat hij een vrouw en een groot gezin moest beschermen (met name zijn zoon Joseph, die deel had uitgemaakt van het team dat de mislukte aanslag op 'Fat Pete' Chiodo had gepleegd) en niemand in de maffia bereid was hem te helpen, had D'Arco weinig keus.

'Little Al' D'Arco werd de eerste maffiabaas in de geschiedenis die als getuige voor de openbaar aanklager een belastende verklaring aflegde tegen zijn medefamilieleden nadat de staat ermee akkoord was gegaan hem en zijn grote gezin op te nemen in het getuigenbeschermingsprogramma. Hij zou niet de laatste zijn.

De gaspijp slaat terug

In 1993 werd Anthony 'Gaspipe' Casso eindelijk gepakt. Hij had dertig maanden ondergedoken bij een oude vriendin in het hart van New Jersey. De regering kon niet wachten hem voor het gerecht te brengen. Casso, die betrokken zou zijn geweest bij 36 moorden waaronder het opblazen van de tweede man van Gambino, Frank DeCicco, in 1986 en een plan om de federale rechter Eugene Nickerson uit de weg te ruimen, leek rijp voor het plukken. Waarschijnlijk zouden ze hem voor de rest van zijn leven kunnen opsluiten. Maar anders dan zijn baas Vic Amuso besloot Casso dat het hem niets zou opleveren als hij zich loyaal opstelde. In plaats daarvan liep hij over en bood aan tegen de maffia te getuigen.

Het was een verrassende maar niet onwelkome zet. De

federale aanklagers wisten dat hij een schat aan inside-informatie kon leveren, niet alleen over de familie Lucchese maar ook over sommige andere families. Ze vergeleken hem met een andere waardevolle deserteur, de tweede man van de Gambino's Sammy 'Bull' Gravano, wiens getuigenis tegen het hoofd van de Gambino's John Gotti hielp om de ongrijpbare Teflon Don achter de tralies te krijgen. Maar Casso begreep kennelijk niet dat deserteurs worden geacht te tonen dat ze hun leven een andere wending hebben gegeven en hun criminele verleden achter zich willen laten. Gaspipe leek eerder te denken dat zijn samenwerking met de overheid hem een vrijbrief gaf om zich te misdragen.

Opgesloten in een speciale gevangenisafdeling voor bereidwillige getuigen raakte Casso herhaaldelijk in gevecht met andere gedetineerden. In een geval viel hij een geboeide gevangene aan in de douche. Een andere keer ging hij een gedetineerde die twee keer zo groot was als hij te lijf met een opgerold tijdschrift. De bijna 175 kilo zware gevangene greep de nog geen 85 kilo wegende Casso bij zijn hemd en sloeg ongenadig op hem in tot bewakers hen uit elkaar haalden. Beide mannen belandden als gevolg hiervan in de isoleercel.

Jerry Capeci schrijft in zijn artikel "Gaspipe Gets Gassed" [Gaspijp krijgt gas, vert.] dat Casso ook een secretaresse van de gevangenis overhaalde om hem gunsten te verlenen, zoals het gebruik van een niet-afgeluisterde telefoon. Casso "kocht (ook) bewakers om in de penitentiaire instelling in Otisville om hem geld, biefstuk, sushi, kalkoen, wodka, wijn en andere contrabande te leveren."

Casso bleek een ongeleid projectiel te zijn en de aanklagers hielden hun hart vast voor wat hij in het getuigenbankje zou doen als hij ooit als getuige zou moeten optreden. Ze besloten hem niet te gebruiken in het proces tegen het hoofd van de Genoveses Vincent 'Chin' Gigante maar vertrouwden op de getuigenissen van Sammy Gravano en 'Little Al' D'Arco. Casso was zo woedend over het feit dat hij was gepasseerd, dat hij na Gigantes veroordeling een brief schreef aan de federale aanklagers in Brooklyn; hij vervloekte de deserteurs die hadden getuigd en beschuldigde Gravano en D'Arco ervan dat ze onder ede hadden gelogen. De aanklagers zijn waarschijnlijk uit hun vel gesprongen toen ze zijn geschreven woede-uitbarsting ontvingen, vrezend dat dit document hun met moeite verkregen veroordeling teniet zou doen.

Deze keer was Casso te ver gegaan. Hij werd uit het programma en uit de speciale getuigenafdeling van de gevangenis geschopt. Aangezien hij door zijn voormalige maffiakameraden was gebrandmerkt als verrader moest hij voor zijn eigen veiligheid geïsoleerd worden opgesloten. Vervolgens schreven de aanklagers zelf een brief aan het hof waarin ze de aanbeveling deden Casso geen strafvermindering te geven voor een medewerking die nooit iets had opgeleverd. Ze verzochten om een levenslange gevangenisstraf voor Casso, en die kreeg hij ook. Voor hem waren de dagen van sushi en biefstuk voorbij.

Een draaideur

In 1993 maakte Vic Amuso, nog altijd het hoofd van de familie Lucchese, vanuit de gevangenis zijn wensen kenbaar. Hij wees zijn handbalpartner uit zijn oude buurt in Queens, Joseph 'Little Joe' Defede, aan als degene die tijdens zijn afwezigheid als waarnemend hoofd de familie moest leiden. Na jaren van onrust en interne strijd leek de familie Lucchese in rustiger vaarwater te verkeren. Maar toen begon Amuso de boeken te controleren. Hij ontdekte dat de ondernemingen van de familie minder geld opbrachten dan voorheen en suggereerde dat Defede mogelijk de inkomsten van de familie uit het kledingdistrict afroomde.

In zijn artikel "A Lousy Legacy" [Een waardeloze erfenis, vert.] citeert Jerry Capeci een anonieme bron volgens welke Defede, die nooit bekend had gestaan als een 'harde kerel', bang was dat Amuso hem zou laten 'koudmaken' wegens het bestelen van de familie. Nadat hij bijna vijf jaar was opgetreden als waarnemend hoofd gaf hij zichzelf aan bij de FBI en verklaarde zich schuldig aan het afpersen van een klein vermogen van bedrijven in het kledingdistrict. Voor 'Little Joe', die zijn criminele loopbaan was begonnen met het drijven van een illegale loterij vanuit een hotdogauto in Brooklyn, was het geen moeilijke keus: beter levend in de gevangenis dan dood op straat. Liggend in een bed in het gevangenishospitaal in Lexington, Kentucky dacht Defede serieus na over zijn leven en besloot dat de maffia hem niets meer te bieden had. Hij besloot het voorbeeld van 'Little Al' D'Arco te volgen en getuige voor de staat te worden.

De volgende in het hoogste echelon was tweede man Steven Crea, maar zijn termijn als waarnemend hoofd duurde niet lang. Hij werd al gauw veroordeeld wegens gangsterpraktijken, onder meer in de bouwwereld, en naar de gevangenis gestuurd.

Crea's opvolger was eenzelfde lot beschoren. In

september 2004 werd het volgende waarnemend hoofd van de familie Lucchese, Louis 'Louie Crossbay' Daidone, veroordeeld door het federale hof wegens woekerpraktijken en moord. 'Little Al' D'Arco, die getuigde voor de openbaar aanklager, beweerde dat hij als waarnemend hoofd van de familie Lucchese Daidone opdracht had gegeven een man te vermoorden die zich mogelijk zou aandienen als getuige voor de staat. Hij zei dat hij Daidone had gezegd een kanarie in de mond van het lijk te stoppen als waarschuwing voor anderen die overwogen hun mond open te doen tegenover de regering. Met behulp van een vergrootglas konden de juryleden op foto's van de plaats delict inderdaad de kanarie in de mond van het slachtoffer ontwaren. Daarop verklaarden ze Daidone schuldig.

Opgemerkt moet worden dat de familie Lucchese de inspiratiebron was voor enkele van de opmerkelijkste maffiafiguren in films en op de televisie. De film *Goodfellas* van Martin Scorsese is gebaseerd op Nicholas Pileggi's non-fictieboek *Wiseguy*, dat het leven en de misdaden volgt van Henry Hill, compagnon van de Luccheses. In die film speelt acteur Paul Sorvino de rol van 'Paul Cicero', een personage dat is gecreëerd naar het voorbeeld van de echte Lucchese-capo Paul Vario. Henry Hill (gespeeld door Ray Liotta) en Jimmy 'the Gent' Burke (gespeeld door Robert DeNiro) hoorden beiden tot de groep van Vario.

Aanklagers en rechercheurs uit New Jersey denken dat Michael Taccetta, straatleider van de Garden Statefractie binnen de familie Lucchese, hoogstwaarschijnlijk de inspiratiebron is voor 'Tony Soprano' (gespeeld door James Gandolfini), de hoofdpersoon van HBO's *The Soprano's*. Ze wijzen ook op sterke overeenkomsten tussen de Lucchese-killer Tommy Ricciardi en Tony Soprano's *consigliere* 'Silvio Dante' (gespeeld door Steven Van Zandt). Zowel Taccetta als Ricciardi stonden op de zwarte lijst van Vic Amuso toen hij decreteerde dat de Jerseygroep binnen de familie Lucchese moest worden uitgeroeid.

3.

JOHN GOTTI

Inleiding

De Amerikaanse gangster is net zo Amerikaans geworden als, zeg maar - appeltaart! Tientallen jaren lang bewonderde en verguisde het publiek dit type criminele activiteiten in de Verenigde Staten.

Er zijn maar weinig figuren uit de georganiseerde misdaad die het publiek zo in hun ban wisten te houden als John Gotti dat de laatste 20 jaar gedaan heeft. We hebben nochtans ons deel aan bekende gangsters gehad in het verleden. Onderwereldfiguren als Al "Scarface" Capone en Jack "Legs" Diamond fascineerden het publiek in de jaren 20 van de vorige eeuw. In de jaren 30 was het een heel ander type crimineel dat populair werd. Bankovervallers als John Dillinger, "Pretty Boy" Floyd en "Baby Face" Nelson waren de trend in wat bekend stond als de Misdaadgolf van de Amerikaanse Midwest

De jaren 40 van de vorige eeuw brachten ons dan weer Benjamin "Bugsy" Siegel en de moordenaars van Murder, Inc. Samen met de glamour die deze individuen verleenden, zorgden de moorden die ze pleegden voor opwindende krantenkoppen, om nog maar te zwijgen van de sensationele foto's.

Ofschoon de jaren 50 ons geen prominente namen leverden, bracht ook deze decade de georganiseerde misdaad op het voorplan, dankzij de inspanningen van de ordehandhavers. Het begon met de Kefauver hoorzittingen die begin de jaren 50 op televisie uitgezonden werden en kende een dramatisch hoogtepunt met het beruchte Apalachenconclaaf in 1957.

De turbulente jaren 60, met de politieke en sociologische aardverschuivingen konden niet snel genoeg voorbij zijn en in bendeland zagen we voor het eerst een oorlog woeden in de schoot van de verschillende gangsterfamilies - de Gallo / Profacci oorlog en de Bananenoorlog. Toen de jaren 70 in zicht kwamen, begonnen de gangsters niet alleen om de krantenkoppen te wedijveren, maar vooral ook om zendtijd op de televisie. Aartsvijanden binnen de maffia "Crazy Joe" Gallo en Joseph Colombo waren het doelwit van de New Yorkse media en de stad wist hoe hen te promoten. Beide flamboyante heren zouden dan wel een brutaal einde kennen, maar het zou wel behoorlijk gedocumenteerd worden.

Toen in het midden van de jaren 80 de federale diensten voor ordehandhaving, geholpen door hun regionale collega's, begonnen om de gangsterfamilies over het hele land te ontmantelen, kwam John Gotti naar voren en wist de aandacht van het publiek te trekken in wat wel een laatste stuiptrekking van de gangster à la Hollywood leek om zijn stempel te drukken op de Amerikaanse misdaadgeschiedenis. Gotti werd het lievelingetje van de New Yorkse media. Dankzij zijn gewoonte om zonder kleerscheuren uit strafprocessen te voorschijn te komen en zijn hang naar dure luxekleding, werd hij de icoon van de Amerikaanse gangster.

Op zijn weg naar de top liet Gotti een bloederig spoor van lijken achter zich, en een hele groep ordehandhavers die daar danig mee verveeld zaten. Hem achter de tralies krijgen werd een obsessie, en deed de overheid alle middelen inzetten om hem daar te doen belanden. In 1992 werd de man die van de dappere Don tot de Teflon Don was verworden, door een federale districtsrechtbank in Brooklyn voor de RICO-aanklachten veroordeeld tot een levenslange gevangenisstraf zonder de mogelijkheid vervroegd vrij te komen.

Als we terugkijken op Gotti's rijk, kunnen we eigenlijk alleen maar zeggen dat zijn enige wapenfeit is dat hij het publiek in zijn ban wist te brengen en te houden. Als het daarop aankwam, kende Gotti zijn gelijke niet of bijna niet. Maar als leider ontbrak het hem aan de kwaliteiten die de carrières van maffiagrootheden als Capone, Luciano, Lansky, Torrio, Costello en Gambino een dergelijke vlucht lieten nemen. Uiteindelijk zouden zijn ego en zijn zorge- loosheid hem ten val brengen.

Na bijna tien jaar te hebben gezeten, stierf Gotti, 61 jaar oud, op 10 juni 2002 aan de complicaties van hoofd- en keelkanker. Het lijkt ironisch, als wilde Gotti toch het laatste woord hebben en de federale overheid een hak zetten door maar een deel van zijn tijd uit te zit- ten. Als er iets positiefs over Gotti kan worden gezegd, dan is het wel dat hij zijn straf als een man opnam. Altijd de overheid tartend, kan men zich afvragen of John Gotti, de Dappere Don, het anders zou hebben gewild.

De beginjaren

John Joseph Gotti, Jr. werd op 27 oktober 1940 geboren als het vijfde kind van John J. Gotti, Sr. en diens vrouw, Fannie. Het gezin zou uiteindelijk 11 kinderen tellen - zeven jongens en vier meisjes. Omwille van de slechte medische verzorging stierven enkele van zijn broers en zussen in hun kindertijd. Gotti's vader wordt in de vroe- ge geschriften beschreven als een hardwerkende immi- grant uit Napels, Italië. Jaren later zou Gotti een heel ander verhaal over zijn vader ophangen tegen Salvatore "Sammy the Bull" Gravano (de onderbaas van de Gambinofamilie die de meest beruchte maffiarat in Amerika zou worden):

"Die verdomde klootzakken die boeken schrijven," kloeg Gotti, "zijn erger dan wij. Mijn verdomde vader werd in New Jersey geboren. Die man is van zijn leven niet in Italië geweest. Mijn moeder ook niet. Die vent heeft geen dag in zijn leven gewerkt. Hij was een rollende steen; hij heeft nooit voor zijn gezin gezorgd. Hij deed nooit niets. Hij verdiende nooit niets. En wij hadden nooit niets."

Deze beschrijving van de werkgewoonten van zijn vader mag dan overdreven geweest zijn, het gezin werd wel opgevoed in een vervuilde, door armoede overheerste wijk van de South Bronx. Toen Gotti 10 jaar oud was, had zijn vader genoeg geld gespaard om zijn gezin te laten verhuizen naar de wijk Sheepshead Bay in Brooklyn. Dit bleek een definitieve stap op hun weg om hun appartement met vier kamers in South Bronx voorgoed achter zich te laten. Een jaar later, verhuisde het gezin opnieuw naar een andere wijk in Brooklyn, die bekendstaat als East New York.

Al heel jong leerde "Johnny Boy" zijn vuisten te gebruiken. Hij had een kort lontje en een razende woede als hij neerkeek op diegenen die een beter leven hadden. In plaats van te proberen zelf zakenman of arts te worden, was zijn doel een van de betweters te worden die hij elke dag zag rondhangen op de straathoeken in Brooklyn. Gotti was dan ook amper 12 jaar oud toen hij betrokken raakte bij de straatactiviteiten van de locale maffia. Samen met zijn broers Peter en Richard, werd Gotti lid van een bende die boodschappen deed voor de betweters. Gotti werd op straat opgeleid, hij had weinig tijd om een formele opleiding te volgen. Als gewoontespijbelaar, beschouwden de leraars hem een storende afleiding als hij dan toch eens een keertje naar school kwam. Omdat hij de pestkop van de klas was, maakten zij zich helemaal niet bezorgd over zijn afwezigheid.

In 1954 werd Gotti gewond toen hij deelnam aan een diefstal in opdracht van enkele lokale misdadigers. Hij en enkele andere kinderen waren bezig een draagbare cementmixer te stelen op een bouwwerf, toen de mixer kantelde en Gotti's tenen verbrijzelde. Nadat hij bijna de hele zomer van zijn veertiende levensjaar in het ziekenhuis had doorgebracht, was Gotti weer terug op straat, en wel met een eigenaardig loopje, dat hij de rest van zijn leven niet meer kwijt zou raken.

Toen hij 16 was, verliet Gotti de school voorgoed en werd hij lid van de Fulton-Rockaway Boys, een tienerbende die genoemd was naar een kruispunt in Brooklyn. Al heel snel nam Gotti de leiding van de bende op zich. De Fulton-Rockaway Boys verschilde van andere "enggeestige" tienerbendes omdat zij zich een trapje hoger bevonden op de ladder van de criminele activiteiten. Bendeleden stalen auto's, heelden gestolen goederen en beroofden dronkaards van hun geld.

Samen met zijn broers Peter en Richard, vormde Gotti een bende met twee andere jongemannen die vrienden voor het leven zouden worden. De eerste was Angelo Ruggiero, een grote, zware jongeman, wiens neiging almaar door te rebbelen hem de bijnaam "Quack-Quack" bezorgde. De tweede was Wilfred "Willie Boy" Johnson, een amateurbokser wiens vader van Amerikaansindiaanse afkomst was. Johnson werd voortdurend met zijn afkomst geplaagd en erom vernederd; omwille van zijn afkomst kon hij trouwens nooit een "echt" lid van de maffia worden.

Tussen 1957 en 1961, terwijl hij lid was van de Fulton-Rockaway Boys, werd Gotti vijf maal gearresteerd. Telkens liet men de aanklachten vallen of kreeg hij een voorwaardelijke straf opgelegd.

Huwelijk en carrière

Rond 1960, toen hij 20 was, werd Gotti verliefd op Victoria DiGiorgio. De kleine schoonheid met de ravenzwarte haren was de dochter van een joodse vader. Haar ouders waren gescheiden toen ze nog een baby was en later nam ze de familienaam van haar stiefvader aan. Twee jaar jonger dan Gotti, liet DiGiorgio de school voor wat ze was tijdens haar laatste jaar. De twee trouwden op 6 maart 1962, bijna een heel jaar na de geboorte van hun eerste kind, Angela. Het huwelijk was stormachtig, er werd vaak ruzie gemaakt en er waren veel periodes van scheiding. En toch, niettegenstaande hun problemen, kreeg het koppel al heel gauw nog twee kinderen: een tweede dochter, Victoria, en John A., die later bekend zou worden als "Junior."

Rond die periode, probeerde Gotti zelfs eerlijk zijn brood te verdienen - als tester in een mantelfabriek en als assistent van een vrachtwagenchauffeur - alvorens hij uiteindelijk al zijn energie aan een leven in de misdaad zou wijden. Victoria Gotti keek neer op de carrière van haar echtgenoot. Ze haatte de manier waarop ze door die carrière moest leven. Op een keer toen Gotti een gevangenisstraf van drie jaar uitzat, moest zij bij de bijstand aankloppen. Op een andere keer daagde ze haar echtgenoot voor de rechtbank omdat hij geen alimentatie betaalde. Jaren later zou de afluisterapparatuur van de FBI gesprekken afluisteren waar Gotti het over zijn vrouw had terwijl hij zei: "Die vrouw maakt mij gek!"

Gotti zat voor het eerst in de gevangenis, voor een periode van 20 dagen, in 1963 toen hij gearresteerd werd met Salvatore Ruggiero, de jongere broer van Angelo. Ze zaten in een als gestolen gemelde wagen van een verhuurbedrijf. Gotti's misdaden in het begin van de jaren 60 tot ongeveer het midden van die periode, waren vooral kleine misdaden, brandstichting, inbraak en bezit van bookmakersarchieven. Ook in 1966 zou hij enkele maanden in de gevangenis doorbrengen, voor poging tot diefstal.

Maar 1966 zou een prima jaar worden voor de gangster uit Brooklyn. Gotti werd een handlanger van een maffiabende geleid door Carmine Fatico en diens broer Daniel. Zij opereerden vanuit een club, genaamd de Bergin Hunt and Fish Club in Ozone Park, Queens, de Faticos moesten verantwoording afleggen aan de onderbaas van de Gambinofamilie, Agnello Dellacroce. Gotti begon zijn criminele carrière als kaper bij de Beringroep. Het doel van die groep, en van de andere New Yorkse misdaadfamilies, was de gigantische luchthaven, John F. Kennedy International Airport.

Al was hij dan geen fantastische kaper, Gotti was toch goed genoeg om zijn gezin te kunnen laten verhuizen naar een mooier appartement in Brooklyn. Al gauw kregen hij en Victoria hun vierde kind, een tweede zoon, die zij Frank noemden.

Op 27 november 1967, vervalsten Gotti en een ander lid van de bende, hetzij Angelo Ruggiero hetzij een van Gotti's andere broers, Gene, de naam van een agent van een expeditiebedrijf, waarop zij met een gehuurde vrachtwagen naar de vrachtafdeling van JFK's United reden, waarna ze weer wegreden met goederen ter waarde van 30.000 dollar, een behoorlijk deel ervan was dameskleding. Vier dagen later stond de FBI op de uitkijk toen Angelo en Gotti opnieuw dameskleding inlaadden, dit keer op de vrachtterminal van Northwest Airlines. Eens ze buiten het grondgebied van de vluchthaven waren, kwam er een auto, met daarin Gene en Gotti, langszij gereden. De FBI greep in en arresteerde de drie mannen, waarbij ze Gotti in de laadruimte van de vrachtwagen vonden, waar hij zich achter verschillende dozen had verstopt. Tijdens de daaropvolgende ondervraging, identificeerden bedienden van United John Gotti als de man die voordien had getekend voor de gestolen goederen. Hij werd gearresteerd voor de kaping bij United in februari 1968. In april, toen hij op borgtocht vrij was, werd hij voor de derde keer gearresteerd voor kaping, deze keer voor het stelen van een lading sigaretten ter waarde van bijna 500.000 dollar buiten een restaurant op de New Jersey Turnpike.

Op aandringen van Carmine Fatico, huurden de broers Gotti en Angelo de advocaat Michael Coiro in om hen te vertegenwoordigen. John pleitte schuldig aan de Northwest kaping en hij werd veroordeeld tot vier jaar opsluiting in de Lewisburg Penitentiary in Pennsylvania. De aanklagers lieten de aanklacht in de zaak van de kaping van de sigaretten vallen, en Coiro kreeg de rech-

ter zover dat hij Gotti schuldig liet pleiten voor de diefstal bij United, waarbij de rechter zijn tijd in Lewisburg
als de straf wilde beschouwen. Gotti zat minder dan drie
jaar van zijn gevangenisstraf in Lewisburg uit, van mei
1969 tot januari 1972.

Nadat hij uit de gevangenis was vrijgelaten, bestond
Gotti's eerste opdracht erin een legitieme baan zoeken.
John kwam op de loonlijst van de bouwfirma van
Victoria's vader. Victoria mag dan wel gewenst hebben
dat haar man een nieuw leven zou beginnen, ze had er
zich bij neergelegd dat ze hem nooit zou kunnen veranderen. Kort nadat hij was vrijgelaten, was zij opnieuw
zwanger van hun laatste kind, nog een zoon, die ze Peter
noemden. Jaren later zou Victoria speurders die de activiteiten van haar echtgenoot onderzochten, het volgende
vertellen: "Ik weet niet wat hij doet. Alles wat ik weet is
dat hij voor ons zorgt."

De groep waar Gotti naar terugkeerde bij de Berginclub bestond voornamelijk uit echte leden. De leden
waren oud geworden en een maffiaedict in 1957 zorgde
er voor dat er geen echte leden meer bij konden komen.
Gotti had het meeste lef van alle groepsleden, en toen
Carmine Fatico werd aangeklaagd voor het verstrekken
van woekerleningen en hij de club niet langer bezocht,
gebruikte hij Gotti om de activiteiten van alledag te controleren. Toen hij 31 was, werd Gotti de interim capo van
de Bergingroep, met de zegen van Dellacroce.

De Bergingroep die door Gotti geleid werd, was jong en
hongerig. Zoekend naar manieren om geld te verdienen,
kwamen ze als vanzelf terecht bij de handel in drugs. De
ongeschreven wet van de onderwereld voor wat de handel

in drugs betreft, luidde als volgt: "Als je drugs dealt, ga je eraan." Dit was zogenaamd gedecreteerd op de top van de Appalachen in november 1957, en doorgegeven door Carlo Gambino. De regel die vaker toegepast werd was, dat je niet gepakt moest worden, en gebeurde dat toch, dan wachtte je een zekere dood. Een deel van het geld van de drugshandel vloeide altijd weer terug naar de bazen, die de andere kant opkeken zolang het geld bleef rollen en er niemand van de familie achter de tralies belandde.

In mei 1972, toen Gotti de controle van de Bergin volledig in handen had, waren meerdere leden al vertrouwelijke informanten voor de FBI geworden of zouden ze dat binnenkort worden. Leden van de groep waren onder anderen Willie Boy Johnson en William Battista. Over de jaren heen, kreeg de overheid tegenstrijdige rapporten van deze informanten wat betreft de eigenlijke betrokkenheid van John Gotti in de drugshandel. Johnson bleef volhouden dat Gotti daar niet bij betrokken was, en dat hij zich strikt aan de "geen drugs" hield, regel waaraan Gambino, en later ook Paul Castellano streng de hand hielden.

Vooruitgang boeken

Gotti's eerste stap op de maffialadder kwam er als gevolg van de problemen die Carmine Fatico met de wet had. Ook de volgende stap van Gotti zou op dezelfde manier gebeuren, maar dit keer was het Dellacroce die in aanvaring kwam met de wet.

Het klikte meteen tussen Agnello Dellacroce en John Gotti. Zij waren twee handen op één buik. In *Gotti: Rise and Fall*, geven de auteurs Jerry Capeci en Gene Mustain ons inzicht in de persoonlijkheid van Dellacroce: "Hij was de slechte agent van Carlo. Hij was gewelddadig, ruw in de mond en verstandig, en Carlo steunde op hem wanneer een mix van verraad en bedrog gevraagd was om een betwisting te regelen." Hij werkte vanuit de Ravenite Social Club in Mulberry Street, in het hart van Manhattans Little Italy. Letterlijk iedereen in de buurt kende Dellacroce, het was zelfs zo, dat een senaatscommissie in 1972, toen zij de georganiseerde misdaad onderzocht, hem eigenlijk identificeerde als de baas van de Gambinofamilie.

Nog iets wat Dellacroce en Gotti gemeen hadden, was de slechte gewoonte om zwaar te verliezen bij het gokken. In 1968 werd Dellacroce aangeklaagd wegens belastingontduiking, nadat hij een inkomen van ongeveer 10.400 dollar had aangegeven terwijl zijn eigenlijke inkomsten meer dan 130.000 dollar bedroegen. Bovendien had de belastingdienst ontdekt dat Dellacroce, toen hij drie dagen met vakantie was in Puerto Rico, bij het gokken meer verloren had dan hij als jaarinkomen had opgegeven. Dellacroce werd veroordeeld tot een gevangenisstraf van één jaar, waarna hij nog eens vijf jaar extra kreeg omdat hij geweigerd had te getuigen voor de grand jury, ofschoon hem immuniteit werd verleend.

Terwijl Fatico zich gedeisd hield en Dellacroce in de gevangenis zat, begon Gotti, die nog steeds de status van vennoot had, de familiebaas Carlo Gambino regelmatig met een bezoekje te vereren. Jaren later zou men tijdens het afluisteren van gesprekken horen hoe Gotti Gambino een "rattenmoederneuker" en een "achterlijke neuker" noemde, omdat hij Gotti nooit gepromoveerd had, maar in 1973 keek de jonge crimineel nog erg naar "Don Carlo" op.

Als student van Niccoló Machiavelli, de Italiaanse filosoof, had Gambino de gewoonte te citeren uit "Il Príncipe". Toen hij later in de gevangenis zat, zou Gotti de geschriften van Machiavelli ook gaan bestuderen, en wel zo diepgaand dat hij in staat was hele passages eruit uit het hoofd op te dreunen. Gotti was erg trots toen hij voor de Bergingroep stond en de opdrachten van de aanbeden familiebaas doorgaf. Ofschoon Gambino's edict om zich verre te houden van alles wat maar naar drugs rook, in dovemansoren viel, werden zijn andere bevelen netjes opgevolgd. Een van de wetten die Gambino uitvaardigde was dat leden van de familie moesten ophouden andere criminelen te kidnappen, wat in die tijd net "in" was. Gambino decreteerde deze nieuwe regel nadat Manny Gambino, Don Carlo's neef, gekidnapt en vermoord werd.

De moord op Manny Gambino, en de daaropvolgende moord op de Ierse gangster James "Jimmy" McBratney, zou deel gaan uitmaken van de Gottimythe.

De dood van Manny Gambino

Beginjaren 70 was kidnapping een enorme plaag in New York City. Het mag ongelooflijk lijken, maar de slachtoffers waren de leden en vennoten van de gangsterfamilies van de stad. In *Tough Guy: The True Story of "Crazy" Eddie Maloney*, bespreken de co-auteurs William Hoffman en Eddie Maloney de kidnappingen waar Eddie en zijn bende bij betrokken waren. Maloney vertelt ook gedetailleerd over zijn vriendschap met Jimmy McBratney.

Beide mannen ontmoetten elkaar toen ze opgesloten zaten in de Greenhaven State Prison in New York. Maloney beschreef McBratney als een toegewijde familieman, 1.90 m lang en 125 kilo zwaar. Als gewichtheffer kon McBratney 200 kilo opdrukken. Maloney gaat verder: "Jimmy McBratney zat opgesloten voor gewapende overval. Hij was rustig, hij luisterde en leerde, en al gauw zaten we te praten over overvallen die we samen zouden kunnen plegen. Hij wist iets van wapens en wilde die ook gaan verzamelen, maar zijn vrouw en twee kleine kinderen en hun huis op Staten Island, lagen hem het nauwst aan het hart, naast zijn doel om genoeg geld te sparen om een nachtclub te bezitten. Ik leerde dat Jimmy erg loyaal was aan zijn vrouw, en dat alle gesprekken tijdens het luchten over 'de grieten', hem stoorden. Zijn vrouw kwam regelmatig op bezoek en schreef hem elke dag."

In oktober 1972, maakte Maloney deel uit van een kidnappingsring met McBratney. Het was een idee van de twee betweters van de Gambinofamilie - Flippo en Ronnie Miano. Terwijl hij zei dat hij alleen maar 10 procent van het losgeld wilde, vertelde Flippo aan Maloney dat zijn motief voor de kidnapping is wraak was. "De kerels die ik in de val lok, hebben mij en mijn mensen in het verleden bedrogen in zakelijke deals. Het zal mij een genoegen zijn die inhalige klootzakken te zien lijden," zo snoefde Miano.

De bende kidnappers bestond uit Maloney, McBratney, Tommy Genovese, een verre verwant van Vito, Warren "Chief" Schurman en Richie Chaisson. De eerste persoon die gekidnapt werd door de bende was een capo van de Gambinofamilie, "Frank the Wop" genaamd. De kidnapping zelf verliep probleemloos en de bende slaagde erin te ontkomen met 150.000 dollar. De daaropvolgende twee maanden wist de bende nog drie keer met succes iemand te ontvoeren. Maar op 28 december 1972 keerde het geluk. McBratney had een plan ontvouwd om een woekeraar van de Gambinofamilie, genaamd "Junior", te kidnappen. In de late namiddag, terwijl het buiten bitter koud was, stak Maloney een pistool in Juniors maag en beval hem in een auto in te stappen. Junior gaf hij zich echter niet zo maar gewonnen, en Maloney gebruikte een pistool om hem enkele keren mee op het hoofd te slaan, alvorens hem op de achterbank van de auto te duwen en er vandoor te gaan. Twee jonge getuigen van de misdaad volgden hen een tijdje, alvorens ze bang werden maar niet voordat zij de nummerplaat hadden genoteerd en die aan een familielid gaven die bindingen had met de maffia.

Een vriend van Maloney, in wiens appartement Junior werd vastgehouden, en via wiens moeder ze de auto voor de kidnapping hadden gehuurd, vertelde de betweters alles nadat een paar gangsters bij zijn moeder thuis waren verschenen en vragen waren beginnen te stellen. McBratney was in paniek toen hij besefte dat de maffia zijn naam kende, net als die van Maloney en Schurman. Nadat een vrij laag bedrag aan losgeld was betaald, 21.000 dollar, arriveerde McBratney bij het appartement om Schurman op te halen en het slachtoffer terug te brengen. Schurman moest Junior blinddoeken en hem vervolgens een zonnebril opzetten, maar de crimineel, die traag van begrip was, had verzuimd om het goed te doen.

Nadat hij een tijdje gereden had, besefte McBratney plots dat Junior niet geblinddoekt was. Razend stopte hij de auto, met gierende banden. Junior sprong uit de auto en rende voor zijn leven, terwijl McBratney verscheidene schoten loste. Ondertussen sprong ook Schurman uit de auto en liep naar Maloney's voertuig dat achter hen aan reed. Schurman was er zeker van dat McBratney hem zou vermoorden als hij hem ooit terug zou zien, een feit dat Maloney bevestigde.

Maloney stelde McBratney voor dat hij de stad zou verlaten. McBratney wees die goede raad af en koos ervoor om een machinegeweer in zijn wagen onder handbereik te hebben. Net voordat Maloney terug naar gevangenis werd gestuurd omdat hij de voorwaarden van zijn vrijlating had overtreden, zaten hij en Schurman op een avond in een bar te drinken, toen er twee mannen die hij beschreef als 'koelbloedige moordenaars' binnenkwamen, op zoek naar hem. De barmanager, een vriend van Maloney, vertelde de twee dat hij Maloney al een tijdje niet meer gezien had. Terwijl hij in de gevangenis zat, zag Maloney in een krantenartikel over de arrestatie van de moordenaars van McBratney, de foto's van John Gotti en Angelo Ruggiero. Hij beweerde dat zij de twee koelbloedige moordenaars waren die die avond in de bar naar hem op zoek waren geweest.

In zijn boek heeft Maloney het nooit over de kidnapping van en de moord op Manny Gambino, de moord waarvoor McBratney, naar verluidt, met zijn leven betaald zou hebben.

Wat gebeurde er nu echt met Manny Gambino? In het boek "Brick Agent", praat voormalig FBI Special Agent Anthony Villano in detail over die zogenaamde ontvoering. Villano werd getipt dat Manny Gambino, de zoon van Carlo's broer Joseph, gekidnapt was. Eerst werden

Villano's pogingen om de familie te helpen, afgewezen. Enkele dagen later belde een advocaat van de familie hem op en vroeg de FBI om medewerking.

Villano rapporteert dat de kidnappers 350.000 dollar vroegen, maar dat de Gambinofamilie beweerde dat zij maar 40.000 dollar kon betalen. De agent meende dat ofwel Joe Gambino's kant van de familie arm was ofwel dat 350.000 dollar in cash bezitten, de belastingdiensten wel eens achterdochtig zou kunnen maken.

Nadat hem opnieuw om losgeld werd gevraagd, kreeg Tommy Gambino, Manny's broer, te horen waar hij heen moest rijden en vertrok hij met Villano die zich achterin de auto, liggend op de vloer, verborgen hield. Het geld werd afgeleverd alvorens de agenten die Villano in de gaten hielden, hun posities konden innemen om te observeren. Een van de agenten slaagde er echter in om het kenteken van een busje te noteren dat in de buurt gezien was. De groep ging terug naar het huis van Gambino, maar ze waren teleurgesteld toen ze merkten dat Manny niet werd teruggebracht op het afgesproken uur. Nog vele maanden nadien, bleef Villano dit verder onderzoeken. Via een contactpersoon kwam hij het volgende te weten:

"Manny was verliefd op een blondje uit de showbizz. Hij wilde zijn familie verlaten omdat het meisje niets meer met hem te maken wilde hebben tenzij hij zijn vrouw zou opgeven en voor haar zou kiezen. De ouderen in de groep gaven Manny de raad het blondje te vergeten en volwassen te worden. In zijn kringen was het oké om een maîtresse te hebben, maar je vrouw verlaten, dat deed je niet, al helemaal niet als je een neef van Carlo Gambino was."

Villano kwam er ook achter dat Manny wat financiële problemen had, waarschijnlijk ten gevolge van het feit dat hij twee gezinnen moest onderhouden. Aangezien hij verwikkeld was in woekeroperaties, dachten velen in de familie dat Manny te veel geld op straat had. Via een verklikker kwam Villano erachter dat een van de mensen die Manny wilden ombrengen voor een grote som geld, de gokker Robert Sentner, een voormalige vennoot, was. Toen hij die naam hoorde, besefte Villano dat het busje dat gezien was, de nacht dat het losgeld was betaald, verhuurd was geweest aan een man genaamd Robert Sentner.

Manny Gambino's auto werd teruggevonden bij Newark Airport. Villano vertelt dat de lijkstijfheid al was ingetreden voordat zijn lichaam daar naartoe gebracht werd. Hij werd gevonden, al zittend begraven op een stortplaats in New Jersey, bij het Earle Naval Ammunition Depot. Robert Sentner en John Kilcullen werden op 4 december 1972 gearresteerd, op beschuldiging van kidnapping. Senter bekende later de moord op Gambino, onthulde de namen van zijn twee andere medeplichtigen en getuigde tegen Kilcullen. Op 1 juni 1973 pleitte hij schuldig aan doodslag en werd veroordeeld tot 15 jaar gevangenisstraf.

Niettegenstaande zijn gedetailleerde beschrijving van het incident, vermeldt Villano nergens in het boek de naam van Jimmy McBratney.

Niet aarzelen, gewoon doen!

Het is meer dan waarschijnlijk dat Jimmy McBratney, als lid van de bende die Junior ontvoerde, werd geïdentificeerd en dat hij werd vermoord omwille van zijn betrokkenheid. McBratney was duidelijk geen onschuldige burger die de wet respecteerde. Hij had gewapende overvallen gepleegd, gekidnapt en had illegale wapens bezeten, en als hij een betere schutter was geweest, had hij de woekeraar van Staten Island kunnen verwonden of doden. Het is echter zeker dat McBratney de neef van Carlo Gambino niet heeft gekidnapt en hem ook niet heeft vermoord, waarmee dus bewezen wordt dat het verhaal dat Gotti wraak op hem zou hebben genomen voor de moord op de neef van de zo gerespecteerde maffiabaas, nergens op sloeg. Dit incident, net als zovele andere waar John Gotti bij betrokken was, was verdraaid om het romantische imago van die populaire maffia-icoon te verhogen en zijn populariteit te vergroten.

In de nacht van 22 mei 1973, zat McBratney in Snoope's Bar & Grill op Staten Island. Rond 11 uur kwamen John Gotti, Angelo Ruggiero en Ralph "Ralphie Wigs" Galione binnen en omsingelden McBratney. Ze probeerden hem ervan te overtuigen dat zij politiemensen waren. Het plan was om hem mee naar de parkeerplaats te nemen en hem uit het zicht van getuigen om te leggen. Niettegenstaande het feit dat Galione een pistool op hem had gericht en Ruggiero een paar handboeien in de hand hield, trapte McBratney niet in de val. "Laat maar eens een legitimatie zien," zo eiste hij.

Daarop vuurde Galione een rondje kogels in het plafond. De barpatrons, die nog niet naar buiten of naar de kelder waren gerend, kregen het bevel tegen de muur te gaan staan. Nu was het gangster tegen crimineel, en ofschoon McBratney duidelijk sterker was, moest hij het opnemen tegen twee mannen, Gotti en Ruggiero. McBratney sleurde de twee misdadigers voorbij het einde van de bar, alvorens Galione van dichtbij drie kogels op hem afvuurde, waarbij hij op slag dood bleef.

In juli werden Ruggiero en Galione geïdentificeerd op basis van politiefoto's, door een barmeid en een klant van Snoopes, en vervolgens werden de mannen bij de lurven gevat. Gotti echter werd niet geïdentificeerd. Een maand later hoorde Willie Boy Johnson hoe hij pochte over de moord. Johnson gaf de informatie door aan zijn FBI handlers. De FBI gaf de informatie dan weer door aan de politie van New York, die snel een speurder met een foto van Gotti op pad stuurde om aan de getuigen te laten zien. Op 17 oktober werd Gotti door een grand jury aangeklaagd wegens moord.

Gotti, die na de moord had gepocht en gesnoefd, dook onmiddellijk onder. Iets meer dan een jaar na de moord op McBratney, op 3 juni 1974, werd hij uiteindelijk gearresteerd door FBI-agenten in een bar in Brooklyn, en overgedragen aan de politie van New York. De informatie over zijn verblijfplaats werd geleverd door Johnson, die in het geheim 600 dollar betaald kreeg voor zijn verraad.

John Gotti's schoonfamilie was van doorslaggevend belang bij het betalen van de 150.000 dollar borg voor zijn vrijlating. Victoria's familie, die John al een boel geld gegeven had, kocht ook nog eens een huis voor het paar. Van zodra hij vrij was, ging Gotti regelrecht naar de Bergingroep om zijn groep te controleren alsook zijn nieuwe bezittingen, die onder andere een restaurant en een motel omvatten. Er werd in die tijd ook beweerd dat Gotti de verborgen eigenaar van een disco in Queens was.

Op 21 december 1973, nog voordat Ruggiero en Galione terecht konden staan voor de moord op McBratney, werd "Ralphie Wigs" in Brooklyn vermoord.

Toen de staat haar zaak tegen Ruggiero voordroeg, liet de verdediging een stroom getuigen opdraven die bezwoeren dat Angelo de nacht van de moord in New Jersey was. Het proces eindigde onbeslist. Gotti huurde Roy M. Cohn in als zijn raadsman. Cohn was een bekende advocaat die veel zaken behandelde die de aandacht trokken in New York, met inbegrip van de zaak Dellacroce. Gotti en Ruggiero moesten samen terechtstaan in een tweede rechtzaak. In het achterhoofd houdend dat het eerste proces onbeslist was geëindigd, vermoedde Cohn dat de openbare aanklager wel tot een schikking bereid zou zijn, en dat was hij! En hoe! Gotti en Ruggiero pleitten schuldig aan poging tot doodslag.

Op 8 augustus 1975 werd Gotti tot vier jaar gevangenisstraf veroordeeld, waarna hij naar de Green Haven Correctional Facility gestuurd werd, 150 km ten noorden van Queens. Willie Boy Honson die, niettegenstaande zijn FBI-informantenstatus, opgesloten werd voor gewapende overval, kwam hem daar gezelschap houden. Gotti kwam de tijd in Green Haven door met kaart te spelen, gewichten te heffen en cursussen over Italiaanse cultuur te volgen.

Hij werd op 28 juli 1977 uit de gevangenis vrijgelaten, nadat hij minder dan twee jaar had gezeten voor de moord op McBratney. Ironisch toch, als je bedenkt dat hij ooit drie jaar had gezeten voor het kapen van dameskleding! Om zijn terugkeer te vieren, kochten de jongens van de Bergingroep een fonkelnieuwe Lincoln Mark IV voor hem. Hij kwam er al gauw achter dat er tijdens zijn afwezigheid het een en ander veranderd was bij de leiding van de Gambinofamilie.

Terugkeer naar veranderingen aan de top

Op 15 oktober 1976 stierf Carlo Gambino, met zijn imago van lieve opa, een natuurlijke dood. Voor zijn dood liet hij de *consigliere* van de familie, Joseph N. Gallo, en de belangrijkste capi, James "Jimmy Brown" Failla en Ettore Zappi, weten dat hij de leiding van de familie in de handen van zijn neef, Paul Castellano, wilde zien overgaan. Maar er was een probleem in verband met deze overgang, en het probleem heette: Agnello Dellacroce, de huidige onderbaas. Op Thanksgiving Day in 1976, werd Dellacroce uit de gevangenis vrijgelaten.

Veel leden van de Gambinofamilie vonden dat hij de leiding van de familie had moeten overnemen. En daarvoor waren zijn jaren van loyale trouw aan de familie, het respect en de bewondering die de straatsoldaten voor hem hadden, nog maar enkele van de redenen.

In december kwamen de hoogsten in rang van de Gambinofamilie samen, thuis bij capo Anthony "Nino" Gaggi om officieel een nieuwe baas in te huldigen. Het was een gespannen situatie en omdat hij niet goed wist waaraan hij zich nou precies moest verwachten, bond Gaggi voordat de vergadering begon alvast een pistool aan de onderkant van de keukentafel. Vervolgens gaf hij zijn neef, Vietnamveteraan Dominick Montiglio, een automatisch wapen. Montiglio nam zijn positie in, in een appartement op de bovenverdieping, dat uitkeek over de oprit van het huis van Gaggi.

"Als je schoten uit de keuken hoort komen," zo instrueerde Gaggi Montiglio, "dan schiet je op wie er ook maar de deur uitrent."

Maar er volgde geen schietpartij. Castellano stemde

ermee in Dellacroce als onderbaas van de familie te laten aanblijven. Doordat hij het aanbod van Castellano aanvaardde, kreeg Dellacroce de controle over verschillende groepen, met inbegrip van de Bergingroep van Carmine Fatico.

En toen kwam Gotti naar huis. Hij was voorwaardelijk vrijgelaten en een van de voorwaarden bepaalde dat hij een vaste baan moest zoeken. In de zomer van 1977 werd hij een verkoper bij Arc Plumbing & Heating Corporation. Jaren later, toen de voorzitter van het loodgieterijbedrijf gevraagd werd welke functie Gotti uitoefende, antwoordde hij: "Wat John doet, is locaties aanduiden."

Gotti had zijn zinnen gezet op de positie van Carmine Fatico als hoofd van de Bergingroep. Fatico had net twee zaken in verband met woekerrente gewonnen, maar hij en zijn broer Daniel, en nog andere leden van de groep, Charles en John Carneglia, waren veroordeeld voor kaping. De Fatico's pleitten schuldig, hopend dat ze er met een proeftijd vanaf zouden komen. Een van de informanten van de overheid vertelde dat Gotti hoopte dat zijn voormalige mentor naar de gevangenis zou worden gestuurd, waarna hij dan diens plaats zou kunnen innemen. Carmine Fatico kreeg een proeftijd van vijf jaar, maar zijn rijk als capo van de Bergingroep was uit, want de voorwaarden van zijn proeftijd bepaalden dat hij geen contact mocht hebben met bekende misdadigers. Af en toe moest Gotti de oudere maffioso om raad vragen, maar ze zouden elkaar nooit bij Bergin ontmoeten.

Gotti werd nog steeds als vennoot beschouwd en kon dus niet officieel als "interimcapo" van de groep optreden, voordat hij tot de familie Gambino behoorde. Ergens in de eerste helft van 1977, werden Angelo Ruggiero (die vroeger werd vrijgelaten dan John) en Gene Gotti (die als groepsbaas optrad tijdens zijn broers afwezigheid), beiden als lid van de familie benoemd. Volgens een informant, zou er nog een intrederceremonie plaatsvinden later dat jaar, nadat John uit de gevangenis, Green Haven Correctional Facility, zou zijn vrijgelaten. In die tweede rite legden Gotti en acht andere mannen de maffia-eed van de omertà af.

Nu hij lid was van de Gambinofamilie, waren de dagen dat Gotti zich met kaping bezighield voorgoed voorbij. Hij vermeed wat beschouwd werd als "risicovollere criminaliteit" en focuste op de traditionele zaken van de maffia, zoals gokken en woekerleningen verstrekken. Aangezien Gotti's proeftijd nog steeds liep, beval hij de leden van de Bergingroep om "de aandacht van de politie niet op de club te vestigen." Er werd hen gezegd dat ze moesten ophoepelen en "niet langer moesten lanterfanten voor de Bergin en dat ze hun auto's elders moesten parkeren." Deze houding was heel anders dan ze enkele jaren later zou zijn.

Eind jaren 70, begin jaren 80 berichtten de verklikkers van de FBI dat Gotti zwaar verloor bij het gokken en dat de leden van de groep zich ernstig zorgen begon te maken omdat ze geen geld konden verdienen. 30.000 dollar op een avond erdoor jagen was niet ongewoon voor Gotti. In februari 1981 opende Gotti een goksalon op de tweede verdieping van de Berginclub, uitsluitend voor mannen van de "familie". Er werd daar elke avond gegokt, behalve op zaterdag, en de zaak ging om 4 uur in de ochtend dicht. Begin maart verhuisde de hele operatie naar Manhattan, naar een locatie in Mott Street, om de hoek bij de Ravenite Social Club van Dellacroce. Het spel was bijzonder populair en trok veel gokkers aan vanuit alle wijken van de stad. Uiteindelijk begon de groep meer geld te verdienen, zelfs al bleef Gotti de verliezen opstapelen. Aangezien hij het spel controleerde, kon Gotti van het huis lenen. Typisch voor hem, maar plots maakte hij zich zorgen om het feit dat er zoveel mensen van het huis leenden en bestelde hij een audit, waarna hij moest vaststellen dat hij zelf de meeste schulden had, en wel ongeveer 55.000 dollar. Telefoonafluisterapparatuur leerde hoe zeer de anderen, met inbegrip van Angelo Ruggiero en Gotti's eigen broer Gene, hem verachtten.

Op een nacht, zag een ploeg speurders uit Queens hoe Wilfred Johnson een pakje overhandigde aan een drugsdealer, in ruil hun voor een papieren zak die hij in de koffer van zijn auto gooide. De speurders volgden Johnson naar diens huis in Brooklyn. Toen Willie Boy de koffer opende om de zak eruit te nemen, kwamen de speurders op hem toe. In de zak staken 50.000 dollar, waarvan Johnson snel beweerde dat dat de opbrengsten van een gokoperatie waren. Zijn proeftijd was nog niet afgelopen, nadat hij minder dan vier jaar had uitgezeten van zijn gevangenisstraf van tien jaar, en dus werd Johnson bang. Hij zei tegen de politiemensen dat ze het geld maar moesten nemen, want indien zijn reclasseringsambtenaar erachter zou komen, zou hij weer achter de tralies vliegen.

Johnson, die al als vertrouwensinformant voor de FBI werkte, stemde ermee in om dat ook voor de politie van New York City te gaan doen. In juni 1981, verried hij de gokclub in Mott Street, er werden daarbij ongeveer 30 mannen gearresteerd. Nadat ze de nacht hadden doorgebracht in het Manhattan Criminal Court, pleitten de mannen, vertegenwoordigd door advocaat Michael Coiro, schuldig aan de hen ten laste gelegde gokfeiten, kregen ze een boete van 500 dollar en werden vervolgens vrijgelaten. De volgende avond ging er een nieuwe zaak open aan de overkant van de straat, recht tegenover de plaats die de avond tevoren was gesloten, maar het spel werd nooit meer zo populair.

De tragedie van Frank Gotti

Frank Gotti was het vierde kind van John en Victoria Gotti, hun tweede zoon. Frank Gotti leefde het leventje van de doorsnee twaalfjarige. Hij was een goede student en was gek op sport. Op 18 maart 1980 leende hij een miniscooter van een vriend voor een ritje door zijn wijk, Howard Beach. Op datzelfde ogenblik was John Favara, een onderhoudsmanager voor een meubelfabrikant, op weg van zijn werk naar huis. Favara was een buur van de Gotti's. Zijn huis in 86th Street lag achter het huis van de familie Gotti in 85th Street. Favara's geadopteerde zoon, Scott, was een vriend van Gotti's zoon John, en was al vaker uitgenodigd voor een logeerpartijtje bij de familie Gotti. Terwijl de late namiddagzon erg laag stond, waren de jonge Frank Gotti en de 51-jarige Favara op weg naar hun spreekwoordelijke "afspraak met het noodlot". In *Mobstar*, door Jerry Capeci en Gene Mustain, beschrijven de auteurs wat er daarna gebeurde:

"Op 157th Avenue, naast 87th, werd een huis gerenoveerd. Op straat was een container geplaatst waar men het afval in kwijt kon. Dat was aan Favara's rechterkant. Favara zag niet hoe de jongen op de miniscooter van aan de andere kant van de container de straat in kwam gereden, en zijn auto raakte Frank Gotti, die op slag dood was."

De dood van haar zoon was een verpletterende klap voor Victoria Gotti. Zij leefde voor haar kinderen. De begrafenis van Frank Gotti werd door honderden vrienden bijgewoond. Een plaatselijke priester gaf Favara de raad om daar niet op te dagen. FBI agenten die normaalgesproken bij een wake of een begrafenis een oogje in het zeil hielden, bleven weg uit respect voor de dood van een kind.

Twee dagen na het ongeval, belde een vrouw politiebureau 106 en zegde: "De chauffeur van de auto die Frank Gotti heeft gedood, zal worden geëlimineerd." Dezelfde dag kreeg Favara doodsbedreigingen met de post. Op 23 maart zocht een speurder Favara thuis op om hem op de hoogte te brengen van de telefonische bedreiging. Favara zei tegen de speurder: "Die dingen gebeuren toch alleen maar in de film." Hij wilde het gevaar waarin hij verkeerde duidelijk niet onderkennen en hij begreep niet waarom de familie Gotti niet inzag dat de dood van het kind een tragisch ongeval was geweest. Favara werd nog thuis gebeld door een vrouw op 24 maart, en werd daar opnieuw telefonisch met de dood bedreigd.

Op 13 april werd de auto van Favara, die nog niet hersteld was, gestolen. Op 1 mei werd hij op minder dan anderhalve kilometer van zijn huis weer teruggevonden. 19 dagen later werd een uitnodiging voor de begrafenis van Frank Gotti bij Favara in de bus gestopt. De volgende dag stak er een foto van Gotti in zijn brievenbus. De volgende dag, 22 mei, werd het woord "moordenaar" gespoten over de auto van Favara. Favara was een jeugdvriend van Anthony Zappi, wiens vader, Ettore, een capo van de

Gambinofamilie was geweest. Favara ging naar Anthony Zappi om advies. Zappi zei tegen Favara dat hij moest wegtrekken uit de buurt en zijn auto moest wegdoen, omdat Victoria razend werd, telkens ze die wagen zag.

Terwijl hij nadacht over zijn beslissing, hielp Victoria hem een handje; op 28 mei viel ze hem aan met een aluminium baseballbat. Favara werd in het plaatselijke ziekenhuis behandeld, maar weigerde om klacht in te dienen. Favara nam Zappi's raad ter harte en zette zijn huis te koop. Op 28 juli, drie dagen voordat de verkoop van zijn huis zou worden geregeld, werd Favara ontvoerd toen hij zijn werk verliet. Verschillende mensen zagen hoe Favara neergeknuppeld werd en vervolgens in een busje werd gegooid. Noch hij noch zijn auto werden ooit teruggezien. De eigenaar van een eethuis zag de aanval en beschreef die aan de politie. Kort daarna kreeg hij bezoek van drie lompe misdadigers die een kwartier lang zwijgend naar hem bleven staren. De eigenaar van het eethuis ontliep de politie, verkocht zijn zaak en trok weg.

Heel toepasselijk waren John en Victoria in Fort Lauderdale, Florida, toen de ontvoering plaatsvond. De FBI ondervroeg haar informanten. William Battista vertelde dat, terwijl "Gotti aanvankelijk geen wraak wilde," een zogenaamde ooggetuige beweerd had dat Favara te snel gereden had en een stopteken had genegeerd, net voordat hij Frank raakte. Battista beweerde dat Victoria sindsdien zo aangeslagen was door de dood van haar zoon, dat John haar beloofd had wraak te zullen nemen. Toen het paar uit het zuiden terugkwam, ondervroegen de speurders hen. Victoria beweerde niet te weten wat er met Favara was gebeurd: "Ik weet niet wat er met hem is gebeurd. Maar het spijt me niet als er iets met hem is gebeurd. Hij heeft me niet eens een blijk van medeleven gestuurd. Hij heeft zich nooit verontschuldigd. Hij heeft zelfs de auto nooit laten repareren." Het antwoord van haar echtgenoot was gelijkaardig, het leek wel ingestudeerd. "Ik weet niet wat er gebeurd is. Het spijt me helemaal niet als er iets gebeurd is. Hij heeft mijn kind gedood."

Op 18 oktober 1980, zou Frank Gotti 13 jaar geworden zijn. Victoria nam de gelegenheid te baat om twee "In Memoriam" berichten in de New York Daily News te laten plaatsen, een van haar en John en een van de kinderen. Sindsdien verschijnen er elk jaar op de verjaardag van Franks dood, dergelijke berichtjes. Toen de kinderen hun eigen gezin stichtten, nam het aantal briefjes toe. Ieder van de broers en zussen van Frank Gotti heeft een zoon naar hem vernoemd.

Op 8 maart 2001 publiceerde Jerry Capeci's "This Week in Gang Land," een exclusief verhaal over de verdwijning van John Favara. In het artikel vertelt Capeci dat het hele verhaal samengesteld werd door huidige en vroegere ordehandhavers die met de zaak te maken hadden gehad. Capeci identificeerde acht groepsleden: Angelo Ruggiero, Willie Boy Johnson, Gene Gotti, John en Charles Carneglia, Anthony Rampino, Richard Gomes en Iggy Alogna als betrokkenen in de ontvoering en de afslachting van Favara.

Het gebeurde als volgt: toen Favara op zijn auto toeliep, zag hij de mannen en begon hij te rennen. John Carneglia legde hem om met twee schoten uit een pistool, kaliber .22, uitgerust met een geluiddemper. Favara kreunde: "Nee, nee. Alsjeblieft, mijn vrouw," terwijl hij probeerde op te staan. Gomes, een voormalige gangster uit Providence, Rhode Island, die bij de Gottigroep was gekomen eind de jaren 70, sloeg Favara de schedel in, raapte hem op en gooide hem in een busje. Andere leden van de groep namen de sleutels van het slachtoffer en volgden in de auto van Favara.

Favara en zijn auto werden naar een stortplaats in East New York gebracht die gerund werd door de Carneglia's. Daar werd Favara's lichaam in een vat gepropt dat vervolgens opgevuld werd met cement. Terwijl Charles Carneglia het vat in de oceaan wierp, zorgde zijn broer John ervoor dat Favara's auto tot plaat geperst werd op de stortplaats. Er werd niemand gearresteerd voor de ontvoering en de moord. In 1983 liet Favara's vrouw hem officieel dood verklaren.

Maffiapolitiek

John Gotti liet het kringetje intimi van zijn Bergingroep uitgroeien tot een machtig groepje. Diegenen die het dichtst bij Gotti stonden waren Angelo Ruggiero, die als tweede man beschouwd werd, Gotti's broer Gene, die vaak net zo brutaal was als zijn oudere broer, John Carneglia, die het autopersbedrijf runde, Anthony "Tony Roach" Rampino, wiens fysiek hem zijn bijnaam opleverde en Willie Boy Johnson. Rampino en Johnson zorgden voor het innen van de leningen voor Gotti. Gotti stelde ook zijn andere broers, Peter en Richard tewerk. Peter zorgde voor de Berginclub, terwijl Richard zorgde voor de Our Friends Social Club, die om de hoek bij de Berginclub gevestigd was. Gotti stond erop dat al zijn mannen zich regelmatig lieten zien bij Bergin en hij was geïrriteerd wanneer iemand naliet zich binnen de 48 uur te melden.

In die periode, eind de jaren 70, begin de jaren 80, stelde de FBI haar eigen groep samen - een groep informanten. Naast de al genoemde Willie Boy Johnson en William Battista, deed de FBI ook een beroep op Salvatore "Crazy Sal" Polisi, Matthew Traynor en Anthony Cardinale, een drugsverslaafde die Angelo Ruggiero in Attica had ontmoet. Ofschoon ze vrolijk doorgingen met hun criminele activiteiten, gaf dit moordenaarskwartet hun handlers regelmatig informatie over de activiteiten van Gotti. Anderzijds was Gotti zeker niet blind voor de pogingen van de ordehandhavers en wist dat de telefoons van de bende afgeluisterd werden. Ofschoon hij erg voorzichtig was met het doorgeven van informatie aan zijn groepsleden via de afgeluisterde lijnen, aarzelde hij geen moment als het op het plaatsen van zijn weddenschappen aankwam. Naast de telefoonafluisterapparatuur en de informanten, was er ook afluisterapparatuur (bugs) geplaatst in de Berginclub: op die manier konden de gesprekken die de criminelen in de club voerden, eveneens afgeluisterd worden.

Na de dood van zijn zoon ging John Gotti nog roekelozer gokken. William Battista meldde dat aan de FBI. De informant voor de overheid was niet de enige die er zo over dacht. Ook Paul Castellano, de baas van de familie, uitte zijn bezorgdheid tegen Dellacroce. Maar ofschoon Dellacroce het afdeed als Gotti's manier om met verdriet om te gaan, zat Castellano er zwaar mee verveeld. Jerry Capeci en Gene Mustain bespreken Castellano's positie in *Gotti: Rise and Fall*:

"En toch, het gokken van Gotti liet Paul zijn leiderschap in vraag stellen. Met de typische Siciliaanse vooroordelen over mensen van Napolitaanse afkomst, had Paul toch al weinig op met Gotti's capaciteiten. Net als zijn voorvaders, dacht hij dat Napolitanen onbezonnen, opzichtig, onbetrouwbaar en te emotioneel waren."

Zowel Gotti als Dellacroce stelde Castellano's leiderskwaliteiten in vraag. Castellano, die nooit een 'man van de straat' was geweest, begreep Gotti niet, net zo min als hij de mannen begreep die deel uitmaakten van zijn groep, en erger nog, hij deed geen poging hen te begrijpen. Castellano trok zich terug in zijn paleis op Todt Hill, Staten Island, waar hij er de voorkeur aan gaf te onderhandelen met enkele uitverkoren familieleden. In de eerste helft van de jaren 80, zou de relatie tussen Castellano en de Dellacroce/Gotti groep verder blijven verslechteren.

Drugs en het afluisteren van Ruggerio's telefoon

Naarmate de vertrouwelijke informanten van de FBI steeds meer informatie vergaarden, werd het plan van de drughandeloperatie van de Bergingroep steeds duidelijker. En toch werd het nooit helemaal duidelijk hoe groot de rol van John Gotti was in de drughandel van de groep. Officieel huldigde hij nog altijd het familiecredo "geen drugs," maar het lijdt geen enkele twijfel dat hij stevig profiteerde van de enorme winsten die de groepsleden maakten.

Bij het begin van de jaren 80 begon de overheid de vijf New Yorkse gangsterfamilies aan een onderzoek te onderwerpen. FBI Special Agent Bruce Mouw werd geselecteerd om de "Gambinobende" te onderzoeken. De vastbesloten agent zorgde ervoor vertrouwelijke informanten binnen de familie te hebben en slaagde erin de hiërarchie van de Gambinofamilie te weten te komen, te beginnen met informatie die gegeven werd door "Bron Wahoo" (de geheime codenaam van de FBI voor Willie Boy Johnson), dat de telefoon bij Angelo Ruggiero thuis veilig was, de FBI ging over tot het "lanceren van een elektronische aanval" op de gangster die bekend stond als "Quack Quack." Op 9 november 1981 werd er afluisterapparatuur geplaatst op de telefoon in het huis van Ruggiero. Een van de redenen waarom Ruggiero uitgekozen was, was dat zijn broer, Salvatore, miljonair geworden was, door op eigen houtje drugs te verkopen en dat hij op dit ogenblik op de vlucht was voor justitie.

Een dag nadat Angelo met Gene Gotti gepraat had, waarbij hij het woord "babania" (een straatnaam voor heroïne) gebruikt had, benaderde het Gambinoteam een rechter en vroeg om een bevel voor verdere elektronische bewaking. In de eerste maanden van 1982 verhuisde Ruggiero van Howard Beach naar Cedarhurst, Long Island. Agenten vermomd als bouwvakkers en voorzien van informatie die ook nu weer door Willie Boy Johnson geleverd was, plaatsten afluisterapparatuur in Ruggiero's keuken, eetkamer en studeerkamer in de kelder, ze voorzagen ook de telefoon in de kamer van zijn dochter van afluisterapparatuur. Bovendien verhoogden ze de fysieke bewaking, ze lieten zelfs toe dat Angelo hen in de gaten kreeg, in de hoop dat hij daardoor loslippig zou worden.

Op 6 mei 1982, charterde Salvatore Ruggiero een privévliegtuig bij de luchthaven in New Jersey om hem met zijn vrouw naar het zuiden van Florida te brengen, waar ze eigendommen wilden gaan bekijken om in te beleggen. Salvatore, die al zes jaar voor de overheid op de vlucht was, had zich verborgen gehouden in Florida, Ohio en Pennsylvania. Het vliegtuig stortte neer in de Atlantische Oceaan, even buiten de kust van zuidelijk Georgia; er waren geen overlevenden. Salvatore's dood zette een hele reeks van incidenten in beweging die de oorlog binnen de Gambinofamilie nog zouden aanwakkeren en John Gotti naar de hoogste leiderspositie zou brengen. Nadat ze op de hoogte waren gebracht van het fatale ongeval, begaven Angelo, Gene Gotti en John Carneglia zich snel naar de schuilplaats van Salvatore in New Jersey om alle papieren, waardevolle voorwerpen en heroïne die ze konden vinden, te doen verdwijnen.

Advocaat Michael Coiro, die Angelo in het verleden had vertegenwoordigd, kwam twee dagen na Salvatore's dood uit Florida over om Angelo bij te staan met het regelen van alle wettelijke zaken in verband met de erfenis van zijn broer. Terwijl ze beiden vergaderden bij Angelo thuis, kwam de capo van de Gambinofamilie, Frank DeCicco aan om zijn medeleven te betuigen. Toen de agenten meeluisterden, vertelde Coiro aan DeCicco: "Gene vond de heroïne."

Enkele weken na de begrafenisdienst van Salvatore, was Coiro nog steeds ter plekke om Angelo te helpen. Tijdens een afgeluisterd gesprek bij Angelo thuis, kon de FBI het volgende gesprek tussen Angelo, Coiro en Gene Gotti mee beluisteren toen Ruggiero praatte over het uitladen van de heroïne:

Ruggiero: Als ik wat geld bijeenkrijg, hou je het dan vast?

Coiro: Ja hoor.

Gene: Niemand anders mag hiervan weten, alleen wij. Ik zie je niet als advocaat, je bent een van ons, wat mij betreft.

Coiro: Dat weet ik, Gene, ik voel het net zo aan.

De maanden gingen voorbij, en steeds meer belastende gesprekken werden op band opgenomen, afkomstig van Angelo Ruggiero en zijn bezoekers. De heroïne werd in deze periode verkocht, en men hoorde Ruggiero uitroepen: "Heroïne is een winstgevend zaakje." Met deze winsten vlogen Gene Gotti en John Carneglia naar Florida waar ze heroïne kochten van de vroegere leveranciers van Salvatore.

Bruce Mouw verrichtte nog geen arrestaties, in de hoop dat hij John Gotti bij de lurven zou kunnen vatten bij Ruggiero thuis, of dankzij een van de afgeluisterde telefoongesprekken waarbij er over heroïne gesproken werd. Dat gebeurde niet. Er werd beweerd dat Gotti meende dat hij zich als interimcapo niet moest laten zien in het huis van een "soldaat." Op 8 augustus 1983, 17 maanden na de dood van Salvatore Ruggiero, arresteerde het Gambinoteam Angelo, Gene Gotti, John Carneglia, Michael Coiro en Mark Reiter. Naast al de gesprekken over heroïne, die bewezen konden worden door bergen tapes, lieten de afgeluisterde telefoongesprekken en de afluisterapparatuur horen hoe Ruggiero een overvloed aan minachtende en kleinerende opmerkingen ten beste gaf over Paul Castellano. De strijd die Castellano leverde om deze tapes te pakken te krijgen, zou uiteindelijk tot zijn dood leiden.

Problemen voor "Big Paulie"

Er gingen bijna zes jaar voorbij vooraleer de aanklachten tegen Angelo Ruggiero, Gene Gotti en de anderen, met een veroordeling bekroond werden. Toen was Paul Castellano al lang niet meer en was John Gotti tot de "Teflon Don" verworden.

Castellano's problemen waren begin de jaren 80 begonnen, toen de overheid haar oog liet vallen op de maffiabazen van de vijf misdaadfamilies van New York City. Nu de bende van Gotti aangeklaagd was wegens drugsfeiten, vond Castellano dat hij moest optreden. Om de situatie wat te kalmeren, overtuigde Ruggiero Agnello Dellacroce om de geïrriteerde baas te benaderen met een in elkaar geknutseld verhaal dat zij enkel maar de zaakjes van Angelo's uitzochten. Salvatore was noch lid, noch vennoot van de Gambinofamilie en aangezien hij niet onderworpen was aan Castellano, kon hij ook niet aansprakelijk worden gesteld voor het aan zijn laars lappen van de familieregels. Dit plan zou Castellano op een afstandje houden tot de eigenlijke FBI-tapes aan de advocaten van de verdediging zouden kunnen worden overhandigd.

Castellano besefte niet dat de informatie die Ruggiero via de telefoonlijnen verspreidde, door de afluisterapparatuur van de FBI opgenomen werd en de overheid voldoende reden gaf om zijn paleis binnen te gaan en het van afluisterapparatuur te voorzien. Bij het begin van 1984, keek de baas van de Gambinofamilie aan tegen een aanklacht die het resultaat was van een onderzoek naar een andere bende, die van de voormalige capo Roy "the Killing Machine" DeMeo. Niettegenstaande het feit dat Castellano DeMeo liet vermoorden, keken de baas en de leden van de bende DeMeo aan tegen aanklachten wegens "huurmoord, dealen van drugs, internationale autodiefstal, kinderpornografie en prostitutie."

Bovendien vertelden de advocaten van Castellano hem dat hij ook nog eens tegen een aanklacht in twee andere RICO-zaken aankeek. De eerste werd de "hiërarchie"-zaak genoemd en die zou uiteindelijk resulteren in de veroordeling van de onderbaas van de Gambinofamilie, Joseph "Piney" Armone en Joseph N. Gallo, die ooit nog *consigliere* van de familie was geweest. De tweede zaak stond bekend onder de naam "Commissie", hiervoor zou Castellano worden aangeklaagd.

Niet alleen Castellano lag onder vuur in de lente van 1985, maar de hele gangsterfamilie Gambino. Bovenop de "hiërarchie"-zaak, werden er ook nog aanklachten uitgevaardigd tegen John en Gene Gotti, Neil Dellacroce en zijn zoon Armond, John Carneglia, Willie Boy Johnson, Anthony "Tony Roach" Rampino en verschillende anderen. Door gebruik te maken van het RICO-statuut, werden de maffialeden aangeklaagd voor misdaden gaande van moord tot het verstrekken van woekerleningen. De aanklachten waren het hoogtepunt van verschillende jaren werk van de assistent van de aanklager van de Verenigde Staten, Diane Giacalone, die het Eastern District van New York vertegenwoordigde. In Mob Star beschreven als "openhartig, met een sterke wil en af en toe onstuimig", was de 31 jaar oude voormalige belastingadvocate opgegroeid in de buurt van Ozone Park, waar zij, toen zij nog naar school ging, elke dag voorbij de Bergin Hunt and Fish Club liep.

Een van de dingen die Giacalone ontdekte, was dat Willie Boy Johnson een vertrouwelijke informant van de FBI was. Ze probeerde al heel snel Johnson te overtuigen om een getuige voor de staat te worden en te getuigen tegen zijn vriend John Gotti en diens bendemaatjes.

Johnson vreesde voor zijn leven en voor de veiligheid van zijn gezin. "Ze zullen me vermoorden," zo zei hij tegen de aanklagers. "Mijn gezin zal worden afgeslacht." Johnsons verraad werd algauw onder de aandacht van Gotti gebracht. In *Gotti: Rise and Fall*, onthullen Capeci en Mustain zijn reactie:

"'Ik zal je dit niet aanrekenen en ik geef je mijn woord dat niemand je zal lastigvallen,' zei Gotti tegen Willie Boy. 'Nadat we deze zaak gewonnen hebben, zal je geen deel meer van ons kunnen uitmaken. Maar je zult een baan kunnen vinden, je hebt een gezin en je zal het best goed hebben.'"

Niettegenstaande het pleidooi van Johnson om, samen met de anderen, op borgtocht worden vrijgelaten, overtuigde Giacalone de rechter ervan Willie Boy in beschermende hechtenis te houden, waar hij nog langer dan een jaar zou blijven zitten alvorens de zaak voor de rechtbank zou dienen. Ondertussen kwam de informant voor de overheid, William Battista, erachter dat Giacalone probeerde hem bij deze zaak te betrekken. Batista reageerde door zijn vrouw bij de arm te grijpen en er vandoor te gaan. Sindsdien zijn ze niet meer gezien.

In de lente van 1985, werd Paul Castellano 70 jaar. Zijn 71ste verjaardag zou hij niet meer vieren. Hij wilde nog steeds de Ruggiero-tapes horen, maar de ouder wordende leider deed een stapje terug toen duidelijk werd dat Neil Dellacroce stervende was aan kanker. Castellano besefte dat, wanneer Dellacroce zou sterven, hij nadrukkelijk om de tapes zou kunnen vragen zonder zich de woede van de onderbaas op de hals te halen. Toen Castellano uiteindelijk de tapes te horen kreeg in de nazomer van 1985, stelde hij een actieplan op, maar voerde het niet uit zolang Dellacroce nog in leven was.

Omdat ze vreesden dat Castellano hen zou laten vermoorden, begonnen Gotti en Ruggiero een plan te bedenken om de dood van "Big Paulie" in scène te zetten. Eerst zochten ze steunen in hun eigen familie, bij Gravano, DeCicco, Armone en Robert DiBernardo - een man die onafhankelijk werkte zonder zijn eigen bende en veel geld verdiende voor de familie. Vervolgens klopten de samenzweerders aan bij de families Bonanno, Colombo en Lucchese. De familie Genovese, geleid door Vincent "the Chin" Gigante, levenslange bondgenoot van Castellano, werd niet betrokken in het herstructureringsplan van de Gambinofamilie.

Toen Neil Dellacroce op 2 december 1985 stierf, weigerde Castellano naar de wake te gaan, zeggende dat hij de bewaking van de overheid wilde ontlopen. Deze inbreuk op de maffia-etiquette versterkte alleen maar de weerstand die er al tegen hem bestond. Castellano benoemde vervolgens zijn chauffeur/bodyguard, Thomas Bilotti, tot onderbaas. Castellano kondigde aan dat hij de Ravenite Social Club van Dellacroce zou sluiten en dat hij de voormalige leden van Fatico Bergin aan andere groepen zou toewijzen.

Er volgde een snelle en dodelijke respons op Castellano's reorganisatieplannen.

Sparks Steak House

Op die ijskoude late namiddag van 16 december 1985, haastten nietsvermoedende New Yorkers zich van het werk naar huis, niet beseffend dat zij getuige zouden zijn van een openbare executie in de onderwereld. In

Underboss beschrijven Sammy Gravano en Peter Maas het decor:

'Hoe meer we erover dachten, des te beter leek het ons," zei Sammy. 'We besloten dat negen dagen voor kerst, rond 17.00 of 18.00 uur, in het midden van Manhattan, tijdens het piekuur, met al die winkelende mensen op jacht naar cadeautjes, er letterlijk duizenden mensen op straat zouden zijn, die zich in alle richtingen verspreidden. De huurmoord zou maar een paar seconden in beslag nemen en de verwarring zou in ons voordeel spelen. Niemand zou iets dergelijks verwachten, Paul nog het minst van allemaal. En in de massa kunnen verdwijnen speelde dan weer in ons voordeel. Dus besloten we dat het zo zou gaan gebeuren.'

De dag voordat de moord op Paul Castellano en Thomas Bilotti zou plaatsvinden, kwamen 11 samenzweerders bij elkaar in het kantoor van Gravano op Stillwell Avenue. Volgens Gravano, waren de vier aangeduide schutters Vincent Artuso, John Carneglia, Eddie Lino en zijn zwager Salvatore Scala. De aangeduide reserveschutter, Anthony "Tony Roach" Rampino, zou aan de overkant van de straat, tegenover Sparks Steak House staan wachten, terwijl Angelo Ruggiero, Joseph Watts en Iggy Alogna hun plaats zouden innemen bij 46th Street en Second Avenue om de vlucht te vergemakkelijken. Frank DeCicco zou dan in het restaurant wachten, waar de vergadering zou plaatsvinden. De capi James Failla en Daniel Marino, die geen deel van het complot uitmaakten, zouden zich daar bij hem voegen.

Een artikel van 16 december 1999 in Jerry Capeci's "This Week in Gang Land" beweert dat Gravano per vergissing

Alogna als lid van het huurmoordcommando benoemde. Volgens "welingelichte bronnen" was Dominick Pizzonia de andere man die aanwezig was. Er is ook nog een andere versie over wie er aanwezig was in Sparks Steak House. Volgens Remo Franceschini in zijn boek *A Matter of Honor*, beweerde de gepensioneerde politieman:

"Op 16 december had Big Paul afgesproken om de zoon van Neil Dellacroce, Buddy Dellacroce in Sparks Steak House in East 46th Street te ontmoeten. Dat had Frank DeCicco geregeld. Castellano zou eer betuigen, zou uitleggen waarom hij niet naar de wake was gekomen en zijn deelneming niet had betuigd, hij zou zich verontschuldigen en de doden loven."

Het was pas in de namiddag van de dag waarop de moord gepland was, dat de huurmoordenaars wisten wie hun doelwit was. Dicht op elkaar gepakt in een park in Manhattans Lower East Side sprak de groep nog een keer de laatste details van de moordplannen door. Vier schutters waren hetzelfde gekleed – lange, lichtkleurige trenchcoats en zwarte pelsmutsen, in Russische kozakkenstijl. De reden daarvoor was dat de aandacht van de mensen op de kledij gevestigd zou zijn, niet op de mannen die ze droegen.

Gravano zei tegen de FBI dat hij en Gotti bij Sparks Steak House aankwamen rond 17.00 uur, in een door John bestuurder Lincoln. Jaren later, betwijfelde de befaamde New Yorkse speurder Joseph Coffey, in een interview met Rikki Klieman van Court TV, dat de twee in de buurt van het restaurant zouden zijn geweest. Gravano beweerde dat nadat zij blokje om gereden waren, ze parkeerden op een plek vanwaar ze een duidelijk zicht hadden op het restaurant. Enkele ogenblikken later kwam Bilotti in een zwarte Lincoln langszij Gotti's auto aanrijden en wachtte tot het licht op groen zou springen. Met zijn walkietalkie bracht Gravano de anderen op de hoogte van het feit dat Castellano eraan kwam.

Bilotti stuurde de Lincoln naar een open plek voor Sparks en stapte uit. Van zodra Castellano uit de wagen stapte, kwamen de huurmoordenaars naar voren. "Big Paulie" werd zes keer in het hoofd geraakt en bleef vrijwel op slag dood. Toen het schieten begon, zocht de ongewapende Bilotti dekking via het raampje aan de passagierskant waar hij alleen maar de executie van zijn baas zag, zich onbewust van het feit dat de moordenaars het nu op hem gemunt hadden. Toen de schutters het vuur op Bilotti openden, blokkeerde het pistool van Artuso. Maar de kogelregen die afgevuurd werd door de tweede moordenaar, haalden de pas gekroonde onderbaas onderuit en Carneglia, die opgehouden was met op Castellano te schieten, liep om de wagen heen en maakte Bilotti af.

De huurmoordenaars renden voorbij de doodsbange voetgangers, die wanhopig trachten dekking te zoeken en liepen naar Second Avenue en de vluchtauto's. Gotti en Gravano reden rustig voorbij Sparks. Toen hij naar het lichaam van Bilotti keek, zei Gravano tegen Gotti: "Die is er geweest."

Toen ze buiten hoorden schieten, verlieten DeCicco, Failla en Marino snel het restaurant. Terwijl ze zich naar 46th Street haastten, botsten ze op Thomas Gambino, Castellano's neef, die op weg was naar de vergadering bij Sparks.

"Je oom is neergeschoten," zei DeCicco.

"Is hij dood?" vroeg Gambino.

"Ja, Tommy," bevestigde DeCicco.

"Lieve help, wat is er aan de hand?" vroeg Gambino.

"Maak je geen zorgen, alle anderen zijn in orde. Ga naar je auto en maak je uit de voeten. Wij laten nog van ons horen," verzekerde DeCicco hem.

"I forgotti!"

De zonet gekroonde baas van de Gambinofamilie had het druk met zijn voorbereidingen voor twee processen. Het eerste was voor de aanval op Romual Piecyk, een hersteller van koelkasten.

Op 11 september 1984, vond Piecyk, 35 jaar oud, en 1.95 m lang en zwaar gebouwd, zijn auto geblokkeerd door een wagen die dubbel geparkeerd stond buiten de Cozy Corner Bar in de wijk Maspeth in Queens. Niet bang voor een misdaad meer of minder, toeterde Piecyk net zolang tot de eigenaar van het voertuig dat overtreding beging, verscheen. Frank Colletta, een vennoot van de Gambinofamilie, gaf Piecyk een klap in het gezicht en scheurde het weekloon van de hersteller, 325 dollar, uit zijn hemdzakje. Piecyk sprong uit zijn wagen en begon te vechten met Colletta. Op dat ogenblik verliet John Gotti de bar en mengde zich in het gevecht, door Piecyk in het gezicht slaan. Toen maakte Gotti een beweging, als wilde hij iets uit zijn tailleband trekken, en terwijl hij dat deed, waarschuwde hij Piecyk: "Je maakt je verdomme beter uit de voeten."

Gotti en Colletta gingen weer terug naar de bar, terwijl Piecyk naar de politie stapte. Hij ging vervolgens terug naar de Cozy Corner in het gezelschap van twee agenten, die de gangsters van de Gambinofamilie arresteerden. Enkele dagen later legde Piecyk een getuigenis af voor een grand jury. Gotti en Colletta werden aangeklaagd en beschuldigd van diefstal en het toebrengen van zwaar lichamelijk letsel. Meer dan een jaar zou voorbijgaan alvorens de zaak voor de rechtbank zou dienen. Op dat ogenblik had Gotti's foto in alle kranten gestaan en was ze ontelbare malen op televisie verschenen, tijdens de wake na de moord op Castellano/Bilotti.

Toen het proces dichterbij kwam, vreesde Piecyk voor zijn leven. Hij kocht een handvuurwapen en bracht zijn zwangere vrouw tijdelijk op een ander adres onder. Een week voordat het proces zou beginnen, kwam een speurder van het kantoor van de aanklager op bezoek bij Piecyk om de zaak te bespreken.

"Ik getuig niet," zei Piecyk tegen de speurder.

In zijn rapport noteerde de speurder dat Piecyk bang was voor Gotti's mannen. Hij had anonieme dreigtelefoontjes gekregen en zei dat de remmen van zijn busje onklaar waren gemaakt. Die bedreigingen zette de openbare aanklager van het district Queens, John J. Santucci, er toe aan om een anonieme jury te vragen. Het proces, dat op 2 maart 1986 zou beginnen, werd vijf dagen uitgesteld terwijl rechter Ann B. Dufficy het verzoek van de aanklager overwoog, en vervolgens verwierp. Op vijf maart, sprak Piecyk met een reporter van de *New York Daily News*. Hij ontkende daarbij dat hij dreigtelefoontjes zou hebben gekregen en dat zijn voertuig onklaar zou zijn gemaakt. Vervolgens zei Piecyk dat hij als getuige voor John Gotti zou optreden.

"Ik ga niet tegen de wensen van de heer Gotti in," zei hij. "ik zal in zijn voordeel getuigen. Ik wil de heer Gotti geen kwaad berokkenen."

Uiteindelijk had de getuigenis plaats op 19 maart. De volgende dag, de dag waarop Piecyk moest getuigen, verscheen hij niet. Leden van het kantoor van Santucci gingen naar hem toe om hem op te halen, maar ze konden hem nergens vinden. Niettegenstaande zijn verdwijning, geloofden de ordehandhavers niet dat hij het slachtoffer was geworden van een misdaad, maar eerder dat hij te bang was om te getuigen. De assistent van de openbare aanklager A. Kirke Bartley, Jr. zei tegen de rechter dat de openbare aanklager niet verder kon gaan, omwille van de afwezigheid van zijn getuigen.

Op donderdag 20 maart, in de late avond, werd Piecyk gelokaliseerd in het Mercy Hospital in Rockville Centre, Long Island. De onwillige getuige was daar naartoe gegaan om aan zijn rechterschouder te worden geopereerd, denkende dat hij op die manier kon ontkomen aan zijn getuigenis. Tijdens de zitting van de rechtbank op vrijdag, zei Bartley tegen rechter Dufficy dat Piecyk op maandag voor de rechtbank zou verschijnen. De verdediging van Gotti, die beweerde dat Piecyk Colletta had aangevallen en dat hun cliënt enkel maar te hulp was geschoten, noemde het hele verhaal "veinzerij." Bruce Cutler, die voor het eerst optrad als verdediger van de "Dappere Don" zoals hij weldra genoemd zou worden, beweerde: "We weten niet waar hij is, in welk ziekenhuis, wie zijn dokter is."

De andere advocaat van Gotti, Michael Coiro, Jr., die later schuldig zouden worden bevonden aan het helpen verbergen van de drugsopbrengsten van Angelo Ruggiero, zei tegen de rechtbank: "Ik denk dat het wel duidelijk is dat de klagende getuige onwillig is om te getuigen."

Op zaterdagochtend, toen Piecyk het ziekenhuis verliet, namen de speurders van de openbare aanklager van het district Queens hem in beschermende hechtenis als kroongetuige. Op maandagmiddag nam de getuige, zijn arm in een mitella en met een donkere bril op, zijn plaats in het getuigenbankje in om vervolgens 2 uur lang door openbare aanklager Bartley te worden ondervraagd. In de doodstille, overvolle rechtszaal van het State Supreme Court in Queens, werd Piecyk gevraagd of hij de man die hem aangevallen had in de zaal zag zitten.

"Nee," antwoordde Piecyk.

Toen men aandrong dat hij de man zou beschrijven die hem had aangevallen, verklaarde Piecyk: "Om heel eerlijk te zijn, is het zo lang geleden dat ik me dat niet kan herinneren." Hij beweerde dat zijn hemdzakje gescheurd werd en dat zijn sigaretten en geld gestolen werden, maar hij kon zich niet herinneren wat er verder nog gebeurd was.

Met dit getuigenis, verklaarde rechter Dufficy dat Piecyk een "onwillige getuige" was en het proces werd opgeschort. Op 25 maart probeerde openbare aanklager Bartley de zaak opnieuw vlot te trekken door te verzoeken om de getuigenis die Piecyk voor de grand jury had afgelegd, te mogen gebruiken. Dufficy verwierp het verzoek en wees de aanklachten van zwaar lichamelijk letsel en de overval tegen de twee beklaagden af. De krantenkoppen in de *New York Daily News*: "I FORGOTTI", waren veelzeggend, het proces werd op de eerste bladzijde uit de doeken gedaan. De aanklager van het district Queens overwoog om een aanklacht wegens meineed tegen Piecyk in te dienen, maar zag daar uiteindelijk van af.

En toch was het niet het laatste wat men van Romual Piecyk zou horen. Op 27 augustus 1986, bij de samenstelling van de jury voor Gotti's RICO-proces, waarbij Giacalone als openbare aanklager optrad, verscheen Piecyk bij de rechtbank in Brooklyn. Nadat hem de kans ontnomen werd om in de rechtszaal te spreken, gaf Piecyk dan voor de vuist weg maar een persconferentie buiten het gerechtsgebouw. Hij zei tegen de reporters dat Gotti oneerlijk behandeld werd door de media, die hem als een "menselijk monster" hadden afgeschilderd. De verschijning van Piecyk viel samen met een beëdigde verklaring die hij voor de advocaten van Gotti had voorbereid, een verklaring die toegaf dat de maffiabaas hem nooit bedreigd of geïntimideerd had. Dit alles vond plaats nadat Gotti vrijlating op borgtocht geweigerd was. Federaal rechter Eugene H. Nickerson had zijn beslissing gemotiveerd door te zeggen dat Piecyk "zo bang was gemaakt" dat hij van gedachten veranderde tijdens het proces waar Gotti van het toebrengen van zwaar lichamelijk letsel beschuldigd werd.

Het proces van Piecyk in verband met het zwaar lichamelijk letsel, het eerste van vier processen, was voorbij. Een tweede proces, het RICO-proces van Giacalone, moest op 7 april 1986 beginnen, precies twee weken na het afsluiten van de zaak Piecyk. Ondertussen begon de basis voor het derde proces - de aanval op een afgevaardigde van de meubelmakersvakbond - met het verwonden van John F. O'Connor op 7 mei 1986.

Het RICO-proces van Giacalone - de eerste ronde

John Gotti was nog niet terug van zijn vakantie in Florida (en had amper zijn overwinning gevierd in het proces

Piecyk), of hij stond alweer terecht. Op 7 april 1986 begon de samenstelling van de jury in het RICO-proces van Giacalone. Naast Gotti en zijn bende broer Gene, werden ook John Carneglia, Anthony Rampino en Willie Boy Johnson en leden van de Gambinofamilie Nicholas Corozzo en Leonard DiMaria vervolgd. Niet aanwezig waren de Dellacroce's, vader en zoon. Neil was in december overleden en Armond was verdwenen.

Op 6 december, precies vier dagen na het overlijden van zijn vader, had Armond Dellacroce zijn advocaat verteld dat hij niet opgewassen was tegen de druk van het terechtstaan en dat hij schuldig zou pleiten. Die beslissing maakte Gotti boos. Ofschoon hij niet tegen de anderen zou getuigen, toch viel het feit dat Armond schuldig zou pleiten op dezelfde aanklachten, als die die tegen de andere leden van de groep uitgevaardigd werden, niet goed bij de groep. Gotti liet weten dat "hoe goed de deal ook was die een aanklager zou aanbieden, niemand van de Gambinofamilie ooit in een schuldbekentenis zou toegeven, dat zij (de familie) bestond." In april 1988, nadat hij twee jaar op de vlucht was geweest, stierf Armond Dellacroce aan een hersenbloeding ten gevolge van acute alcoholvergiftiging in het district Pocono Mountains, Pennsylvania.

John Carneglia's broer, Charles, die officieel als voortvluchtig stond geregistreerd, en William Battista, die door Giacalone als getuige voor de overheid zou worden opgeroepen, ontbraken eveneens. De zeven beklaagden werden beschuldigd van federale aanklachten van chantage en afpersingen, samenzwering voor chantage en afpersing. De aanklacht somde de criminele activiteiten op die plaats hadden gehad, verspreid over een periode van 18 jaar. Alle mannen keken aan tegen gevangenis-straffen van 20 jaar en tegen bijzonder zware boetes.

Dankzij het succes dat Gotti had bereikt met het inti-mideren van Romual Piecyk, besloot hij dezelfde tactiek nogmaals te gebruiken. De eerste getuige voor de staat met wie men een praatje moest maken, was Dennis Quirk, die gedagvaard werd om te getuigen in verband met de moord op justitiemedewerker Albert Gelb in 1976. De vijfentwintigjarige ambtenaar, die beschreven werd als de "vaakst onderscheiden gerechtelijke ambte-naar in uniform van deze stad", werd vermoord kort nadat hij moest getuigen tegen de voortvluchtige beklaagde Charles Carneglia. Giacalone zei tegen fede-raal rechter Eugene Nickerson dat Gotti's mensen tot twee maal toe geprobeerd hadden contact op te nemen met Quirk. De aanklager zei tegen de rechter dat zij de borgtocht van de beklaagden zou herroepen als er nog getracht zou worden om contact op te nemen met getui-gen voor de staat. Nickerson ging ermee akkoord om de namen van de getuigen voor de staat geheim te houden, tot op het ogenblik dat zij moesten getuigen en beval de beklaagden om niet in de buurt van deze getuigen te komen.

Op de ochtend van 9 april kreeg men op het gerechts-gebouw een telefonische bommelding binnen, waarna het gerechtsgebouw onmiddellijk werd ontruimd. Gotti zei tegen een vriend: "En zeggen dat ik hier niets mee te maken heb. Ze zullen dit natuurlijk ook weer mij in de schoenen schuiven." Hij had gedeeltelijk gelijk. De man die het telefoontje pleegde, beweerde John Gotti te zijn. Later bleek dat de dader Alexander Galka was, een geesteszieke patiënt die die namiddag voor de rechter moest verschijnen omdat hij bedreigingen aan het adres van president Ronald Reagan had geuit.

Eveneens op 9 april lieten twee advocaten van de maffia, Cutler en Barry Slotnick, die ooit zijn partner was geweest, de onderwereld weten waar hun loyaliteit lag. Zij gaven de vertegenwoordiging van Joseph Colombo, Jr., en diens broers Anthony, zonen van vroegere maffiabaas van de Colombofamilie, terug. Slotnick beweerde dat een van de vroegere beklaagden in die zaak, Alphonse Merolla, nu een getuige voor de staat was geworden. Merolla was toendertijd verdedigd door Cutler en de advocaten besloten dat, wanneer zij de beklaagde verder zouden verdedigen, dit tot belangenvermenging zou leiden.

Vier dagen later werd de onderbaas van de Gambino-familie, Frank DeCicco, op sensationele wijze vermoord, door middel van een autobom. Het proces was nog maar een maand oud en nu al ontbraken er beklaagden, was men opgeschrikt door een bom, werden getuigen geïntimideerd en werd een hooggeplaatste persoon van de groep vermoord. Dat was nog maar het begin van wat een circusachtige atmosfeer zou worden, waarbij het justitiële systeem volkomen belachelijk zou worden gemaakt. Op 28 april kwam de beslissing van rechter Nickerson om de zaak uit te stellen niet als een verrassing. Toen hij dit aankondigde, citeerde de rechter "de gebeurtenissen van de voorbije weken", zijn waarnemingen bij het selectieproces van de jury en het exhaustieve verslag over deze zaak door de media, wat enkel maar geïntensifieerd werd door de moord op DeCicco.

Nickerson weigerde door te gaan of te verklaren waarom

hij een moratorium van vier maanden op het proces legde. En niettegenstaande dit uitstel waren Gotti's problemen met de wet nog steeds niet voorbij. Aanklager Giacalone zette door om de vrijlating op borgtocht van Gotti en drie andere beklaagden te laten herroepen, zeggende dat "zij de voorwaarden die met hun vrijlating verbonden waren, overtreden hadden" en "dat zij nog steeds deel hadden aan de activiteiten van de georganiseerde criminaliteit van de Gambinofamilie". Verscheidene getuigen getuigden tijdens de drie dagen durende hoorzittingen. Politieman Remo Franceschini, aanvoerder van het speurdersteam van de aanklager van het district Queens, getuigde dat zijn informanten gezegd hadden dat Gotti "betrokken was bij illegale activiteiten, met inbegrip van gokken en woekerpraktijken."

John Gurnee, een specialist in de georganiseerde misdaad bij de inlichtingendienst van de New Yorkse politie, die dozijnen foto's had genomen van de maffiabaas en zijn vennoten, legde eveneens een getuigenis af. Hij zei tegen rechter Nickerson dat Gotti, toen die op borgtocht was vrijgelaten, "ongewoon veel respect had gekregen als nieuwe maffialeider" na de moord op Paul Castellano, en dat hem "nog meer respect betuigd werd" tijdens de wake voor Frank DeCicco. Edward Magnuson, een leidinggevend agent van de narcoticabrigade, getuigde dat een vertrouwelijke informant hem verteld had dat Gotti "erg boos was in verband met de moord op Frank DeCicco, en dat wanneer hij op borgtocht zou vrijkomen, of wanneer het proces voorbij zou zijn, er oorlog zou komen en dat John wraak zou nemen."

Nadat zij 11 getuigen voor de staat hadden gehoord, verklaarden de aanklagers Giacalone en John Gleeson in een 40 bladzijden lang memorandum dat wanneer Gotti en de andere beklaagden vrij konden blijven rondlopen, "ze zouden proberen om de getuigen of de juryleden te intimideren". Op 13 mei herriep rechter Nickerson John Gotti's vrijlating op borgtocht, zeggende dat er voldoende bewijs was dat de maffiabaas, terwijl hij op borgtocht was vrijgelaten, betrokken was geweest bij de intimidatie van Romual Piecyk. Daarom werd Gotti beschouwd als "roekeloos" en "gevaarlijk" en "moest hij opgesloten worden". Zelfs de door Cutler ingegeven beëdigde verklaring van Piecyk, waarin hij zei dat hij "nooit was lastiggevallen" kon niet voorkomen dat de Dappere Don werd opgesloten. Geen van de andere beklaagden echter werd opgesloten, hoewel de aanklagers dat gevraagd hadden.

Op 19 mei 1986, nadat de argumenten van Cutler gefaald hadden voor een college van drie rechters van het Hof van Beroep van de Verenigde Staten, werd Gotti gefouilleerd en werden zijn foto en vingerafdrukken genomen in het Federaal Gerechtsgebouw in Brooklyn. Hij was aangekomen in een zwarte Mercedes Benz en hij verliet het gerechtsgebouw in een vuil, blauw busje voor gevangenentransport dat vertrok naar de het Metropolitan Correctional Center (MCC) in lower Manhattan. "Laten we gaan," zei Gotti tegen diegenen die hem gevangen hadden genomen, "Ik ben er klaar voor."

Chin slaat terug

Voordat hij Castellano liet vermoorden, had Gotti de goedkeuring van de andere New Yorkse families gevraagd, met uitzondering van de Genovesefamilie en hun leider Vincent "the Chin" Gigante. Na de moord, was Gigante, die al gauw het enige lid van de commissie zou zijn die niet dood was of achter de tralies zat, uit op wraak voor die moord. Gotti had een bericht gestuurd naar Gigante en de andere families dat "alles goed ging" met de Gambinofamilie en er kwam een bericht terug van de baas van de Genovesefamilie, een bericht dat zei: "Ooit zal er iemand moeten boeten voor Paul."

In *Gotti: Rise and Fall*, maken de auteurs Gigante's plan bekend, dat hij samen met de Gambinocapi van de oude garde, James "Jimmy Brown" Failla en Daniel Marino had opgesteld. Failla controleerde de afvalverwerkingsindustrie voor de privé huishoudens van de stad en Marino had een vrachtwagenbedrijf. Capeci en Mustain schrijven:

"Hij (Gigante) was ook van plan koning te worden. Nadat Gotti en DeCicco dood waren, zou hij dan naar voren stappen en de capi van de Gambinofamilie ertoe bewegen Failla te kiezen, die al net zo lang hun vriend was als Paul. Failla zou dan op zijn aandringen, Marino kiezen... als zijn onderbaas."

Gotti en DeCicco maakten er een punt van de verschillende capi van de familie bij hen thuis met een bezoekje te vereren, iets wat Castellano beneden zijn waardigheid achtte. Op zondag 16 april 1986, enkele dagen nadat het RICO-proces van Giacalone begonnen was, moest Gotti DeCicco en Gravano ontmoeten in Falla's Veterans & Friends Social Club in Bensonhurst. Naast de leden van de groep van Failla, was ook Danny Marino van de partij.

Buiten de club, enkele honderden meters verderop, stond een team van huurmoordenaars, samengesteld door Gigante en Anthony "Gaspipe" Casso, die een hoge positie binnen de Lucchesefamilie bekleedde, klaar om in actie te komen. Een bom die verborgen was in een bruine zak werd onder de auto van DeCicco geplaatst. Wat de moordenaars niet wisten, was dat Gotti de club even daarvoor gebeld had om te laten weten dat hij niet kon komen en dat DeCicco hem later die dag bij Ravenite moest ontmoeten.

Terwijl de leden van de groep familiezaken bespraken, kwam Frank Bellino, een lid van de Lucchesefamilie, aan om een wettelijk probleem te bespreken met DeCicco. Bellino wilde het telefoonnummer hebben van een advocaat en DeCicco had het visitekaartje van die advocaat in het handschoenvakje van zijn Buick Electra liggen. Terwijl beide mannen op de auto toe liepen, gaf DeCicco commentaar over een zak die hij onder zijn auto zag liggen. "Waarschijnlijk ligt er een bom onder mijn auto," grapte hij.

Terwijl de twee mannen op de auto toe liepen, kreeg Herbert "Blue Eyes" Pate, een vennoot van de Genovesefamilie (die jaren later als huurmoordenaar zou worden verraden door Anthony Casso), een seintje. Hij wachtte tot DeCicco aan de passagierskant ging zitten en handschoenvakje opende. Toen deed hij de bom ontploffen. Bendeleden, met uitzondering van Failla en Marino, kwamen uit de social club naar buiten gerend en kwamen terecht in een ware slachtpartij. Gravano trok zijn stervende vriend onder de brandende wagen vandaan. Beide slachtoffers werden door een politiewagen naar het Victory Memorial Hospital gebracht, waar DeCicco dood werd verklaard. Gotti ging snel tewerk om de troepen bij elkaar te krijgen. Alle capi van de familie en de leden van hun groep kregen het bevel de wake bij te wonen, als blijk van sterkte en eenheid.

Zich er niet van bewust wie er achter de moord zat, geloofde Gotti nog steeds dat hij een goede relatie had met Gigante. The Chin dacht daar anders over en hij was nog niet klaar met zijn inspanningen om Gotti van zijn troon als leider van de Gambinofamilie te stoten. Volgens Gravano echter was Gigante niet de enige die complotteerde. In 1988 vroeg Gotti om een vergadering van de commissie. Met zijn vriend Joseph Massino (hoofd van de Bonannofamilie, maar die al jaren geleden zijn zitje in de commissie had moeten afstaan), lobbyde Gotti om de Bonannobaas weer in de commissie te krijgen. Dan steunde Gotti, in een puur machtsspelletje, Vic Orena voor de positie van "interimbaas" van de Colombofamilie. Gotti had het plan opgevat om met de loyaliteit van deze beide familiebazen, de commissie te kunnen controleren.

Terwijl de manoeuvres steeds verder ontplooid werden, plande de New Jerseytak van de Genovesefamilie om zowel John Gotti als zijn broer Gene om het leven te brengen. Louis Anthony "Bobby" Manna, een 59 jaar oude capo uit Jersey City, complotteerde met vijf andere bendeleden om de moord te plegen. Toen agenten van de overheid dit complot vernamen via de afluisterapparatuur die zij geplaatst hadden in het restaurant van Martin "Motts" Casella, brachten zij Gotti op de hoogte. In juni 1989, werden Manna en twee anderen veroordeeld wegens samenzwering tot moord.

Het RICO-Proces van Giacalone - de tweede ronde

Een maand voordat het proces zou worden hernomen, stond Bruce Cutler weer voor de rechter, terwijl hij verzocht dat het zijn cliënt zou worden toegestaan om elke morgen naar Cutlers kantoor te komen om de strategie voor het proces te bespreken. "Mijn cliënt vindt zijn voorkomen erg belangrijk, zoals de rechtbank weet," zei Cutler tegen rechter Nickerson. Gotti wilde zelf betalen voor de extra kosten die gemaakt zouden moeten worden om hem telkens weer door de federale marshals heen en weer te laten brengen. Aanklager Giacalone verzette zich tegen die motie, zeggende dat dat twee klassen van beklaagden zou creëren: "Zij die kunnen betalen voor bijzondere gunsten en diensten en zij die dat niet kunnen." Nickerson verwierp het verzoek.

Moties voorafgaand aan het proces werden op 18 augustus 1986 behandeld. Rechter Nickerson had besloten dat er een anonieme jury zou zetelen, om de juryleden te beschermen tegen intimidatie en dat de jury niet in afzondering zou gaan. Cutler zei: "Zulk een jury creëert een aura van angst, een aura dat misplaatst is en de beklaagden geen eerlijk proces garandeert." De advocaten van de verdediging zeiden dat Nickerson bevooroordeeld was. Andere moties van de verdediging grensden aan het absurde. Ze kloegen over de publiciteit die aan het proces voorafging, over de plaatsing in de rechtszaal die de aanklagers "beter oogcontact" met de jury gaf en waar Gotti zijn lunch zou krijgen. Nadat een reeks moties om zowel Nickerson als Giacalone te wraken, werd afgewezen, kon men beginnen met het samenstellen van de jury.

De jurypool bestond uit 450 mogelijke juryleden (sommige bronnen spreken zelfs van 600), uit wie 12 juryleden en 6 vervangers moesten worden geselecteerd. Toen Nickerson het eerdere proces samenriep, zei hij dat hij deze keer een andere procedure zou volgen om de mogelijke juryleden te kwalificeren. Volgens de advocaten van de verdediging leidde deze nieuwe methode mogelijk tot de selectie van juryleden die ofwel "onwetend ofwel geremd waren." Cutler beweerde: "Iedereen die kan zien en horen en ook maar een werkende hersencel heeft, kent mijn cliënt." De selectie van de jury nam 18 dagen in beslag. De selectie van de zes vervangers duurde nog eens een week. Het proces, waarvan de duur geschat werd op 60 tot 90 dagen, had al 40 dagen achter de rug alvorens de jury eindelijk ingezworen was.

Op 25 september werden de verklaringen gegeven in het Federal District Court in Brooklyn. De assistent van de aanklager Diane Giacalone legde een 90 minuten durende verklaring af voor de jury, voor een publiek van ongeveer 100 mensen. Tenminste een vierde van het publiek waren reporters of tekenaars.

Misschien is het wel door die eerste opmerkingen van Giacalone dat de mythe van John Gotti die James McBratney had vermoord om de moord op Manny Gambino te wreken en zichzelf in een goed daglicht te stellen bij Carlo Gambino, geboren werd. Zij beweerde dat zijn deelname aan de moord het begin was geweest van zijn klim naar de top en het leiderschap van de Gambinofamilie. Zij vroeg de jury: "Wat voor soort organisatie is dat, wanneer moord een middel is om hogerop te komen?" Giacalone vertelde de jury dat ze getuigenissen zouden horen van getuigen die zelfmoordenaars waren, moordenaars, drugsdealers en kidnappers. "Het zijn gewoon verschrikkelijke mensen," waarschuwde ze. En wat een understatement zou dat blijken te zijn!

Cutler pareerde haar opmerkingen door te zeggen:

"De enige familie die John Gotti kent, zijn zijn vrouw, kinderen en kleinkinderen." De overdreven dramatische advocaat van de verdediging liep door de rechtszaal, terwijl hij minachtende commentaar ten beste gaf aan het adres van de aanklager en de aanklacht. Op een bepaald ogenblik nam hij een aanklacht op en smeet die in de prullenbak, terwijl hij zei: "Opgeruimd staat netjes. Daar hoort het." Door de getuigen van de overheid "uitschot" en "nietsnutten" te noemen, beweerde het team van de verdediging dat hun cliënten "vervolgd werden omwille van misdaden uit het verleden waarvoor ze al een straf hadden uitgezeten en omdat de overheid hun manier van leven niet zag zitten".

De zaak ging niet goed van start voor de aanklager. Hun eerste getuige had Salvatore "Crazy Sal" Polisite moeten zijn. Zaterdag, twee dagen voordat hij moest getuigen, gaf Polisi een interview weg aan een schrijver die een boek schreef over het leven van Polisi. (Dit project draaide op niets uit, maar een later boek, *Sins of the Father: The True Story of a Family Running from the Mob*, door Nick Taylor, zou in 1989 gepubliceerd worden.) Omdat de regels van de bewijslast voorschrijven dat de verdediging het recht heeft om over dezelfde informatie in verband met een getuige voor de aanklager te beschikken als de aanklager zelf, en wel tijdig zodat zij de getuige aan een kruisverhoor kunnen onderwerpen, werd de getuigenis van Polisi uitgesteld. In plaats daarvan draaide de overheid de afgeluisterde tapes en riep ze Francis J. Leonard, een speurder uit Suffolk County op als getuige, die een illegaal dobbelspel beschreef dat in 1975 gerund werd door de beklaagden DiMaria en Corozzo.

Op 6 oktober publiceerde de *New York Times* een artikel

van Selwyn Raab waarin de reporter vertelde dat Gotti's dagen als "baas van de Gambinofamilie geteld waren, en dat mogelijke opvolgers zich al in alle mogelijke bochten wrongen om zijn plaats in te nemen, volgens de maffia-experts bij de ordehandhaving." Raab wees erop dat de experts meenden dat Gotti problemen had met de wet en dat de invloedrijke hoge piefen van de Gambinofamilie ervan uitgingen dat hij tegen een lange gevangenisstraf aankeek." Bovendien beweerden niet nader genoemde ordehandhavers dat er nog meer aanklachten, zowel op federaal als op regionaal niveau, voorbereid werden. Een federale ambtenaar verklaarde: "Iedereen op straat is ervan overtuigd dat hij voor lange tijd wordt opgeborgen, 20 jaar of meer." Politieman Remo Franceschini zei dat Thomas Gambino de meest waarschijnlijke keuze was als opvolger van Gotti. Hij voegde eraan toe: "Als Gotti vervangen wordt, dan zal dat door een traditioneel denkende crimineel uit de georganiseerde misdaad zijn, die zich gedeisd weet te houden." Raab rondt zijn artikel af door te verklaren dat de "ordehandhavers zeiden dat de kapiteins uit de Gambinogroep blijkbaar op zoek waren naar een leider die er een minder flamboyante levensstijl op nahield dan de heer Gotti". De Dappere Don, zo beweerde Raab, had "bepaalde mensen in de Gambinofamilie, evenals de leiders van de andere families danig op de zenuwen gewerkt, met zijn hang naar beruchtheid."

Ondertussen kende de overheid alweer een tegenslag op 10 oktober, toen ze te horen kreeg dat de jury de "sleutelgetuigenis" van Edward Maloney niet mocht horen. De getuigenis was bedoeld om het motief voor de moord op James McBratney in 1973, vast te stellen.

Nickerson aanvaardde de argumenten van de verdediging dat Maloney geen getuigenis mocht afleggen over conversaties waarover hij had horen vertellen, maar die hij niet zelf gevoerd had met de maffialeden. "Volgens mij is het gewoon te mager," verklaarde de rechter. Maloney was de eerste getuige die genadeloos aan het kruis werd genageld door een advocaat van de verdediging zonder enige klasse, een benaming die de arrogante Cutler, trots als een pauw, aanvaardde. Toen hij de betalingen die Maloney van de overheid ontving, beschreef, verklaarde Cutler: "Bekijkt u het op deze manier mijnheer Maloney, het heeft de Verenigde Staten van Amerika ongeveer 52.000 dollar gekost om u een nieuwe identiteit te geven, een nieuw huis, een nieuwe job, om uw haren te knippen en u een pak te geven, en dat allemaal aan een bedreiging en een klootzak als u."

De volgende die aan de beurt zou komen voor de, wat Jerry Capeci beschreef als "de verscheurder van de verdediging," was "Crazy Sal" Polisi. Op 15 oktober manipuleerde Barry Slotnick de zwarten in de jury door aan te geven dat Polisi geloofde "dat zwarte mensen de laagste levensvorm van de mensheid waren." Polisi legde er de nadruk op dat hij een herboren man was, waarop Cutler repliceerde: "Ha, die nieuwe religie? Vertel het ons maar, dan kunnen we al die andere achterlijke klootzakken zoals u ook uit de gevangenis schoppen."

Bovenop de commentaren die tegen de getuige gericht waren, gaven de advocaten van de verdediging en de beklaagden meerdere smerige commentaren aan het adres van de aanklager. Begin november werd voormalig speurder van de New Yorkse politie Victor Ruggiero aan een kruisverhoor onderworpen; hij was een bijzonder harde noot om kraken voor de advocaat van de verdediging, Michael Santangelo. Ruggiero (geen familie van Angelo) getuigde over de bewaking buiten de Ravenite Social Club in 1978 en 1979. Toen Santangelo de rechter vroeg om tussenbeide te komen en de getuige erop te wijzen dat hij ontwijkende antwoorden gaf, vroeg Nickerson aan de voormalige speurder: "Waarom doet u dat? De vragen zijn nochtans erg eenvoudig." Gezeten achter Giacalone, merkte Gotti op, op sarcastische toon en net luid genoeg opdat de jury hem zou kunnen verstaan: "Hij doet het omdat ze hem bedreigd hebben; dat is de reden."

Giacalone vroeg onmiddellijk aan de rechter of zij naar voren mocht komen en de jury werd gevraagd om de zaal te verlaten. In een woede-uitbarsting, zei Gotti tegen de rechter: "Edelachtbare, dat is niet waar."

"U mag geen commentaar geven," schold rechter Nickerson hem uit.

"Maar Edelachtbare, het is niet waar," hield Gotti vol. "Als er hier iemand commentaar geeft, dan is zij het wel."

Het proces werd een "aanfluiting van justitie". De advocaten van de verdediging gingen vrolijk door met de getuige van de staat scherp te bekritiseren en de beklaagde maakte grapjes en gaf smerige commentaren ten beste achter de rug van aanklager om; de meeste daarvan waren gericht tegen Giacalone. Gotti maakte regelmatig kleinerende opmerkingen over de procedures, tegen de reporters, die aan zijn lippen hingen. Alle orde in de rechtszaal was ver zoek, niettegenstaande alle pogingen van rechter Nickerson, om de orde te herstellen en behouden.

Bijzonder jurylid

Gotti en Cutler hadden alle reden om er zoveel vertrouwen in te hebben dat zij de zaak zouden winnen. Zij hadden immers een jurylid omgekocht voor 60.000 dollar. George Pape werd beschreven als een "steedse man van middelbare leeftijd met een drankprobleem". Terwijl hij werkte op een bouwwerf, had hij Bruno Radonjich, de toekomstige leider van de Westiesbende, ontmoet. Toen Pape opgeroepen werd om in de jury te zetelen en besefte dat hij misschien wel zou moeten zetelen in het RICO-proces van Giacalone, zag hij dit als een financieel buitenkansje.

Al van bij het begin loog Pape vaak om de vragenlijst van rechter Nickerson probleemloos te doorlopen, vragenlijst die bedoeld was om potentiële juryleden die mogelijk een binding met Gotti hadden, te elimineren. Kort nadat hij aanvaard was, nam Pape contact op met Radonjich, die op zijn beurt weer naar Sammy Gravano ging en de zaak was geregeld.

Gotti leek te denken dat het ergste wat hem kon overkomen, een onbesliste jury zou zijn. Toen het proces werd opgeschort, gaf hij voor de vuist weg interviews aan de media, waarin hij meestal afgaf op de aanklager, een van de getuigen van de aanklager of op allebei. Op 19 november 1986, toen het verdict viel in het fameuze "Commissieproces", waarbij alle acht beklaagden werden veroordeeld voor overtreding van RICO-regelgevingen, liet Gotti weten dat die beslissing "niets met ons te maken heeft. Wij wandelen hier naar buiten."

Als je bedenkt wie de aanklagers soms als getuige opriep, zou je denken dat de aanklager vaak zijn eigen ergste vijand was. Zo moest begin december een vertrouweling van de Berginclub, genaamd James Cardinali getuigen. Cardinali had samen met Gotti in de gevangenis gezeten toen die zijn straf uitzat voor de moord op McBratney. Cardinali zelf zat een straf uit van 5 tot 10 jaar toen hij getuige voor de staat werd. Hij vertelde de rechtbank dat hij, nadat hij in 1979 de gevangenis verlaten had, Gotti had opgezocht in de Berginclub en dat hij een onbeduidend baantje kreeg bij een vrachtwagenbedrijf, waar hij 100 tot 200 dollar per week verdiende door boodschappen te doen voor Gotti. Hij gaf toe dat hij in die periode drugsdealers beroofde en vijf mensen had vermoord. Na dat eerste getuigenis van Cardinali die ochtend, zei Gotti tegen de reporters op de publiekstribune: "Niets van wat hij gezegd heeft klopt, alleen de naam van die rat was juist."

Toen hij aan een kruisverhoor onderworpen werd, bracht Cardinali de staat in verlegenheid. Advocaat Jeffrey C. Hoffman, die Gene Gotti vertegenwoordigde, kreeg Cardinali zover dat hij toegaf dat de staat hem 10.000 dollar betaald had voor zijn getuigenis en op de vraag of hij zou "liegen, stelen of bedriegen" om te krijgen wat hij hebben wilde, antwoordde hij: "Absoluut!" De aanklager tekende bezwaar aan, maar Hoffman nam vervolgens de gesprekken van Cardinali met Giacalone onder de loep. Hij vroeg welke commentaren Giacalone gegeven had in verband met haar werkrelatie met de rechter Nickerson.

"Heb je ooit gezegd dat zij heeft gezegd dat hij haar als een dochter behandelde?" vroeg Hoffman. "En dat ze van hem kan krijgen wat ze maar hebben wil, en dat de verdediging niets zou krijgen?"

"Ik heb zoiets gehoord," antwoordde Cardinali.

Toen hij ondervraagd werd door de advocaat Michael L. Santangelo, die Leonard DiMaria vertegenwoordigde, gaf Cardinali toe dat hem, naast het geld, ook immuniteit was beloofd voor de vier moorden waar hij bij betrokken was en dat hij een nieuwe identiteit en een nieuw huis zou krijgen. Toen hem gevraagd werd of hij het idee had dat de staat en hij een goede deal had gesloten, antwoordde Cardinali: "Ik denk dat ik een fantastische deal heb weten te bemachtigen, niet dan?"

Op de zesde dag van zijn getuigenis leek Cardinali meer op een getuige voor de verdediging dan voor de staat. Cutler kreeg hem zover dat hij zelfs verklaarde: "Van de dag af dat ik John Gotti ontmoet heb, is hij alleen maar goed voor mij geweest. Hij gaf me geld toen ik geen cent had, hij gaf me kleren. Hij is de beste man die ik ooit ontmoet heb." De volgende dag gaf hij toe dat hij tegen Cutler gezegd had: "Als hij (Gotti) mij vond en voor dood achterliet op straat, dan is dat wat ik verdiende."

De getuigenis van Cardinali die de meeste schade berokkende, was waarschijnlijk wel zijn verklaring waarin hij zei dat hij in 1982 de staat informatie had aangeboden over een handlanger "die miljoenen verdiende met de dealen van drugs." Cardinali beweerde dat de agenten antwoordden dat ze hem daar niet voor nodig hadden, "zij wilden John."

Het proces, dat maximaal drie maanden had mogen duren, sleepte zich ook na Nieuwjaar nog voort. Tegen 20 januari 1987, vijf maanden nadat de juryselectie begonnen was, kon de verdediging haar zaak eindelijk voorbrengen.

Als Giacalone en Gleeson gedacht hebben dat het ergste nu wel voorbij was, vergisten ze zich deerlijk. Op 2 februari, getuigde Matthew Traynor voor de verdediging en hij vertelde smerige verhaaltjes over de zogenaamde deals tussen de aanklager en zichzelf. Er waren verhalen dat hij drugs had aangeboden gekregen in ruil om te getuigen over een weerzinwekkend verhaal van Giacalone die Traynor een paar van haar slipjes aanbood zodat hij zichzelf kon "behelpen" nadat hij haar verteld had dat hij "wilde neuken".

Traynor beweerde dat de Supervisor van het bureau van controle op drugs, Magnuson, hem drugs geleverd had terwijl hij in de gevangenis zat, en dat hij op een keer zo "stoned" was, dat hij het bureau van Giacalone onderkotste. De verdediging pakte elke aanklager aan, er werd een dagvaarding uitgegeven om de ziekenhuisdocumenten van de echtgenote van John Gleeson op te vragen. De verdediging probeerde om de drugs die Traynor kreeg, te koppelen aan de vrouw van de aanklager die in het ziekenhuis werkte.

Op 11 februari legde de verdediging haar zaak neer. Tot groot verdriet van Nickerson, kondigde Giacalone aan dat ze 17 getuigen ter weerlegging moest oproepen. Het proces sleepte zich nu al langer dan drie weken voort. Op 2 maart hield Giacalone haar eindpleidooi, dat 5 uur in beslag nam. De eens zo vastberaden aanklager scheen verslagen. Zij had bijna geen stem meer en ze vergiste zich meermaals bij de identificatie van mensen.

Na een proces dat bijna zeven maanden duurde, had de jury zeven dagen van deliberaties nodig om tot een beslissing te komen. De aanklager bevond zich bij voorbaat in een verliessituatie. Al van bij de eerste dag van de deliberaties was het duidelijk, zoals George Pape tegen zijn medejuryleden zei: "Die man, die Gotti, is onschuldig. Ze zijn allemaal onschuldig. Wat mij betreft, blijft er niets meer om nog over te discussiëren." Meerdere juryleden probeerden Pape te overtuigen om toch aan de deliberaties deel te nemen en open te staan voor andere meningen. In de loop van de daaropvolgende dagen werkten ze door, meestal zonder hem. 's Nachts bleef Pape alleen achter, om te drinken. In *Gotti: Rise and Fall*, schrijven Capeci en Mustain:

"Later herinnerden sommige juryleden zich dat ze begonnen te vermoeden dat de beklaagden Pape of zijn gezin bedreigd hadden. Die verdenkingen verhoogden nog het gevoel van gevaar, dat sommigen al meenden te hebben opgemerkt in de starende blik van Gotti en zijn mannen en wel vanaf de eerste dag van het proces. Daarom begonnen ze ook te piekeren over de veiligheid van hun eigen gezinnen. Gedurende de twee laatste dagen van de deliberaties, nam een stilzwijgend gevoel van groepsparanoia bezit van de juryleden en het tij keerde, zij waren er nu lang niet meer zo zeker van of de staat wel degelijk zo sterk stond in deze zaak."

Op vrijdag de 13ᵈᵉ, toen het verdict "niet schuldig" aangekondigd werd, schalde een schorre respons van de Gotti-getrouwen door de rechtszaal. Zijn supporters dachten echt dat hij het proces eerlijk gewonnen had. Toen de jury de zaal verliet, begon Gotti voor hen te applaudisseren, waarna zijn medebeklaagden en zijn supporters eveneens in de handen begon te klappen.

Er waren een paar voetnoten wat betreft het RICO-proces van Giacalone. Precies een maand na het verdict, zag "Crazy Sal" Polisi zijn veroordeling van 15 jaar gevangenisstraf omgezet in een proeftijd. Op de ochtend van 29 augustus 1988 deed de maffia volgens haar regels recht geschieden voor Willie Boy Johnson. Terwijl Johnson van zijn huis in Flatlands in Brooklyn naar zijn auto wandelde, schoten gewapende mannen 19 kogels op hem af. Johnson werd een keer in elke dij geraakt, twee keer in de rug en tenminste zes keer in het hoofd. Hij bleef op slag dood. Uiteindelijk zou Sammy Gravano in 1992 tegen jurylid George Pape getuigen, die vervolgens veroordeeld werd en voor drie jaar naar de gevangenis werd gestuurd. Radonjich, die naar zijn vaderland was gevlucht en een Servische vrijheidsstrijder werd, werd gearresteerd op Miami International Airport op nieuwjaarsdag 2000. Men verwachtte dat Gravano tegen hem zou getuigen, maar nadat Sammy eind februari werd gearresteerd op beschuldigingen in verband met drugs, liet de staat de aanklacht tegen Radonjich vallen.

Het verwonden van John O'Connor

In februari 1986, werd het Bankers and Brokers Restaurant in Battery Park City gebouwd. Het restaurant werd "beheerd" door Philip Modica, die door de politie beschreven werd als een 'soldaat van de Gambino misdaadfamilie." Modica deed geen beroep op schrijnwerkers uit de vakbonden bij de bouw van het restaurant, waardoor hij zich de woede van John F. O'Connor, 50, de agent en de hoofdambtenaar van de broederschap van schrijnwerkers en meubelmakers, gevestigd in Manhattan, op de hals haalde. O'Connor nam wraak door op een avond in februari, het restaurant kort en klein te slaan en voor ongeveer 30.000 dollar schade te veroorzaken.

Toen Modica met zijn klacht naar Gotti ging, beval de Gambino gangsterbaas O'Connor "in elkaar te slaan". Deze opdracht ging naar de leden van de "Westies," een bende Ierse schurken uit de wijk Hell's Kitchen, in Manhattan. Op 7 mei, om 6.40 uur in de ochtend, stond O'Connor op de lift te wachten in de lobby van een gebouw in het centrum van Manhattan waar de kantoren van zijn vakbond waren gevestigd. Westies bendelid Kelly schoot vier maal op O'Connor, en verwondde hem in de dij, het linkerbeen en de heup. De vakbondsman werd in allerijl naar het St. Clare's Hospital overgebracht, waar hij snel weer van zijn verwondingen herstelde.

Op 23 september 1986 werd O'Connor aangeklaagd voor dwang en crimineel gedrag voor de schade die hij veroorzaakt had in het restaurant. Diezelfde dag werd ook de schutter die hem verwond had, aangeklaagd - die op dat ogenblik trouwens op de loop was. Er werd informatie verstrekt aan de aanklager van Manhattan, Robert M. Morgenthau, door de voormalige nummer twee van de "Westies", nu een getuige voor de staat, Francis "Mickey" Featherstone.

Er zouden bijna twee jaar en vier maanden voorbijgaan alvorens het kantoor van Morgenthau Gotti in beschuldiging zou stellen voor overval en vierdegraads samenzwering voor de aanval op O'Connor. Op 24 januari 1989, werd Gotti in de late namiddag op straat gearresteerd, toen hij in de wijk Soho een wandelingetje maakte. State Task Force beambte Joseph Coffey was opgewonden dat hij deze arrestatie zou gaan uitvoeren. De voormalige speurder van de New Yorkse politie, die de baas van de Gambinofamilie openlijk een idioot durfde te noemen, sloeg Gotti bijna door een glazen raam heen, alvorens hem in de boeien te slaan.

De brutale en verwaande maffiabaas zei tegen hem: "Ik wed drie tegen een dat ik hier win."

"Vergeet het maar, klootzak, in die verdomde auto met jou," antwoordde Coffey.

Angelo Ruggiero en Anthony "Tony Lee" Guerrieri werden die avond eveneens gearresteerd, en aangeklaagd voor dezelfde feiten. Ruggiero werd onder arrest geplaatst in het New York Infirmary-Beekman Hospital in Manhattan, waar hij voor kanker behandeld werd. Hij stierf voor het proces begon. Guerrieri runde een illegaal bookmakerskantoor voor Gotti. Op zijn strafblad stonden al een aantal arrestaties voor gokken en het helen van gestolen goederen. Ofschoon hij meerdere keren veroordeeld werd, was hij nooit naar de gevangenis gestuurd.

Tijdens zijn aanklacht zat Gotti grapjes te maken met de speurders. Toen hij in de cel achter de rechtszaal opgesloten werd, stonden ongeveer 50 beklaagden op en applaudisseren voor hem. Advocaat Bruce Cutler pleitte voor de rechter om Gotti niet de hele nacht in de cel te laten zitten. De assistent van aanklager Michael Cherkasky verklaarde: "De heer Gotti moet behandeld worden als iedere andere beklaagde." Waarop Cutler riposteerde: "Als de heer Gotti als iedere andere beklaagde was, zou men geen honderd mannen hebben ingezet om hem te arresteren."

Tijdens de hoorzitting voor het bepalen van de borg de volgende dag, drong Cherkasky er bij de rechtbank op aan Gotti niet op borgtocht vrij te laten. De aanklager zei dat de baas van de Gambinofamilie tegen 25 jaar tot levenslang aankeek wanneer hij veroordeeld zou worden en dat hij "enorme financiële middelen" ter beschikking had. Cutler zei tegen de rechter dat Gotti, " nog nooit was weggelopen van het probleem, nog nooit. Wij zullen deze zaken winnen. Wij maken ons geen zorgen." Gotti werd vrijgelaten tegen betaling van 100.000 dollar en toen hij het gerechtsgebouw verliet, moest hij zich een weg banen door een zee van journalisten, cameramensen en fotografen.

Het proces O'Connor

Gotti bleef praten en de afluisterapparatuur van de FBI bleef opnemen. Er werd afluisterapparatuur geplaatst bij de Bergin- en de Raveniteclub. Agenten hielden de gangsters in de gaten telkens wanneer ze bij elkaar kwamen. Een van de wapenfeiten van de FBI was het plaatsen van afluisterapparatuur in het appartement van Nettie Cirelli boven de Ravenite, waar Gotti zich volkomen veilig voelde om vrijuit te spreken. Tussen 30 november 1989 en 24 januari 1990, zou Gotti voldoende familiegeheimen prijsgeven om uiteindelijk de muren te doen instorten.

Terwijl de afluisterapparatuur in het appartement van Cirelli de schadelijke informatie uit de mond van de baas van de Gambinofamilie opnam, moest zijn proces in verband met het schieten op John O'Connor in januari 1990 beginnen. De selectie van de jury begon op 8 januari en was 11 dagen later compleet. Interimrechter bij het hooggerechtshof Edward J. McLaughlin beval dat de jury in afzondering zou gaan voor de duur van het volledige proces, en om de zaken wat vooruit te laten gaan, beval hij dat de zittingen zes dagen per week zouden plaatsvinden.

De staat had twee informanten en bergen tapes, waarvan

volgens hen de meest schadelijke waren die waar men hoorde hoe Gotti beval: "Sla hem in elkaar." De eerste getuige die opgeroepen werd door de staat was Vincent "Fish" Cafaro, een verrader, en een voormalig lid van de Genovesefamilie. Cafaro was opgeroepen door de staat om te getuigen hoe de vijf New Yorkse misdaadfamilies te werk gingen. De advocaten van Gotti, Cutler en Shargel, probeerden de getuigenis van Cafaro in diskrediet te brengen. Cutler vroeg geïnteresseerd hoe hij aan zijn bijnaam "Fish" gekomen was?

"Weet ik niet meer." antwoordde Cafaro.

"En het heeft niets te maken met stank en glibberigheid?" vroeg Cutler sarcastisch.

Vervolgens kreeg de jury de tapes te horen die waren opgenomen met de afluisterapparatuur die was geplaatst door leden van de Werkgroep Georganiseerde Misdaad van de politie van de staat New York. Een agent beschreef hoe hij de deur van het privékantoortje van Gotti, dat gelegen was naast de Bergin Hunt & Fish Club, geforceerd had, en hoe ze afluisterapparatuur hadden geplaatst op twee van de telefoons van de maffiabaas.

Al heel snel rees dan vraag waarom de overheid, die wist dat O'Connor in gevaar verkeerde, hem niet had gewaarschuwd. Een speurder verklaarde onder ede dat de tapes niet duidelijk genoeg waren geweest om O'Connor te kunnen identificeren. Buiten de rechtszaal zei de advocaat van Gotti tegen de reporters: "Als de tapes niet duidelijk genoeg waren om O'Connor te waarschuwen, waren ze ook niet duidelijk genoeg om Gotti te veroordelen."

Op 24 januari getuigde Edward Wright, een speurder van de werkgroep Georganiseerde Misdaad, drie uur lang over de inhoud van de tapes. Hij verklaarde de "cryptische referenties" op de tapes, om de structuur en de titels van de leden van de gangsterfamilie aan de jury duidelijk te maken.

De kroongetuige voor de aanklager was voormalig bendelid van de Westies, Patrick McElroy, die in 1988 door een federale rechtbank werd veroordeeld op beschuldiging van afpersing en chantage, met inbegrip van de aanval op John O'Connor. Pas nadat McElroy er in 1989 mee instemde om mee te werken met de overheid, werd er een aanklacht tegen Gotti uitgevaardigd. McElroy werd veroordeeld tot een straf van 10 tot 60 jaar in een federale gevangenis en zou in ruil voor zijn getuigenis strafvermindering krijgen. Hij vertelde de rechtbank dat de opdracht om O'Connor "om te leggen," afkomstig was van Gotti via de leider van de Westies, James "Jimmy" Coonan. Toen hij ondervraagd werd door aanklager Cherkasky, gaf McElroy toe twee mannen te hebben vermoord, er nog twee te hebben neergeschoten en een derde de keel te hebben overgesneden.

McElroy beweerde dat Coonan hem had voorgesteld aan Gotti tijdens de wake voor Frank DeCicco. Terwijl ze daarna dineerden, vertelde Coonan hem dat Gotti iemand omgelegd wilde zien. Enkele weken later, ontmoetten McElroy en Coonan Angelo Ruggiero in Manhattan, waar hen gevraagd werd: "Kunnen jullie dat aan?" McElroy getuigde vervolgens dat hij en de leden van de Westiesbende, Kevin Kelly en Kenneth Shannon, samen met Joseph Schlereth, een groentje dat zijn waarde voor de bende nog moest bewijzen, op de ochtend van de 7[de] mei het kantoorgebouw binnengingen. Nadat Connor de lobby binnenging, schoot Schlereth vier maal op hem. "Ik zag hem steeds maar in de rondte draaien," verklaarde McElroy. "Hij probeerde in de lift te komen."

Tijdens een afmattend, vier uur durend kruisverhoor op 29 januari, haalden Cutler en Shargel zwaar uit naar McElroy. Rechter McLaughlin moest Cutler meermaals waarschuwen omwille van zijn bokkensprongen. Terwijl Cutler op de tafel van de verdediging sloeg, noemde hij McElroy een "politieverklikker" en een "laffe hond". Op een bepaald ogenblik zei Cutler tegen de getuige: "Je weet best dat je nooit naar die wake bent gegaan. John Gotti is een man die je niet eens kent. Je moet hem hebben ontmoet in een van die dronken gedrogeerde dromen van je."

Tegen het einde van het kruisverhoor liet McElroy zich ontvallen dat hij hoopte in het Federale Getuigenbeschermingsprogramma terecht te komen. Cutler blafte hem toe: "Dus jij wilt dat we jou in een nietsvermoedende gemeenschap dumpen, bijvoorbeeld ergens in Utah, waar men nog nooit van jou gehoord heeft en waar je lustig verder kan gaan met het verhandelen van drugs en mensen de keel door te snijden."

De dag nadien kreeg de jury het bekende "Wij zullen, wij zullen hem in elkaar slaan." op de Gotti-tapes te horen. De aanklager beweerde dat dit een verklaring was die Gotti had afgelegd tegen Guerrieri op 7 februari 1986, net nadat het restaurant volkomen kort en klein was geslagen. Een andere opname van die 7de mei laat horen hoe Gene Gotti met Ruggiero praat over hoe ze vernomen hebben dat er die ochtend vier maal op O'Connor geschoten was.

Het antwoord van de verdediging bestond erin de authenticiteit van de tapes te betwijfelen, er zou immers mee geknoeid kunnen zijn. Ze wezen er ook op dat de

geluidskwaliteit zo slecht was dat een accurate transcrip-
tie van het gesprek onmogelijk was gebleken. De tapes
konden in de rechtszaal enkel beluisterd worden door
gebruik te maken van een koptelefoon. Gotti weigerde
ernaar te luisteren en staarde naar de juryleden terwijl de
tapes afgespeeld werden.

Edward Wright leidde de jury doorheen de tapes. Toen
hij door Cutler aan een kruisverhoor onderworpen werd,
in verband met het zinnetje, "Sla hem in elkaar." beweerde Cutler dat het woord niet "hem" maar "ze" was, bewe-
rend dat het niet goed te horen was. Volgens Cutler werd
er eigenlijk gezegd: "Wij zullen ze verspreiden." waarmee bedoeld werd dat mensen van de ene plaats naar de
andere zouden worden gebracht. Cutler en Wright hadden het volgende gesprekje:

Cutler: Weet u of "in elkaar slaan" betekende ze uit
elkaar te drijven?

Wright: In de context gezien, denk ik dat het vrij duidelijk is wat hij bedoelde.

Cutler: O, kan u zijn gedachten lezen, dan? Bekijkt u
hem eens goed, daar aan de overkant. Zegt u me nu eens
waar hij aan denkt?

Wright: Ik wilde dat ik het wist.

De verdediging begon met de nadruk te leggen op enkele ongerijmdheden, in vergelijking met een opname die
gemaakt werd de dag waarop O'Connor gewond raakte. Tijdens een vergadering in de gevangenis van Rikers' Island,
besprak overloper uit de Westiesbende Mickey
Featherstone, de schietpartij met bendelid Kevin Kelly, terwijl er twee opnametoestelletjes verborgen waren. Een van
die tapes werd overgemaakt aan het kantoor van de openbare aanklager van de Verenigde Staten in Manhattan en de

andere ging naar de aanklager in Manhattan. Tijdens het federale proces waar McElroy bij betrokken was, werd Kelly als de schutter geïdentificeerd en veroordeeld, terwijl McElroy op het Gotti-proces getuigde dat Schlereth de schutter was. Omwille van de verschillen in de transcripties van de beide tapes, moest de verdediging proberen de juryleden ervan te overtuigen dat de aanklager de tapes vervalst had.

De verdediging riep, bij wijze van verrassingsgetuige het slachtoffer van de schietpartij, John O'Connor, op. De vakbondsman die een week later zou aankijken tegen een proces wegens afpersing en chantage op het werk, vertelde de rechtbank dat hij de dag voor de schietpartij was aangesproken door leden van de werkgroep Georganiseerde Misdaad. O'Connor getuigde dat men hem nooit verteld had dat zijn leven in gevaar was of dat iemand hem in elkaar zou slaan. De verdediging trachtte te bewijzen dat, aangezien de speurders O'Connor niet gewaarschuwd hadden, zij geen bewijzen hadden dat hij het doelwit zou zijn van het commentaar "Sla hem in elkaar" dat Gotti zou gegeven hebben, O'Connor getuigde eveneens dat er "interne conflicten" waren binnen de vakbond op het ogenblik dat hij gewond raakte, en dat hij veel vijanden had.

In het boek *Underboss: Sammy the Bull Gravano's Story of Life in the Mafia*, door Peter Maas, praat Gravano over het verwonden van O'Connor, en over het proces:

"'Ze moesten O'Connor enkel een fikse aframmeling geven,' zei Sammy. 'Maar veel van die Westies waren volkomen idioten, drugsverslaafden en dronkaards. En zo kwam het dat zij O'Connor in de benen en het achterwerk geschoten, om welke reden dan ook. Dus wanneer de aanklager daar nu eindelijk op ingaat, is dat wel belangrijk.'"

"Sammy had een bericht gestuurd naar O'Connor via de Westies dat, alles in aanmerking genomen, het niet zo een goed idee was 'om te getuigen tegen John'. O'Connor deed braaf wat hem gevraagd werd. In het getuigenbankje zwoer hij dat hij er geen flauw idee van had wie hem kwaad wilde berokkenen."

De laatste getuige van de verdediging was een lid van de meubelmakersvakbond die al op twee vorige federale processen had getuigd. Ivar Mikalsen verklaarde dat hij het Westies bendelid Kevin Kelly als de schutter had geïdentificeerd, wat in tegenspraak was met de getuigenis van McElroy, die had verklaard dat Joseph Schlereth de eigenlijke schutter was.

Tijdens de slotpleidooien, die door de kranten beschreven werden als "ongebruikelijk haatdragende pleidooien", leek het wel alsof de advocaten van de verdediging en de aanklager er een spelletje van maakten om elkaar, voor de jury, de grofste beledigingen en verwijten naar het hoofd te slingeren. Cherkasky, die normaalgesproken met zachte stem sprak, nam in zijn eindpleidooien de nadruk die de verdediging legde op het feit dat John O'Connor ten voordele van John Gotti getuigde, zwaar op de korrel. Cherkasky zei tegen de jury: "Ik begrijp waarom. Immers, als je neergeschoten wordt omdat je een restaurant kort en klein geslagen hebt, wat zal er dan gebeuren als je tegen hem getuigt."

"Teflon Don"

De kranten brachten ook de verhalen over randgebeurtenissen tijdens het proces. Zo bespraken ze hoe de bewakers van de rechtszaal Gotti een vipbehandeling gaven, toeschouwers verwijderden, zodat de Dappere Don en zijn advocaten zich vrijelijk doorheen het gerechtsgebouw konden bewegen. Een krant schreef dat Gotti "nooit alleen gelaten werd, zonder bijstand." Handlangers hielden een paraplu voor hem op als het regende, terwijl een ander hulpje klaarstond met papieren handdoeken als de man zijn handen gewassen had in het herentoilet. Acteurs Tony LaBianco en Ray Sharkey woonden gedeelten van het proces bij. Menigeen ging ervan uit dat een van hen beiden een maffiabaas zou vertolken in een film.

De jury, 12 juryleden en vier vervangers, hadden drie weken in afzondering doorgebracht. De *New York Times* berichtte:

"Opgesloten in een afgesloten hotel, eten en reizen de juryleden samen, altijd onder het toeziende oog van de bewakers van de rechtszaal. Zij mogen geen vrienden of familieleden ontmoeten en hun telefoongesprekken worden gemonitord."

"Verhalen over het proces en over de georganiseerde misdaad, worden uit kranten en tijdschriften geknipt en gelezen door de negen mannen en zeven vrouwen. Zij mogen televisiekijken, maar niet naar het nieuws. Juryleden die een wandelingetje willen maken of een religieuze dienst willen bijwonen, worden begeleid door bewakers."

De deliberaties verliepen niet gladjes. Op een bepaald ogenblik stuurde een niet nader genoemd jurylid een berichtje naar rechter McLaughlin, zeggende dat er grote onenigheid bestond tussen de juryleden. Het briefje vermeldde:

IK HEB DE INDRUK DAT ER EEN JURYLID
ONDER ONS IS DIE HET VOOROORDEEL
MEEGEBRACHT HEEFT NAAR DEZE
KAMER. HET JURYLID HEEFT AANGEGEVEN
DAT HIJ EEN BEPAALDE MENING HAD
BETREFFENDE DE SCHULD OF ONSCHULD
VOORDAT HET PROCES BEGONNEN WAS.

EEN JURYLID

McLaughlin riep de jury bij zich en sprak hen toe. Terwijl hij zeker wist dat deliberaties vaak moeilijk verliepen, grapte hij: "Je krijgt geen 12 New Yorkers zover dat ze het ook maar ergens over eens worden." Een voormalige aanklager gaf aan dat: "Wanneer een jury in afzondering is, er altijd het risico bestaat dat persoonlijkheden botsen en spanningen hoog oplopen. Dergelijke spanningen kunnen leiden tot een impasse en impasses kunnen leiden tot een nietig geding."

Nadat de derde dag van de deliberaties voorbij was, doorzocht de politie een zwarte Lincoln Continental die buiten het gerechtsgebouw geparkeerd stond. Ze hadden een telefoontje gekregen waarin gezegd werd dat er wapens verborgen waren in de wagen. Ze vroegen de chauffeur, John "Junior" Gotti, om uit te stappen. Ze vonden alleen maar een aluminium baseballbat.

Op vrijdag 9 februari 1990, kwam de jury terug met een verdict. Na slechts een stemronde nodig te hebben om tot een beslissing te komen, hadden zij Gotti en Guerrieri niet schuldig bevonden aan de vier tenlasteleggingen van overval en twee beschuldigingen van samenzwering. Juryleden die geïnterviewd wilden worden, gaven toe dat zij de tapes van de aanklager weinig overtuigend hadden gevonden, net als de kroongetuige

James McElroy.

De *New York Times* ontleedde het verdict:

"Hoe zonder vrees de juryleden ook mogen hebben geklonken, sommige advocaten van de verdediging gingen ervan uit dat de subliminale angst voor de "Dappere Don", een man die ongestraft de overheid een neus kan zetten, toch een invloed kan hebben gehad op hun deliberaties. En, zo gaan ze verder, die angst wordt enkel maar vergroot door die mensen drie weken lang op te sluiten."

Toen het verdict werd voorgelezen, begonnen de toeschouwers in de rechtszaal te applaudisseren en een supporter van Gotti schreeuwde: "Jaaa, Johnny." Rechter McLaughlin deed de voorman stoppen en waarschuwde: "Mensen, al wie dat nog een keer probeert, verlaat deze rechtbank de eerstvolgende 30 dagen niet. En als u denkt dat ik grapjes maak, nodig ik u uit het vooral te proberen."

Terwijl de rechtszaal leegliep, werd de triomferende Gotti uit het gerechtsgebouw geëscorteerd via een privélift die eigenlijk gereserveerd was voor de rechters. Eens hij buiten op straat stond, stak Gotti, bij wijze van overwinningsteken voor de horden supporters achter de politiebarricades, zijn vuist in de lucht. In Mulberry Street werd overwinning begroet met geroep en feestvuurwerk. In Ozone Park, wachtten er rode en gele ballonnen op de terugkeer van Gotti.

Op 5 juli 1990 pleitte John F. O'Connor schuldig op de verminderde aanklachten in het hooggerechtshof in Manhattan. De nu voormalige topman van de meubelvakbond, die in 1987 in beschuldiging werd gesteld, door middel van 127 aanklachten, kreeg een gevangenisstraf van één tot drie jaar. Tijdens de maanden van het beplei-

ten van strafvermindering in ruil voor een schuldbekentenis, die voorafgingen aan het ogenblik waarop hij
schuldig pleitte, liet men de aanklacht dat hij de leider
was van de groep die het Bankers and Brokers restaurant
in Battery Park City kort en klein sloeg, vallen. De advocaat van O'Connor's, James M. LaRossa, hoopte dat zijn
cliënt via een werk-op-afstandprogramma in minder dan
een jaar op vrije voeten zou zijn.

Meedogenloze achtervolging

In de drie processen sinds 1986, hadden de politie van
New York, het kantoor van de openbare aanklager van de
Verenigde Staten in Brooklyn en de groep georganiseerde
criminaliteit van de staat, allemaal geprobeerd om John
Gotti ten val te brengen. Ze hadden allemaal gefaald. Nu
was dus de FBI aan de beurt. Special Agent Jules J.
Bonavolonta, die belast was met de afdeling drugs en
georganiseerde criminaliteit in New York, zei dat de FBI
niet betrokken was geweest in de drie zaken die geleid
hadden naar de vrijspraak en die Gotti de titel van
"Teflon Don" hadden opgeleverd.

"Wij hebben nog geen zaak op poten gezet tegen John
Gotti," verklaarde Bonavolonta. "Wanneer we dat doen,
kan hij wedden zoveel hij wil, maar dan gaat hij naar de
gevangenis."

Deze boude verklaring werd afgelegd de dag nadat
Gotti voor het laatst werd vrijgesproken. Het feit dat de
stand nu 0-3 was in de strijd van de ordehandhaving
tegen de populaire peetvader van de maffia, was voor
hem absoluut geen reden om te stoppen met proberen.

Het verdict in de zaak O'Connor werd op vrijdag geveld. Aangezien Gotti van plan was om dat weekend met vakantie naar Florida te gaan, hadden de federale en nationale aanklagers al afgesproken om elkaar de daaropvolgende dinsdag te ontmoeten, om een strategie uit te werken om Gotti in beschuldiging te stellen van de moord op zijn voorganger, Paul Castellano.

Van de eerste dag af was Gotti de hoofdverdachte geweest in de moord op Castellano. Met de recente informatie van Philip Leonetti, de voormalige onderbaas van de misdaadfamilie uit Philadelphia (wiens getuigenis trouwens nog geholpen had om zijn oom, Nicodemo "Little Nicky" Scarfo, levenslang op te bergen,) waren de ordehandhavers klaar om opnieuw toe te slaan. En dit keer zouden ze er wel degelijk voor zorgen dat hun zaak waterdicht was, van begin tot eind, en dat er geen losse eindjes zouden zijn.

In *Gotti: Rise and Fall* bespreken de auteurs een vergadering die gehouden werd een week na de uitspraak in de zaak O'Connor:

"De vergadering werd samengeroepen door Jules Bonavolonta, Mouws baas, die er weer alle vertrouwen in had dat Gotti's laatste dagen aangebroken waren omwille van de Ravenite tapes, hij wilde dat elke ambtenaar in elk bureau dat belang had bij het feit dat Gotti nou eindelijk zou veroordeeld worden, ego en trots opzij zou schuiven en dat ze als één man achter één RICO-zaak tegen de Gambinofamilie zouden staan."

Terwijl er sprake van was dat Gotti opnieuw in beschuldiging zou worden gesteld nadat O'Connor was vrijgesproken, hadden de advocaten van beide maffiabazen hun visie in de media gegeven. Gerald Shargel verklaarde: "Zij vervolgen John Gotti niet met bewijzen, maar met theorieën." Ondertussen noemde Cutler het verdergezet onderzoek een vendetta en een heksenjacht. Cutler had Gotti vertegenwoordigd op de drie processen. In het proces tegen Piecyk was het slachtoffer te bang om te getuigen; in de RICO-zaak van Giacalone werd een jurylid omgekocht; en bij de laatste vrijspraak getuigde John O'Connor op de verdediging nadat hij bedreigd was geweest. Niettegenstaande de echte redenen die achter de vrijspraken zaten, vond de arrogante Cutler dat hij daar in zijn eentje voor gezorgd had. Hij was zo idolaat van Gotti dat hij zich begon te kleden zoals de populaire maffiabaas en diens manier van spreken overnam.

John Gotti wist dat het maar een kwestie van tijd was alvorens de ordehandhavers hem opnieuw in beschuldiging zouden stellen. Na zijn vrijspraak in het proces O'Connor, nam Gotti de tijd om te genieten van het huwelijk van zijn zoon, Junior, met Kim Albanese tijdens een ceremonie met toeters en bellen, in april 1990.

Tijdens die zomer bereidde Gotti zijn misdaadfamilie voor op zijn volgende ontmoeting met justitie, waarvan hij wist dat die hem voor een jaar of langer achter de tralies kon brengen alvorens er een uitspraak zou worden gedaan. Zijn kringetje van intimi slonk. Robert DiBernardo was vermoord door de mannen van Gravano in juni 1986. De moord op "DiB" was bevolen door Gotti, waarschijnlijk op aandringen van Angelo Ruggiero, die DiBernardo een grote som geld schuldig was, en die John wist te overtuigen dat zijn vriend achter zijn rug "subversieve" praatjes rondstrooide. In december 1987 werden Joseph "Piney" Armone en Joseph N. Gallo veroordeeld, samen met twee anderen, in de "hiërarchie" zaak.

Beiden werden veroordeeld tot lange gevangenisstraffen. In 1992 stierf Armone in het Federal Medical Center in Springfield, Missouri.

Gene Gotti en John Carneglia waren eveneens uit beeld verdwenen. Na twee nietige gedingen, werden zij uiteindelijk schuldig bevonden voor aanklachten in verband met drugs, in een zaak die terugging tot 1983. In 1989, na een vreemde dag van deliberaties, werden beide mannen schuldig bevonden aan het runnen van een heroïne-ring die vele miljoenen dollars waard was. In wat een van de oudste zaken op de federale rol werd genoemd, werd een jurylid ontslagen enkele uren voordat er een uitspraak zou worden gedaan, omdat hij beweerde dat hij bedreigd was op de oprit naar zijn huis en dat hij vreesde voor zijn leven en dat van zijn gezin. De jury ging verder met slechts 11 leden. Toen zij tot een beslissing kwamen en terugliepen naar de rechtszaal, stuurde rechter John R. Bartels hen weer terug met de opdracht de deliberaties verder te zetten. Deze zeer ongewone manier van handelen verraste zowel de aanklager als de verdediging. Op 7 juli, werden Gene Gotti en John Carneglia veroordeeld tot 50 jaar gevangenisstraf en kregen ze elk een boete van 75.000 dollar. Ook het laatste beroep van deze twee mannen werd afgewezen in maart 1991.

Tenslotte stierf Angelo Ruggiero in december 1999 aan kanker. Gravano berichtte dat, in die laatste maanden van Ruggiero's leven, zowel Sammy als Gene Gotti John aanspoorden om zijn stervende vriend op te zoeken. Gotti weigerde om zijn ooit zo loyale tweede man op te zoeken omdat hij nog steeds erg boos was om al de problemen die Ruggiero had veroorzaakt, omdat hij betrapt was in een opgenomen gesprek. Gravano beweerde dat hij Gotti bijna naar de wake moest slepen.

Ondertussen, en niettegenstaande de inspanningen van Jules Bonavolonta, gaapte er toch een kloof tussen de drie bureaus die Teflon Don wilden vervolgen. Andrew Maloney, openbare aanklager van de Verenigde Staten voor het Eastern District of New York, won het van Otto Obermaier, die het Southern District vertegenwoordigde, en de aanklager van Manhattan, Robert M. Morgenthau, die nog een keer wilde proberen om Gotti achter tralies te krijgen, nadat dat mislukt was in de nasleep van de zaak O'Connor de beslissing kwam uit Washington, D.C., in november 1990.

Laatste arrestatie

In de avonduren van 11 december 1990 vielen FBI agenten en leden van de politie van de Ravenite Social Club binnen, waar ze Gotti, Sammy Gravano en Frank Locascio arresteerden. Thomas Gambino werd ook gearresteerd, maar dan op een andere plek. Na zijn arrestatie publiceerde de *New York Times* een artikel dat duidelijk aantoonde dat niet alleen zijn ingehuurde mannen sympathie voor de maffiabaas hadden. Het artikel meldde:

"Ze arresteerden John Gotti weer op dezelfde manier waarop ze hem de vorige keer arresteerden, flamboyant en theatraal, met alle melodrama, met inbegrip van handboeien en een peloton van 15 FBI-agenten. Het is duidelijk dat de aanklager wilde scoren voor het oog van de camera's."

"James M. Fox, adjunct directeur van het kantoor van

de FBI in New York, reageerde fulminerend op het artikel in de Times, met een brief die pas op 19 januari 1991 gepubliceerd werd. De brief vermeldde dat:

1. ofschoon er inderdaad 15 FBI-agenten bij de arrestatie betrokken waren, Gotti omringd werd door 26 van zijn loopjongens;
2. er slechts één fotograaf (van de New York Post) aanwezig was;
3. in overeenstemming met de regels van de FBI, élke gevangene geboeid werd;
4. de federale overheid slechts bij één vroegere arrestatie van Gotti betrokken was.

Hoewel dit de vierde keer was dat hij gearresteerd werd sinds hij aan zijn bloederige klim naar de top was begonnen, was het voor het eerst dat hij aangeklaagd werd voor de moord op Castellano en Bilotti. De overheid kon haar beschuldigingen hard maken dankzij de getuigenissen van Philip Leonetti, de voormalige onderbaas van de misdaadfamilie uit Philadelphia. Leonetti werd een getuige voor de staat en werd voorbereid op zijn getuigenis waarin hij zou verklaren dat Gotti tijdens een vergadering van de leiders van de georganiseerde misdaad in Philadelphia gepocht zou hebben dat hij Castellano's executie zou hebben bevolen.

Een week na de arrestaties bevond de advocaat van de verdediging Gerald Shargel zich in de rechtzaal waar hij vroeg om de tapes uit het appartement van Cirelli niet openbaar te maken, omdat zij afbreuk zouden doen aan het recht van de beklaagde op een eerlijk proces. Shargel zei tegen rechter Leo Glasser dat de drie andere beklaagden (Gambino was op borgtocht vrijgelaten) 24 uur per

dag in hun cel moesten blijven; wat een inbreuk betekende op hun recht met hun advocaat te overleggen.

Vier dagen voor Kerst 1990 wees rechter Glasser het verzoek van Gotti en de twee andere mannen om op borgtocht
te worden vrijgelaten af, waarbij hij zei: "Er zijn geen vrij-
latingsvoorwaarden die de veiligheid van wie dan ook in de
gemeenschap op een redelijke wijze kunnen verzekeren."
Na maanden geruzie tussen de ordehandhavers, over de
vraag wie de zaak nou zou gaan vervolgen, dook er een
nieuwe controverse op toen het bestaan van tapes uitkwam
waarop Gotti het omkopen van de jury in het proces
O'Connor besprak. Morgenthau, wiens kantoor de zaak verloor, was razend dat die informatie, opgenomen tijdens het
proces, pas een jaar later onder zijn aandacht werd
gebracht. De aanklager van Manhattan beweerde dat die
informatie tot een nietig geding had kunnen leiden of tot
een aanklacht wegens omkoping van de jury. Op de
beschuldigingen van achterhouden van informatie, reageerde de FBI droogweg door te zeggen dat het "vrijgeven
van het feit dat gesprekken afgeluisterd werden" hun
"onderzoek en de daaropvolgende aanklacht" in gevaar
zou hebben gebracht.

Op 18 januari 1991 beval rechter Glasser een ambtenaar van de gevangenis om een einde te maken aan de
"strafcondities" waaraan de drie beklaagden onderworpen werden, onder andere het feit dat zij 23 uur per dag
in hun cel opgesloten bleven. De ambtenaar van de
gevangenis wees erop dat de "administratieve detentie"
gedeeltelijk te wijten was aan het feit dat de rechter de
vrijlating op borgtocht geweigerd had, omwille van de
gewelddadige aanklachten die tegen hen liepen. Rechter
Glasser riposteerde dat zijn richtlijn bedoeld was om de

gemeenschap buiten te beschermen, niet de gevangenis-populatie."

Tijdens diezelfde hoorzitting stelde aanklager John Gleeson een verzegelde motie voor om de advocaten van de verdediging Bruce Cutler, Gerald Shargel en John Pollok in deze zaak te wraken, waarbij hij erop wees dat zij betrapt waren in de zaak van de Ravenite tapes en dus als getuige konden worden opgeroepen. Rechter Glasser gaf de verdediging drie weken de tijd om te antwoorden. Bij het verlaten van het gerechtsgebouw zei Cutler tegen de journalisten: "Wij zijn optimistisch dat we kunnen aanblijven als de advocaten voor deze mannen."

Op 22 februari verschenen de drie advocaten van de verdediging, op hun beurt vertegenwoordigd door een raadsman, voor rechter Glasser. Gleeson legde de verschillende opnames voor, afkomstig uit het Ravenite hoofdkwartier van Gotti. Terwijl hij de advocaten "advocaten van het huis" voor de misdaadfamilie Gambino noemde, speelde Gleeson een tape af waarop te horen valt hoe Gotti klaagt: "Waar houdt het op, de misdaadfamilie Gambino? Dit is de Shargel, Cutler en wie je maar noemen wil misdaadfamilie." Gleeson zei dat de drie gediskwalificeerd moesten worden, niet enkel en alleen omdat hun opgenomen gesprekken bewijsmateriaal waren maar ook omdat de tapes "een vermoeden van onbehoorlijk gedrag deden ontstaan". De aanklagers beweerden verder nog dat "de advocaten belangenvermenging kenden omdat zij voordien andere beklaagden hadden verdedigd die nu getuige zouden kunnen zijn in het proces Gotti". Op een tape noemt Gotti de advocaten "duurbetaalde boodschappenjongens". Nadat hij voor de rechtbank was verschenen, verklaarde Cutler: "Wij zijn

trots op de manier waarop we deze mannen vertegenwoordigd hebben."

Niettegenstaande het feit dat Gotti achter de tralies
zat en daar misschien wel de rest van zijn leven zou doorbrengen, waren Vincent Gigante en Anthony Casso nog
steeds op wraak uit voor de moord op Castellano. Enkele
weken voordat Gotti gearresteerd werd, werd Edward
Lino, een van de schutters bij Sparks Steak House, neergeschoten. Op 13 april werd Bartholomew "Bobby"
Boriello, een goede vriend, vertrouweling en chauffeur
van zowel John Gotti als van diens zoon Junior, vermoord, net voor zijn huis in Bath Beach, Brooklyn. Gotti
was er zich niet van bewust dat elk van die moorden een
samenzwering was, uitgaand van Gigante.

Op 26 juli konden de federale aanklagers een tactische
overwinning vieren, toen rechter Glasser Cutler, Shargel
en Pollok verbood om de beklaagden nog verder te vertegenwoordigen. De advocaten van de verdediging
beweerden dat de gesprekken op tape onder de wet op het
vertrouwelijke karakter van de gesprekken tussen advocaat en cliënt vielen, maar Glasser was het daar niet mee
eens. Een van de wettelijke experts die het vonnis bestu-
deerden, zei dat de beslissing "niet gebruikelijk" was. Het
proces dat eigenlijk op 23 september had moeten beginnen, zou uiteindelijk pas op 21 januari van start gaan.

Op 2 juni echter, verbrak rechter Glasser op voortdurend aandringen van de pers, de zegels van de FBI-tapes
van de gesprekken opgenomen in de Raveniteclub, in de
gang en in het appartement van Cirelli. De opgenomen
gesprekken tussen Gotti en Frank Locascio en Sammy
Gravano lekten uit naar de kranten en naar het nieuws-
bulletin van 6 uur. Deze juweeltjes bevatten ook

privégesprekken tussen Gotti en Locascio over Gravano, die er later zouden toe leiden dat hij zou overlopen.

Begin augustus verschenen Gotti, Gravano en Tommy Gambino voor rechter Glasser. De rechter wilde weten of zij al een nieuwe raadsman hadden. Gotti zeurde over het feit dat Cutler van de zaak was afgehaald. Hij noemde Gleeson een "schurk". "In een gevecht is hij niets waard, en hij kan geen eerlijk proces winnen." Toen Glasser aan Gravano vroeg of die een nieuwe raadsman had, antwoordde Sammy hem onbeschaamd: "In vijf dagen? Het heeft zes maanden geduurd om van mijn advocaat af te komen, en nu geeft u me vijf dagen om er een nieuwe te vinden? Het is al moeilijk genoeg vanuit de gevangenis." Glasser gaf de mannen nog een week en zei dat hij er zou over denken om een raadsman aan hen toe te wijzen indien ze tegen dan niet zelf voor een advocaat hadden gezorgd.

Er werd heel wat gespeculeerd over wie die zaak zou toegeschoven krijgen. Namen die de ronde deden waren onder andere F. Lee Bailey, Albert Krieger, Jay Goldberg, Benjamin Brafman, James LaRossa, William Kunstler en Alan Dershowitz. Toen de journalisten vroegen of zij geïnteresseerd waren, antwoordde Kustler: "Geen enkele advocaat die een knip voor zijn of haar neus waard is, zou deze zaak moet aanvaarden terwijl Gotti het recht ontzegd wordt om door Bruce Cutler te worden verdedigd. Dat is fout, zowel politiek als wettelijk gesproken. Maar iemand zal door de knieën gaan, voor het geld of de publiciteit of voor allebei."

Sommige advocaten, die anoniem wilden blijven, wilden hun vingers niet branden aan deze zaak, omwille van de minachtende houding die Gotti ten opzichte van advocaten tentoonspreidde. Bovendien was op band opgenomen hoe Gotti gepocht had dat hij de carrières van zowel Cutler als Shargel gemaakt had. Ooit, toen hij boos was op Shargel, zei Gotti dat ze een "betere manier hadden dan een lift" om Shargel uit het kantoor van de advocaten te gooien, een kantoor dat - toch geen onbelangrijk detail - gelegen was op de 32de verdieping van een kantoorgebouw in 58th Street. Op 20 augustus koos Gotti Albert J. Kreiger als zijn advocaat en Benjamin Brafman om Gravano te vertegenwoordigen. Thomas Gambino zou in een apart proces worden berecht.

Tegen de bezwaren van de verdediging in, beval rechter Glasser dat de juryleden in deze zaak in afzondering zouden gaan en dat hun namen geheim zouden worden gehouden om "de integriteit van het proces te beschermen." Naast deze tegenslag, moest de verdediging op 8 november 1991 ook nog eens het overlopen van Salvatore "Sammy the Bull" Gravano incasseren.

Het laatste proces

Op de eerste dag van de juryselectie, op 20 januari 1992, vroeg de verdediging om een ander lid van het team verdedigers van Gotti te wraken. George L. Santangelo, die Frank Locascio vertegenwoordigde, werd er door de overheid van beschuldigd ook een "huisadvocaat" van Gotti te zijn. De verdediging reageerde door te eisen dat John Gleeson dan gewraakt zou worden, omdat hij "een groot persoonlijk belang had in deze zaak", omdat hij het vorige RICO-proces verloren had. Toen Glasser in het voordeel van de aanklager oordeelde en Santangelo liet verwijderen, wees Locascio naar de vlag die achter het bureau van de rechter ging en schreeuwde: "Dat is de Amerikaanse vlag, geen swastika!" Santangelo werd vervangen door Anthony M. Cardinale.

Toen het proces van de juryselectie aan de gang was, kregen de ongeveer 500 mogelijke juryleden een vragenlijst van 21 bladzijden lang overhandigd die zij moesten invullen. Een week later, terwijl het selectieproces nog steeds aan de gang was, vroeg de aanklager de rechter om het kruisverhoor door de verdediging van de drie getuigen voor de staat te beperken. De aanklager probeerde te voorkomen dat de verdediging "de jury boos zou maken", door de getuigen de grafische details van de moorden waarbij zij betrokken waren, te laten beschrijven. De drie getuigen waren Gravano, Philip Leonetti en Peter Chiodo, een capo van de Genovesefamilie, die had toegegeven betrokken te zijn bij de vier moorden. Tijdens het proces zou de zuster van Chiodo het doelwit worden van de huurmoordenaars van de maffia. Ze werd gewond op weg naar huis nadat ze haar kinderen naar school had gebracht.

Op een dag, toen de ingevulde vragenlijsten nagelezen werden, bracht rechter Glasser Gotti ervan op de hoogte dat brochures waarin Gravano als een "liegende rat" werd afgeschilderd, achtergelaten waren op voertuigen die geparkeerd stonden rond het gerechtsgebouw en in de buurt van de Ravenite. Glasser zei tegen Gotti: "Het zou een goed idee zijn als je daar een eind aan kon maken."

De selectie van de jury bleek een zeer moeilijk proces te zijn, omdat invloeden van buitenaf het proces wel degelijk beïnvloedden. De meeste van die problemen werden veroorzaakt door de geschreven pers, die publiceerde wat bedoeld was als verzegelde informatie betreffende zes bijkomende moorden, waarvoor Gotti eveneens zou worden aangeklaagd. Tenminste, dat was het gerucht dat de ronde deed. Bovendien publiceerde de *New York Post* een hoofdartikel dat beweerde dat de juryleden "versteend waren van angst" bij de gedachte te moeten zetelen in de jury. In de rechtbank, liet een geïrriteerde rechter Glasser de verdediging op 6 februari weten dat: "Hij er ernstig over dacht om dit proces opnieuw te voeren voor een andere rechtbank, wanneer dit soort persberichten de geest van de juryleden en de mogelijke juryleden verder zou blijven vergiftigen."

Een razende Gotti, die samen met zijn advocaten zat te wachten tot de rechter naar buiten was gegaan alvorens uit te barsten: "En waar zal hij dat dan wel laten plaatsvinden, in Stuttgart, in West-Duitsland soms?" Gotti noemde de rechter vervolgens een nicht. Terwijl hij zich omkeerde naar de tafel van de aanklager, kloeg de modieus gekapte maffiabaas: "Wanneer hebben die klunzen voor het laatst hun haren gewassen?"

Op 11 februari werd de jury uiteindelijk ingezworen en de dag nadien hield de aanklager van de Verenigde Staten Andrew Maloney zijn openingspleidooi. Maloney zei tegen de jury: "Dit is helemaal geen complexe zaak. Deze beklaagden zullen u in hun eigen woorden vertellen waarover het gaat." Toen hij de geanticipeerde verschijning van Gravano beschreef, zei de aanklager: "Hij is niet anders en niet beter dan John Gotti." Vervolgens vertelde hij de juryleden dat Gravano betrokken was geweest bij 19 moorden.

De advocaten van de verdediging Krieger en Cardinale

hielden hun openingspleidooi op 13 februari. Krieger begon met zich te verontschuldigen voor zijn cliënt, voor de taal die de juryleden te horen zouden krijgen wanneer de tapes zouden worden gedraaid waarop werd beweerd dat Gotti op straat was opgegroeid en dat, "hij geleerd had te spreken zoals ze daar spreken". Terwijl de advocaat toegaf dat elke zin doorspekt was met godslastering en gevloek, verzekerde hij de juryleden ervan dat, "hij nooit zo praatte met zijn vrouw en kinderen". Gravano werd door Krieger beschreven als de kroongetuige voor de staat en als een "kleine man, doorslecht, doortrapt, een samenzweerder, een egoïst en een hebzuchtig mens dat had geprobeerd zichzelf wit te wassen door toe te geven dat hij 19 moorden had gepleegd".

Bij het begin van het proces werden de getuigenissen van FBI agenten George Gabriel en Lewis Schiliro opgenomen, die de organisatie van de Gambino misdaadfamilie aan de juryleden duidelijk maakten en hen de verschillende audio- en videotapes van de bewaking van de Ravenite Club uitlegden. Op 19 februari getuigde Deena Milito. Terwijl ze haar tranen probeerde terug te dringen, beschreef ze haar relatie met haar vader Louis Milito, wiens lichaam nooit meer werd teruggevonden nadat hij op 8 mei 1988 was verdwenen. De aanklagers beweerden dat Gotti zijn dood bevolen had. Ook Jack Zorba, een gokker wiens kleine zaakje werd opgedoekt nadat hem een duidelijke, opgenomen boodschap bezorgd werd: "Zeg tegen die klootzak dat ik, ik, John Gotti, zijn godverdomde hoofd eraf zal slaan," werd als getuige opgeroepen.

Vervolgens hoorde de jury in Gotti's eigen woorden hoe hij Locascio had verteld hoe hij de moord op Robert

DiBernardo, Louis Milito en Louie DiBono had bevolen. Dit gesprek was opgenomen in het appartement van Cirelli boven de Raveniteclub op 12 december 1989. Het was op deze tapes dat Gotti Gravano ervan beschuldigde om deze moorden te hebben gevraagd, waardoor Sammy getuige voor de staat werd. Gotti's advocaten probeerden FBI agent Schiliro zover te krijgen dat hij toegaf dat de maffiabaas nou niet bepaald de welsprekendheid in persoon was en dat overdreven, theatraal spraakgebruik nou eenmaal de manier was waarop hij zich placht uit te drukken.

In de laatste week van februari bouwde de aanklager rustig verder aan zijn zaak, de aanklacht in verband met de moord op Castellano. Te beginnen met de tapes, waar Angelo Ruggiero betrapt wordt terwijl hij de heroïne-verkoop bespreekt met Gene Gotti en de voormalige advocaat van John, Michael Coiro, ging de aanklager verder met het bespreken van de wet die Castellano uit-vaardigde in verband met drugs. Dit beschreef de scène waar Gotti de baas van de Gambinofamilie vermoord wil zien om het vel van zijn broer en zijn vriend Angelo te redden. Vervolgens getuigden twee getuigen dat zij John Carneglia en Anthony Rampino, handlangers van John Gotti, voor Sparks Steak House op de avond van de schiet-partij hadden gezien. Beide getuigen zwegen meer dan anderhalf jaar over wat zij gezien hadden, omdat zij voor hun eigen leven vreesden.

Op maandag 2 maart 1992 kwam de persoon aan waarop iedereen zat te wachten: Salvatore "Sammy the Bull" Gravano werd ingezworen.

Er zijn nog drie notities betreffende de feiten die

plaatsvonden terwijl Gravano getuigde. Op 3 maart werd het proces onderbroken, toen een oudere vrouw een kreet slaakte in de gang van het gerechtsgebouw. Anna Carini zei dat ze gekomen was om Gravano in het gezicht te spuwen, omdat zij hem verantwoordelijk achtte voor de moord op twee van haar zonen, Enrico en Vincent. Maar die twee stonden helemaal niet op de dodenlijst van Sammy. De dag daarna, ontsloeg de rechter Glasser twee juryleden. Ofschoon Glasser het document betreffende zijn beslissing verzegelde, deed het gerucht de ronde dat een 20 jaar oude man gevraagd had om van zijn plicht te worden ontheven, omdat zijn vriendin bang was. Uiteindelijk was er nog, net als bij een vroeger Gotti-proces, een bommelding die het proces tijdelijk opschortte.

Na de getuigenis van Gravano was de zaak van de aanklager een anticlimax. Er werden video's getoond om veel van wat Gravano beweerde, te bewijzen en vervolgens probeerde de aanklager de andere beschuldigingen in de aanklacht te onderbouwen. Het belangrijkste daarbij was het belemmeren van de rechtsgang, waarbij speurder van de New Yorkse politie William Peist - die via de handlanger van Gambino, George Helbig, intieme details van de afdeling inlichtingen van de politie aan de maffia doorspeelde, betrokken was.

Op dat ogenblik werden de audiotapes gespeeld, met inbegrip van de gesprekken met de advocaten Gerald Shargel en Bruce Cutler. De laatste aanklacht die de aanklager naar voren bracht was een aanklacht om de overheid op te lichten. Een hoge ambtenaar van de belastingdienst werd in het getuigenbankje geroepen, en hij getuigde dat Gotti de afgelopen zes jaar geen belastingaangifte had ingediend.

Toen de zaak van de aanklager op haar einde liep, begon de arrogante en uitdagende houding van Gotti de spuigaten uit te lopen en rechter Glasser waarschuwde hem. De rechter onderbrak de getuigenis van een getuige, beval de jury de rechtszaal te verlaten en stond toen op en staarde Gotti aan. "Mijnheer Gotti, dit is voor u bedoeld. Indien u dit proces wilt blijven bijwonen, en indien u aan die tafel wilt blijven zitten, beveel ik u om nu onmiddellijk op te houden met commentaar te geven dat doorheen de hele rechtzaal gehoord kan worden en met gebaren te maken die de bedoeling hebben commentaar te leveren op het karakter van de aanklager van de Verenigde Staten," zegde de rechter streng, "Zoniet zal ik u uit de rechtszaal laten verwijderen en kan u dit proces volgen op het TV scherm beneden. Ik zeg dit niet nog een keer."

Op 23 maart, terwijl een zoveelste bommelding aan het adres van het Federal Courthouse in Brooklyn het gerechtsgebouw weer in rep en roer zette, kondigde Andrew Maloney aan dat de overheid de zaak neerlegde. De verdediging van Gotti waarop men al zo lang wachtte, was een puinhoop. De enige getuige die de verdediging mocht oproepen was een belastingadvocaat die beweerde dat hij Gotti de raad had gegeven geen belastingaangifte in te dienen, terwijl hij nog aangeklaagd was. Vijf andere getuigen werden om verschillende redenen als niet in aanmerking komend afgewezen, wat een uitbarsting van advocaat Cardinale met zich meebracht, waarop rechter Glasser hem prompt minachting van de rechtbank aanwreef. "Wat is er met onze verdediging gebeurd?" vroeg een teleurgestelde Gotti. "Ik had wat meer druk moeten uitoefenen."

John Gleeson begon met de pleidooien voor de staat op 27 maart, waarbij hij de jury vertelde dat de gecombineerde bewijzen van Gotti's opgenomen woorden en de getuigenis van Gravano "absoluut overweldigende bewijzen" waren om John Gotti te veroordelen. Terwijl hij de "Dappere Don" beschreef als de leider van de Gambino misdaadfamilie, verklaarde Gleeson: "Moord en niets anders dan dat is de kern van zijn zaak."

Beide advocaten van de verdediging vielen Gleeson en Gravano aan in hun pleidooien. Cardinale beschreef de houding van Gleeson als een obsessie om "Gotti te pakken te krijgen, tegen welke prijs dan ook" en beweerde dat de zaak van de aanklager "niets meer was dan een verheerlijkt complot". Krieger noemde Gravano een "ziekelijke seriemoordenaar" en zei dat hij "het hoofd van John Gotti op een zilveren schotel aangeboden had". Krieger zei tegen de juryleden dat Gravano niet meer dan een minimumstraf van 20 jaar zou krijgen voor zijn aandeel in de 19 moorden. "Zolang hij maar zijn ziekelijke en verdraaide belofte houdt om de getuigenis die u hier gehoord heeft, af te leggen."

Op 30 maart hield de aanklager zijn pleidooi. John Gleeson, die het grootste deel van de zaak van de aanklager had afgehandeld, vroeg de jury om, "naar het bewijs in zijn geheel te kijken" en hij wees erop dat de verdediging tijdens haar pleidooien ervoor had gekozen om de bewijzen links te laten liggen en in de plaats daarvan hem en Gravano aan te vallen.

De aanklager voor de Verenigde Staten Maloney vervolledigde het bijna rampzalige pleidooi van de staat. Hij wees er de beklaagden en juryleden op dat "dit de leider is van de Gambino misdaadfamilie. Wanneer u het bewijs aanvaardt van wat u hier voorgeschoteld krijgt, namelijk de baas en de onderbaas van de moordzuchtige en verraderlijke misdaadfamilie, zou u niet eens menselijk zijn wanneer u zich helemaal niet persoonlijk betrokken zou voelen." De advocaten van de verdediging sprongen op, schreeuwden dat zij bezwaar aantekenden, wat rechter Glasser ook onmiddellijk toestond. Nadat de jury de rechtszaal verlaten had, eisten de advocaten op boze toon een nietig geding. Glasser verwierp hun verzoeken.

De dag nadien, nadat een derde jurylid op verzoek van de aanklager was ontslagen, had rechter Glasser bijna 4 uur nodig om de laatste instructies aan de jury te geven. Terwijl de zitting van de rechtbank voor die dag op haar einde liep, stond Gotti op, wees naar de tafel van de aanklagers en riep naar de journalisten: "De White Sox uit 1919," waarmee hij bedoelde dat de aanklager de zaak vervalst had.

De "Velcro" Don

De jury begon aan haar deliberatie de ochtend van woensdag 1 april. Na iets meer dan 13 uur kwam de jury de dag nadien terug, en had zij Gotti schuldig bevonden aan alle aanklachten en Locascio schuldig aan alle aanklachten behalve een, die van gokken. James M. Fox, adjunct-directeur, belast met het kantoor van de FBI in New York, sprak de gevleugelde woorden: "De Don is bedekt met velcro, en elke aanklacht is blijven plakken." Dit werd dan gevolgd door het commentaar van Andrew Maloney: "Het was een lange weg. Gerechtigheid is geschied en dat voelt verdomd goed aan." Ondertussen vertelde aanklager Gleeson tegen de journalisten: "Wij zijn erg trots op wat we gedaan hebben. Wij hebben veel bewondering voor een erg moedige jury." Rechter Glasser bepaalde de datum van zijn vonnis op 23 juni.

De uitspraak "schuldig" was nog niet verstomd, toen de betweters van de georganiseerde misdaadfamilies al een nieuwe baas zochten voor de Gambino misdaadfamilie. De *New York Times* berichtte al dat de ordehandhavers gemeld hadden dat de 73-jarige capo James Failla als interimbaas was aangeduid door Gotti toen die in december 1990 werd gearresteerd. Naast Peter Gotti en Johns zoon Junior, die de "experts" geen goede keuze vonden, doken er steeds weer andere namen op, zoals Thomas Gambino, Joe Arcuri, Joseph "Butch" Corrao, Nicholas Corozzo, Robert Bisaccia en Daniel Marino.

Normaalgesproken wordt een beroep voor een nieuw proces aangetekend nadat de beklaagde veroordeeld werd. Maar John Gotti was nou eenmaal geen normale beklaagde. Een echt droomteam van advocaten ging aan de slag een dag voordat de veroordeling zou worden uitgesproken. Het team advocaten omvatte, naast Krieger, Cardinale, Mitchell en Cutler, ook William M. Kunstler en Ronald L. Kuby. De groep verzocht om uitstel van de veroordeling en een motie om het verdict terzijde te schuiven omwille van de beëdigde verklaringen van twee juryleden die naar voren waren gekomen om te zeggen dat het verdict oneerlijk was. Een jurylid, de laatste die ontslagen was, verklaarde dat zij vervangen was omdat zij beweerd had gezien te hebben hoe FBI agent George Gabriel, terwijl hij aan de tafel van de aanklagers zat, een signaal "doorseinde" naar een andere agent, Louis

Schiliro die op dat ogenblik in het getuigenbankje stond. Het andere jurylid dat, naar men meende, bezorgd was om de gezondheid van zijn vrouw, bleef lid van de jury en werd gedwongen een snel verdict te vellen. Rechter Glasser verwierp het beroep.

Op 23 juni 1992 stonden John Gotti en Frank Locascio voor rechter Glasser om hun vonnis te horen. De zitting duurde nog geen tien minuten. Toen hem gevraagd werd of hij nog iets te zeggen had, schudde de 51 jaar oude Gotti zwijgend het hoofd, nee. Bruce Cutler, die zijn cliënt niet meer mocht vertegenwoordigen tijdens het proces, mocht hem bijstaan tijdens het voorlezen van het vonnis. Cutler antwoordde in Gotti's plaats: "Nee, edelachtbare." Rechter Glasser zei tegen Gotti: "De richtlijnen in uw zaak vereisen dat ik u toevertrouw aan de hoede van de Openbare Aanklager voor de rest van uw leven."

Toen hem gevraagd werd of hij nog iets te zeggen had alvorens het vonnis zou worden uitgesproken, overhandigde Frank Locascio een handgeschreven verklaring. "Eerst en vooral wil ik nog eens benadrukken dat ik onschuldig ben." Na alle aanklachten tegen hem te hebben ontkend, ging Locascio verder: "Maar toch ben ik schuldig; schuldig aan het feit een goede vriend te zijn van John Gotti. En als er meer mannen zoals John Gotti op deze aarde zouden rondlopen, zouden wij een beter land hebben." Rechter Glassers vonnis luidde ook nu weer: levenslange opsluiting zonder de mogelijkheid vervroegd vrij te komen. Na de uitspraak gaf Gotti zijn medebeklaagde een schouderklopje en zei: "We zijn net begonnen met vechten."

In september 1998, berichtte de *New York Daily News* dat Gotti een prijs had gezet op het hoofd van zijn vroegere *consigliere*. Gravano's boek, *Underboss*, was ondertussen uitgegeven en Gotti was razend om de commentaren die Sammy gaf over Locascio, na een incident dat plaatsvond toen de drie opgesloten zaten in de gevangenis in 1991. Gotti had Locascio gekleineerd voor de andere gevangenen nadat hij enkele sinaasappelen gestolen had en er een aan Gravano gaf alvorens hij er een aan Gotti aanbood. Volgens Gravano zei Locascio die erg emotioneel reageerde: "Wanneer ik hier buitenkom, vermoord ik de klootzak."

Ondertussen waren er buiten het gerechtsgebouw rellen in volle hevigheid losgebarsten, die zogenaamd georganiseerd waren door John A. "Junior" Gotti. Naar schatting 800 tot 1000 demonstranten, die aankwamen in 12 gecharterde bussen, begonnen met vlaggen te zwaaien en te zingen. Toen de uitspraak viel, braken er gewelddadige rellen uit. De relschoppers hadden het voorzien op auto's die geparkeerd stonden voor het gerechtsgebouw. Sommige auto's werden op hun kop gezet, op andere begon de menigte te springen terwijl ze riepen: "Bevrijd John Gotti!" Acht politiemensen werden gewond tijdens de rellen en een dozijn manifestanten werd gearresteerd.

Voor jaren opgeborgen

John Gotti zat minder dan een jaar in de gevangenis, voordat de staat begon met een onderzoek naar zijn zoon. Alhoewel die niet echt het evenbeeld van zijn vader was, droeg hij toch nog altijd zijn koosnaampje. In maart 1993, onderzocht een grand jury de rol van Junior in de hiërarchie van de Gambinofamilie. De jonge Gotti, gewichtheffer, ontmoette zijn groep op woensdagavond in de Our Friends Social Club in South Ozone Park, Queens. Tijdens het onderzoek werden ongeveer 12 bendeleden gedagvaard. Een van hen was Carmine Agnello, die getrouwd was met Juniors zus, de schrijfster Victoria.

Agnello, die een schroothandel leidde in Queens, beweerde dat "littekens in zijn hersens zijn geheugen zodanig hadden aangetast dat de federale politie net zo goed een van zijn rammelkasten kon dagvaarden, die konden net zoveel hulp bieden als hij." Het leek misschien grappig, maar Agnello's geheugenproblemen werden wel degelijk bevestigd in verzegelde documenten van de rechtbank die waren ingediend door rechter Nickerson, die voorzitter was geweest tijdens het RICO-proces van Giacalone.

In augustus 1996 kwam de film *Gotti* uit. Gotti werd vertolkt door de acteur Armand Ansante, terwijl twee acteurs die later bekendheid zouden verwerven in de serie *Sopranos,* de andere hoofdrollen voor hun rekening namen; Vincent Pastore speelde Gotti's handlanger Angelo Ruggiero en Tony Sirico zette een overtuigende Gene Gotti neer. Terwijl Ansante een uitstekende vertolking van Gotti ten beste gaf, was er maar weinig in de film dat op waarheid berustte. De producers waren vastbesloten om van Gotti een held te maken en Sammy Gravano, gespeeld door William Forsythe, als de slechterik te portretteren. Ze deden het zelfs voorkomen of Gravano de moord op Frank Gotti wilde wreken door John Favara dood te schieten. Gotti, die toentertijd al vier jaar in Marion vastzat, mocht de film niet zien.

In het midden van de jaren 90 doken er veel verhalen op in het nieuws over Gotti in de gevangenis. Het feit dat de maffiabaas levenslang opgesloten zat, weerhield hem noch zijn familie en volgelingen ervan om steeds weer in de krant te verschijnen en de aandacht van het publiek te trekken. Deze verhalen gingen over hoeveel uur Gotti elke dag opgesloten zat. Sommige journalisten beweerden dat hij zijn cel maar 1 uur per dag mocht verlaten. Andere journalisten vertelden dat hij was overgebracht naar de nieuwe, "superbeveiligde" federale gevangenis in Florence, Colorado. In een verhaal werd Gotti tot pulp geslagen nadat hij racistische uitlatingen had gedaan over een medegevangene. Een artikel in de *New York Times* in oktober 1996 schreef dat tijdens een recente vergadering van de commissie, leden besloten hadden dat, aangezien Gotti toch geen kans meer maakte op vervroegde invrijheidsstelling, hij "troonsafstand" moest doen als leider van de Gambinofamilie. Het was moeilijk vast te stellen hoeveel waarheid er school in die verhalen, want Bruce Cutler, die nu de rol van woordvoerder van de familie Gotti op zich genomen had, ontkende elk gerucht en elk bericht.

Gotti's leiderschap van de Gambino misdaadfamilie was een heet hangijzer toen de herfst van 1996 op zijn einde liep. Op 24 november berichtte Jerry Capeci, in zijn rol van journalist van de *New York Daily News*, dat zijn bronnen bevestigd hadden dat, "onder druk van de commissie", Gotti bereid was de controle over de familie uit handen te geven. Junior Gotti zou als interimbaas van de familie optreden, met Peter Gotti, John "Jackie Nose" D'Amico en Nicholas Corozzo (een medebeklaagde van Gotti in het proces Giacalone), die als zijn adviseurs zouden optreden. Capeci's bronnen zeiden dat de nieuwe leider van de Gambino's Corozzo zou zijn.

Indien Corozzo al de leiding van de Gambinofamilie zou overnemen, dan was het toch maar voor een korte periode. Op 18 december werd hij beschuldigd van aanklachten in verband met chantage en afpersing in Florida, met inbegrip van poging tot moord, woekerleningen en brandstichting. Vertegenwoordigd door zijn neef, Joseph Corozzo, Jr., die later Gotti zou vertegenwoordigen, werd Nicholas "Little Nicky" Corozzo niet op borgtocht vrijgelaten. In augustus 1997 pleitte Nicholas Corozzo schuldig op alle federale aanklachten van afpersing en chantage in Florida; hij werd veroordeeld tot een gevangenisstraf van vijf tot tien jaar. Later dat jaar, pleitte hij nogmaals schuldig in een rechtzaal in Brooklyn, op aanklachten van afpersing en chantage en voor het omkopen van een cipier.

Terwijl Gotti verder wegrotte in de gevangenis, leefde zijn ooit zo loyale onderbaas als God in Frankrijk. Net uit de gevangenis, nadat hij getuigd en zo de reeks overwinningen van Gotti tegen de ordehandhaving onderbroken had, door toe te geven dat hij bij 19 moorden betrokken was, had hij meegeschreven aan een boek en stond er een film op stapel. Op datzelfde ogenblik trachtten de familieleden van Gravano's slachtoffers hem voor een burgerlijke rechtbank te dagen, omdat een slachtofferadvocaat uit New York State wilde proberen Gravano zijn winsten te ontfutselen, dankzij de zogenaamde "Son of Sam wet". Deze wet was in 1983 goedgekeurd, nadat de seriemoordenaar Son of Sam, een gigantische som geld aangeboden kreeg om zijn verhaal in de pers uit de doeken te doen. Jaren later zou een rechter de familieleden van de slachtoffers ongelijk geven, omdat die wet een wet was die onder het gezag van de staat viel, terwijl Gravano veroordeeld was voor federale misdaden. In juli 1997 zou Gravano voor het laatst optreden als getuige voor de staat, door te getuigen tegen de baas van de Genovese-familie Vincent "the Chin" Gigante. Gravano's getuigenis hielp om de maffiabaas, die bekend stond als "vreemde vader", en die al jarenlang voorwendde geestelijk niet in orde te zijn om aan vervolging te ontsnappen, toch ver-oordeeld te krijgen.

In april 1997 wees rechter Glasser Gotti's laatste verzoek om een nieuw proces af. Het was de vierde keer dat Glasser het verzoek van de Dappere Don afwees. John Gotti was voorbestemd om achter de tralies te sterven.

De jaren waren hem niet goedgezind

De laatste helft van de jaren 90 waren geen goede jaren voor de voormalige "Teflon Don" of zijn familie. De over-heid joeg op Junior en ze hielden hem met man en macht in de gaten. In maart 1997 vielen speurders van de werkgroep georganiseerde misdaad binnen bij Juniors social club in Queens en namen meer dan 350.000 dollar spaargeld in beslag, waarvan de politiemensen dachten dat het afkomstig was van illegale operaties. Junior stak het weinig waarschijnlijke verhaal af dat het geld was dat hij in 1990 bij zijn huwelijk met Kimberly Albanese had gekregen.

Zelfs John Gotti's oude social club, de Ravenite, ont-snapte niet aan de wet. In oktober 1997 legden V.S. Mars-hals beslag op het gebouw en gooiden iedereen buiten die zich maar in de club bevond. Het gebouw werd later verkocht en opnieuw ingericht en het ooit zo beruchte clubhuis werd een boetiek.

In januari 1998 werd Junior samen met 39 anderen aangehouden, in een massale aanklacht waarbij hij beschuldigd werd van de meest uiteenlopende misdaden, gaande van de basismisdaden van de maffia, te weten: woekerleningen en afpersing tot moderne, hedendaagse zwendel. De aanklachten van 2 juni, waarbij Junior beschuldigd werd twee kilo cocaïne van een drugsdealer te hebben gestolen in november 1996, als ook vier pistolen en 4.000 dollar in cash, waren niet alleen kwetsend maar ook beledigend, tenminste in de ogen van de familie Gotti. Deze keer was het Juniors moeder die hem te hulp schoot. In een zeldzaam interview belde Victoria Gotti de *New York Daily News* op een sarcastische toon: "Heeft hij niet genoeg geld, dus gaat hij zich met drugshandel bezighouden? Alsjeblieft zeg! Kunnen ze echt niets beters bedenken dan dat?...Ik zou willen dat elke moeder in Amerika een zoon had als die van mij."

De aanklacht tegen Junior en de daarop volgende wettelijke perikelen bleken een echte familiezaak te zijn, waarbij zijn vader, moeder en zijn beide zusters een hoofdrol speelden. De aanklagers probeerden eerst de jonge Gotti te benaderen met een deal, die uitgewerkt was door de wraakengel van Gravano, Ronald Kuby, die een van Juniors medebeklaagden vertegenwoordigde. Alle beklaagden moesten de deal echter aanvaarden. Eerst vertegenwoordigden de advocaten van de familie Gotti, Cutler en Shargel Junior, maar nadien trad advocaat Sarita Kedia op als zijn belangrijkste raadsman.

Junior wees de eerste deal van de aanklagers af, maar

omdat een van zijn medebeklaagden getuige voor de staat geworden was, bedacht de interimbaas van de Gambinofamilie zich. Begin juli 1998 bepaalde federaal rechter Barrington een datum voor het proces in januari 1999. Junior zat toen al meer dan vijf maanden in de gevangenis en zijn advocaten waren erop gebrand hem op borgtocht vrij te krijgen. Uiteindelijk lukte dat en na een lange strijd kon Junior op 1 oktober weer naar huis. De Gotti's moesten een borgtocht van 10 miljoen dollar ophoesten, waarvan het merendeel afkomstig was van Victoria en haar man Carmine Agnello, van hun landgoed Old Westbury, op Long Island. Het saldo werd geleverd door zijn zuster Angel en nog eens 25 andere familieleden en vrienden. Er moest nog aan andere voorwaarden worden voldaan, toen Junior naar zijn huis op Long Island gebracht werd, aan boord van de Mercedes van Victoria. De *New York Daily News* kopte:

"Hij zal een enkelband dragen en kan zijn huis niet verlaten, tenzij in zeer uitzonderlijke omstandigheden. De enige uitzondering is een vergadering met zijn advocaten, om samen met zijn medebeklaagden, op het kantoor van de advocaten, de strategie uit te werken, en zelfs dat moet dan nog goedgekeurd worden door Federaal Rechter Barrington Parker uit White Plains."

"FBI-agenten zullen zijn huis op onverwachte tijdstippen doorzoeken, en goedgekeurde bezoekers, naaste familie uitgezonderd, blijven in één kamer die voortdurend gemonitord wordt."

"Gotti's telefoon thuis wordt afgeluisterd en hij mag geen fax of GSM gebruiken. Hij heeft wel een tweede toestel om met zijn advocaten te bellen en privégesprekken te voeren. Hij heeft wel toegang tot zijn zwembad en tennisbanen."

De speurders hadden Juniors tegoeden bevroren, waardoor hij kloeg dat hij zich op de rand van het faillissement bevond. Buiten het Federal Courthouse in White Plains, New York, sakkerde Junior tegen de journalisten: "Wie zijn hier nu eigenlijk de afpersers en de chanteurs."

Er was overeengekomen, als onderdeel van de borgovereenkomst, dat Junior een privéfirma moest betalen die zijn huis 24 uur per dag monitorde en aldus elke stap die hij verzette, opmerkte. Dat grapje kostte hem 231.000 dollar per maand.

Doordat de overheid beslag op zijn gelden gelegd had, schreeuwde hij tegen begin december zijn armoede uit. Al die dingen samen, en de nieuwe aanklachten die daar nog bovenop kwamen, putten de 34-jarige Gotti volledig uit.

Toen Junior begon na te denken over een nieuwe deal met de overheid, werd hij ook door zijn moeder en vader onder druk gezet om terecht te staan. Net na Kerst verwierp Junior de laatste deal van de overheid. Begin januari 1999 hadden drie beklaagden, onder wie John D'Amico, overeenkomsten voor strafvermindering in ruil voor schuldbekentenis aanvaard. Omdat de aanklagers nog aanklachten aan de zaak toevoegden, werd de datum van het proces van januari naar 6 april verschoven. Tegen midden maart stonden enkel nog Junior en een andere handlanger van de Gambinofamilie terecht, van de 40 mensen die oorspronkelijk aangeklaagd waren. Op 1 april zei Junior tegen rechter Parker dat hij de 24-uur-beveiliging niet langer kon betalen en vroeg hij om terug naar de gevangenis te worden gestuurd.

Op 6 april, de dag dat de juryselectie moest beginnen, schokte Junior zijn familie en vrienden door een aanbod van de overheid te aanvaarden en 77 maanden te zitten voor afpersing, woekerleningen, gokken, hypotheekfraude en het ontduiken van belastingen. Bovendien liet hij anderhalf miljoen in cash en eigendommen verbeurd verklaren op 18 oktober 1999, 18 maanden nadat hij schuldig had gepleit, werd John A. "Junior" Gotti naar een middelmatig zwaar bewaakte federale gevangenis in Ray Brook, New York gestuurd, 450 km van zijn huis en zijn familie.

Middenin het lange gevecht van Junior met de wet, kwam dan de aankondiging dat zijn vader naar het United States Medical Center for Federal Prisoners in Springfield, Missouri was gebracht. Er was keelkanker vastgesteld bij John Gotti. Cutler, die optrad als woordvoerder voor de familie, verklaarde: "De dokters hebben een tumor naast zijn amandelen en lymfeknopen achter in zijn keel ontdekt. Het is ernstig, het is levensbedreigend."

Eind september 1998 werd de Dappere Don geopereerd. De dokters verwijderden een kwaadaardige tumor, maar waren optimistisch over zijn volledig herstel.

Meer familiesores

Het volgende familielid dat in handen van de ordehandhavers zou vallen was Carmine Agnello. Tijdens een van haar bezoeken aan haar vader in de gevangenis in Marion, luisterde Victoria tijdens de opgenomen sessie terwijl John Gotti zei: "Hoe zit het nou met Carmine? Zit hij achter in de wagen en denkt hij dat iemand het stuur van de wagen gestolen heeft?" Dat was slechts een van de kleinerende opmerkingen die het misprijzen aantoonden dat Papa Gotti voor zijn schoonzoon had. De gebeurtenissen van januari 2000 zouden weinig invloed hebben op de manier waarop Gotti Agnello inschatte.

In april 1999, zette de undercoverpolitie van de afdeling autodiefstallen in Queens een undercoveroperatie met een val op in de wijk Willets Point nabij het Shea Stadium. De val werd zo opgezet om de dieven te kunnen pakken die gestolen auto-onderdelen verkochten. Nog voor de maand voorbij was, liep Agnello binnen om de undercoverspeurders te zeggen dat ze hem de onderdelen aan de helft van de prijs moesten verkopen, om zaken te kunnen blijven doen. Toen de politiemensen hem afwezen, probeerde Agnello tot tweemaal toe de zaak plat te branden, om zijn visie duidelijk te maken. Later werd hij aangeklaagd voor dwang, samenzwering, diefstal met verzwarende omstandigheden en diefstal, om nog maar te zwijgen van het belemmeren en corrumperen van handel.

Op 25 januari 2000 werd Agnello in hechtenis genomen en vastgehouden op een borgsom van 10 miljoen dollar, wat zijn raadsman, Marvyn Kornberg, zijn beroemde commentaar ontlokte: "Dat is geen borgsom, dat is een telefoonnummer." Drie van de handlangers van Agnello werden eveneens aangeklaagd. De aanklagers van Queens gingen snel te werk om Agnello's tegoeden te bevriezen, ze gingen zelfs zover om de politie Victoria te laten schaduwen en haar ervan te weerhouden om bij een geldautomaat bij een Pathmarkwinkel geld af te halen van de gezinsrekening.

Het leek wel alsof de buitengewoon knappe Victoria de slimste van de hele familie Gotti was, en net zo talentrijk als succesvol. Als auteur van verschillende bestsellers, had

Victoria het grootste deel van de onderhandelingen gevoerd om haar broer Junior het jaar voordien op borgtocht vrij te krijgen, en dat allemaal om hem dan nu uiteindelijk achter de tralies te zien verdwijnen voor meer dan zes jaar. En nu zat de kans erin dat ook haar echtgenoot voor lange tijd zou worden opgesloten.

Na de hoorzitting, werd de borgtocht zo verminderd dat Victoria, de 125.000 dollar voorschot op een boek daarvoor gebruikte en haar echtgenoot vrij kreeg met de hulp van zijn familie en vrienden. De terugkeer van Agnello naar zijn oude landgoed zal van korte duur zijn en zeker niet leuk. Informatie uit het onderzoek deed vermoeden dat Agnello een affaire had met een van zijn bediendes. Niettegenstaande zowel hij als zijn echtgenote dat eerst volledig ontkenden, zou Victoria het jaar daarna toch van Agnello scheiden, waarmee ze een einde maakte aan 15 jaar huwelijk met het heethoofdige 38- jarige maffialid.

Ondertussen werd Agnello op 7 maart 2000 opnieuw gearresteerd. Zijn naam werd genoemd in een federale aanklacht, en FBI-agenten wekten Agnello op een ochtend en brachten hem over naar Federal Courthouse in Brooklyn waar hij in beschuldiging werd gesteld en werd opgesloten zonder de mogelijkheid op borgtocht te worden vrijgelaten. Deze keer slaagde zelfs Victoria er niet in hem vrij te krijgen. Bij het schrijven van dit boek zit hij nog steeds in de cel, wachtend op zijn proces.

De enige nakomeling die zich gedeisd leek te houden, was Peter Gotti, de jongste van de kinderen. Begin april 2001 werd Peter tegengehouden in Rego Park, Queens, in verband met een alcoholcontrole van de politie, waarbij hij werd gearresteerd voor het besturen van een voertuig

zonder rijbewijs. Nadat hij de nacht in de cel had doorgebracht, kreeg hij een boete van 80 dollar. De zwaar
gebouwde, zesentwintigjarige man had al een hele
geschiedenis van verkeersovertredingen op zijn palmares
staan, en zijn rijbewijs was al vier maal opgeschort of
ingetrokken. In 1994, zou hij een politieman aangevallen
hebben die hem een verkeersboete gaf.

Als er al iets was wat de voormalige Teflon Don gelukkig kon maken, nu hij sinds 1991 in de gevangenis zat,
dan zou het wel de arrestatie van zijn voormalige onderbaas Sammy "the Bull" Gravano zijn. Op 4 februari 2000
werden Gravano, zijn vrouw en twee kinderen gearresteerd in Arizona voor hun deelname aan een drugs-
ring, die verspreid was over de hele staat, en die de nieuwe drug, ecstasy, op de markt bracht.

Er werd een aanklacht ingediend tegen Gravano en
zijn zoon Gerard in New York, die beiden beschuldigd
werden van samenzwering met de Israëlische maffialeden om Ecstasy te verdelen. Toen de procesdatum van
4 januari 2001 naderbij kwam, gingen Gravano en zijn
zoon akkoord om schuldig te pleiten. Op 25 mei verscheen Gravano in hetzelfde Federal Courthouse in
Brooklyn, waar hij tegen John Gotti getuigd had. Terwijl
de familieleden van Gravano's moordslachtoffers luisterden, zei Sammy tegen rechter Allyn Ross: "Ik heb geld
geleend aan mensen die ecstasy kochten." Gravano zou
veroordeeld worden in september 2001. Diezelfde maand
moest Gravano voor de rechter verschijnen in Arizona.
Het is onwaarschijnlijk dat de beroemdste "rat" van de
maffia de 14 volgende jaren als vrij man zal kunnen
doorbrengen.

Uiteindelijk meldde de *New York Daily News* op 18 april

2001 dat het veel slechter ging met John Gotti. Ze meldden dat de kanker die, zo hadden de dokters gehoopt, verdwenen was, was teruggekeerd en dat de Dappere Don daar nu de gevolgen van droeg tijdens de laatste maanden van zijn leven. Men gaf hem nog twee maanden te leven. De advocaat van Gotti, Joseph Corozzo, zei tegen journalisten dat John zich erg moedig gedroeg. "Hij moet in een rolstoel zitten," zei de advocaat, maar hij legde er de nadruk op dat Gotti "erop stond nog alles zelf te doen, zonder hulp. John blijft uitdagend en tartend, tot het einde."

De week nadien meldde de *New York Post* dat de instelling, het Bureau of Prisons Hospital in Springfield, Missouri, de regels wat versoepeld had en dat het Gotti was toegestaan beperkte contacten te hebben met familieleden. Ze zeiden dat "hij zijn vrouw mocht omhelzen, zijn twee dochters, zijn zoon, en andere familieleden, terwijl de video van de gevangenis alles opnam".

Verzwakt door de chemotherapie, kreeg Gotti medicijnen en voedsel intraveneus toegediend. Als hij geen bezoek kreeg van familie, verbleef Gotti het grootste deel van de tijd nog in eenzame opsluiting.

Op 25 april 2001 werd Junior Gotti overgebracht van de Ray Brook gevangenis naar het Atlanta Federal Penitentiary, in de hoop dat hij zou getuigen op het proces van Steve Kaplan, een vermoedelijke vennoot van de Gambinofamilie. Kaplan en verschillende anderen moesten terechtstaan in een federale rechtbank in Atlanta, beschuldigd van afpersing en chantage, samenzwering, woekerleningen, prostitutie, illegale banden met de georganiseerde misdaad, creditcardfraude en het corrumperen van politiemensen. De aanklager beweerde dat Kaplan Junior Gotti beschermingsgeld betaalde van zijn super de luxe Gold Club, een populaire stripclub in Atlanta die grote atleten aantrok.

Op 17 mei kreeg Gotti, tijdens een privéhoorzitting in de kamer van de rechter, vier vragen voorgeschoteld, maar hij beriep zich op het vijfde amendement, zijn grondwettelijk recht om niet te antwoorden. Hij werd teruggestuurd naar een regime waar hij 23 uur per dag zou opgesloten zitten in een gevangenis in Atlanta. De kranten schreven dat Gotti binnen enkele dagen al naar Atlanta zou worden teruggestuurd, maar toen er een maand later werd gemeld dat zijn vader stervende was, was Gotti nog altijd "onderweg" naar Ray Brook.

De *New York Daily News* meldde op 13 juli 2001 dat John Gotti zo sterk vermagerd was dat de chemotherapie was stopgezet. De volgende dag werd er aangekondigd dat de voormalige Teflon Don aan longontsteking leed en dat de shunts die geplaatst waren om de medicijnen makkelijker te kunnen toedienen, ontstekingen hadden veroorzaakt. Een niet nader genoemde bron zei: "Het is een kwestie van weken." De familie Gotti was boos omdat ze niet konden praten met Junior omdat die nog steeds in transit zat. Ofschoon hij naar Atlanta gevlogen werd, een reis die in totaal 5 uur duurde, liet de overheid hem de "toeristische route terug" volgen; ze zette hem op een gevangenentransport dat in drie verschillende staten op weg naar zijn einddoel stopte.

Tegen alle verwachtingen in, leefde Gotti nog bijna een heel jaar en stierf hij eindelijk op 10 juni 2002.

De Gotti-gangsters in de schemering

Het was geen typische maffiazaak. Ze trok de aandacht van het grote publiek met de getuigenis van de populaire acteur Steven Seagal. Een ongelofelijk verhaal volgde dat aantoonde hoe de maffia probeerde voet aan de grond te krijgen in de Amerikaanse filmindustrie.

Steven Seagal, 50, had een partner genaamd Julius Nasso, van wie de aanklagers beweren dat hij een handlanger was van de Gambino gangsterfamilie. Ze hadden Nasso op tape betrapt, toen hij ermee instemde Seagal te dwingen 150.000 dollar te betalen aan de gangsterfamilie voor elke film die Seagal maakte. Deze overeenkomst, die geschat werd op ongeveer 3.000.000 dollar, werd uitgevoerd door Anthony "Sonny" Ciccone die probeerde het geld af te persen van Seagal in een restaurant.

Seagal getuigde dat Ciccone zei: "Kijk me aan als ik met je praat. Wij zijn trotse mensen. Werk samen met Jules en we verdelen de taart." De overheid had afluisterapparatuur geplaatst in het restaurant en de maffialeden gaven commentaar over hoe angstig Seagal wel niet leek nadat zij hun afpersingsdreigement te berde hadden gebracht.

Na de meeting, zo vertelde Seagals voormalige partner hem: "Als je het verkeerde antwoord had gegeven, zouden zij je vermoord hebben."

Op 18 maart 2003 werd Peter Gotti, 63, broer van wijlen de misdaadkoning John Gotti, schuldig bevonden aan chantage en afpersing en het onder zijn controle brengen van de misdadige activiteiten van de Gambino-familie. Samen met Gotti werden nog 6 andere beklaagden veroordeeld, ook de mannen die geprobeerd had geld af te persen van Seagal.

"Ze hebben me te pakken," zei Peter Gotti later. "Het is makkelijk om een Gotti te veroordelen. Je hoeft alleen maar die naam te dragen."

Associated Press berichtte dat Gotti "kroongetuige was in een zeer wijdvertakte maffiazaak, gaande over een zogenaamd geval van afpersing van aan de waterkant van de stad tot aan Hollywood." Aanklagers beschuldigden hem ervan duizenden dollars in zijn zak hebben gestoken voor verschillende vormen van fraude. Bovenop afpersing en chantage werd Gotti ook schuldig bevonden aan samenzwering en meerdere aanklachten voor het witwassen van geld.

Twee andere leden van de familie Gotti werden eveneens veroordeeld voor chantage en afpersing, Richard V. Gotti, een andere broer van John Gotti en Richard G. Gotti, een neef van wijlen de misdaadkoning.

Court TV berichtte: "Een gewelddadige groep van de Gambinofamilie maakte gebruik van bedreigingen om controle te verkrijgen over de plaatselijke afdelingen van de International Longshoremen's Association. De familie vervalste vakbondverkiezingen en zorgde ervoor dat een door de maffia gecontroleerd bedrijf een lucratief contract voor gezondheidszorg voor de vakbonden binnenhaalde."

Tijdens een zes weken durende proces, stelden de aanklagers een reeks bewakingsfoto's en tapes van bekende maffialeden voor die eer betoonden aan Gotti en hem cash betaalden, wat het bewijs is dat Peter Gotti "niet alleen een maffialid, maar ook een maffialeider was."

Newsday berichtte dat "niettegenstaande het ontbrekende bewijs dat de beruchte maffiabaas Peter Gotti inderdaad geld van iemand had aangenomen, federale aanklagers toch in staat waren om de verbanden tussen indirecte bewijzen aan te tonen en om hem veroordeeld te krijgen voor afpersing, chantage en het witwassen van geld."

Het ziet er dezer dagen niet goed uit voor de Gotti dynastie, wat betreft de leiding van de Gambino misdaadfamilie. Eerst en vooral werd de beruchte John Gotti veroordeeld. Vervolgens werd zijn zoon John Gotti, bekend als "Junior", eveneens veroordeeld en naar de gevangenis gestuurd en nu zullen ook Peter en zijn broer Richard en zijn neef achter de tralies verdwijnen. Men kan het niet ontkennen dat de dagen van de Gotti-familie geteld zijn.

De volgende generatie: Victoria

Victoria Gotti is niet de typische maffiaprinses. Zij is een aantrekkelijke vrouw, moeder van 3 jongens, auteur van verschillende boeken en het onderwerp van een nieuwe reality show. Zij heeft de carrière van haar vader als maffiabaas omgebogen in een winstgevend bedrijf.

En dat niet alleen, de Amerikaanse media hebben haar tot hoofdredacteur benoemd van een nieuw lifestyle magazine voor bekende mensen, *Red Carpet.*

Ze komt ongezouten voor haar mening uit, zegt wat ze denkt en ze is een harde tante, ze heeft veel van de talenten van haar vader geërfd, maar in tegenstelling tot John Gotti, gebruikt zij ze wel voor legitieme zaken.

De rapporten over haar laatste zakelijke avontuur zijn gemengd. "Gotti doen opgroeien," zegt de *New York Times,* "kan erg grappig zijn en Ms. Gotti is een vreemde onweerstaanbare vrouw... die tienerjongens opvoedt op een nonchalant, heerlijk gewoon landgoed op Long Island."

"Mijn vader heeft me zeer beschermd opgevoed," vertelde ze tegen BostonHerald.com. "Mijn vader was heel erg streng voor ons. Niemand mocht vloeken in het bijzijn van dames. Hij was ouderwets. Ik moest om 12 uur binnen zijn tot ik getrouwd ben. Ik werd heel erg beschermd."

"Haar zonen ook, en ofschoon Gotti weet dat beroemdheid een kruis is dat zelfs voor de sterkste benen te sterk om dragen kan zijn, is ze toch niet bezorgd. Bovendien, de jongens willen helemaal niet bekend zijn. Carmine gaat naar Harvard om strafpleiter te worden, John wil schrijver worden en Frank wil chefkok worden," zei ze.

Vergelijkingen met Carmella Soprano zijn onvermijdelijk, maar ze vertelde Associated Press dat ze nooit naar de populaire show keek.

"Ik vind het gewoon beledigend," zei ze. "Vergeet al die maffiatroep, het is de manier waarop de vrouwen rondlopen, kauwgom kauwen en praten over de grootst mogelijke onzin. Italiaanse vrouwen zijn fantastisch mooi en gecultiveerd, en ze zijn verstandig. Ze worden hier totaal verkeerd weergegeven."

Ze blijft erbij dat ze geen contact heeft met haar broer John Jr. die altijd weer problemen heeft met de federale overheid. Het was al erg genoeg om een ex-man, Carmine Agnello te hebben, die wegens chantage en afpersing voor lange tijd achter de tralies belandde. Ze heeft geen behoefte aan zulke rolmodellen met drie opgroeiende jongens.

De volgende generatie: John Jr.

Associated Press berichtte dat John A. Gotti, bekend als "Junior," maandag 8 augustus 2005 terechtstond, voor de zogenaamde kidnapping van de presentator van een talk show, Curtis Sliwa, oprichter van de Guardian Angels, om hem te doen ophouden kritiek te spuien over de Gotti-familie. De Guardian Angels was een groep die strijd voerde tegen de georganiseerde misdaad en die burgerarrestaties uitvoerde.

Juniors advocaat, Jeffrey Lichtman, beweerde dat Junior de wereld van de georganiseerde misdaad de rug had toegekeerd, uit bezorgdheid voor zijn kinderen.

Federaal aanklager Victor Hou zei dat Junior "zijn misdadigers de opdracht gaf" om Sliwa te kidnappen omdat hij razend was over de kritiek die Sliwa had op de georganiseerde misdaad. Volgens CNN, werd Sliwa aangevallen door jongemannen die met een bat zwaaiden en die hem achterlieten met een gebroken hand en verwondingen aan het hoofd. Twee maand later werd Sliwa ontvoerd en neergeschoten terwijl hij in een taxi zat en werd hij naar het ziekenhuis gebracht om te worden verzorgd voor inwendige verwondingen en verwondingen aan zijn been. Hij had zichzelf enkel maar "in veiligheid kunnen brengen door door een open raampje op de vlucht slaan" zo meldde AP nog.

"De taxi was als lijkwagen bedoeld," zei de aanklager

van de Verenigde Staten David Kelley tegen de journalisten op een persconferentie.

Aanklager Hou is van plan te bewijzen dat Junior Gotti betrokken is bij de traditionele maffiamisdaden zoals woekerleningen en afpersing.

De veertigjarige John Gotti Jr., die op 1 september 2004 zou worden vrijgelaten, kijkt aan tegen een federale aanklacht voor afpersing en chantage samen met drie andere leden van de Gambino misdaadfamilie.

De aanklacht, verzegeld op 22 juli 2004, vermeldde negen zware misdrijven, met inbegrip van kidnapping, moord, poging tot moord, samenzwering om beursfraude te plegen, illegale gokpraktijken en zwendel. Volgens AP, zou "Junior" wel eens heel goed tegen 130 jaar achter de tralies kunnen aankijken.

ABC News meldde dat de aanklacht van Kelley "opnieuw een zeer krachtige slag was, en dat de Gambino misdaadfamilie haar greep op de stad zou moeten lossen." Hij ontkende dat de timing van de aanklacht beïnvloed was door de voorziene vrijlating van Gotti.

CBS News meldde dat Junior een klacht indiende in mei 2004, volgend op de afwijzing van zijn verzoek om van een gevangenis naar een doorgangshuis te worden overgebracht. Gotti beweerde dat het Federal Bureau of Prisons bevooroordeeld was doordat zijn "vader zulk een beruchte relatie had gehad met het strafrechtelijke justitiële systeem."

Blijkbaar valt de appel helemààl niet ver van de boom.

4.

JAMES WHITEY BULGER

Een vat vol tegenstrijdigheden

De tafel in de eetkamer kreunde onder het gewicht van de avondmaaltijd: koude gerechten, olijven, verschillende soorten kaas, grote kommen pasta en salades, buitenlands bier en champagne. Het was een groots Italiaans feest, ook al vond het plaats in een huis in het zuiden van Boston, in de wijk die door de plaatselijke bevolking 'Southie' genoemd werd, de Ierse enclave van de stad. Het was een uitsluitend mannelijk gezelschap. De enige vrouw in huis was de moeder van de gastheer; zij bereidde het feestmaal en serveerde het ook. In de groep zaten plaatselijke FBI-agenten, de voorzitter van de senaat van de staat Massachusetts en twee van de dodelijkste gangsters die Boston rijk was, Stephen "The Rifleman" Flemmi en zijn partner James "Whitey" Bulger, de beruchte baas van de Ierse maffia in Boston.

Eind jaren 70, begin jaren 80 waren dergelijke feesten schering en inslag voor de meeste van deze mannen. Flemmi was gastheer van dit feestje in zijn ouderlijk huis. De prominente politicus was het kleine broertje van Whitey Bulger, William "Billy" Bulger, die in 1978 tot voorzitter van de senaat van de staat werd verkozen. Billy Bulger woonde recht tegenover de ouders van Flemmi. Beide broers mochten dan wel totaal verschillende carrières nastreven, hun familieband leed er niet onder, integendeel, hun band was bijzonder hecht.

Zoals gewoonlijk was John Connolly, de blitse FBI Special Agent die dienst deed als Whitey Bulger's officiële handler, die avond de ceremoniemeester. Zowel Bulger als Flemmi was gerekruteerd voor het Top Echelon Informant Program (topinformantenprogramma) van de FBI, een programma dat opgezet was om criminelen aan te moedigen de FBI te helpen bij het arresteren en veroordelen van andere, gevaarlijkere criminelen. John Morris, baas van de Afdeling Georganiseerde Misdaad van Boston en bovendien Connolly's baas, was die avond ook aanwezig, naast nog verschillende andere Special Agents. Alle gasten waren machtige mannen, maar "de voorzitter van de raad" was volgens Dick Lehr en Gerard O'Neill in hun boek *Black Mass: The True Story of an Unholy Alliance Between the FBI and the Irish Mob,* zoals gewoonlijk Whitey Bulger. Billy Bulger stond bekend om zijn buitengewone eloquentie en Connolly was begiftigd met de legendarische "gave van het woord" maar naar Whitey luisterde iedereen ademloos, of hij nou praatte over zijn ervaringen als gevangene in Alcatraz, of over hoe het was om deel te nemen aan het LSD-experiment voor de overheid of wanneer hij gewoon maar doorkletste over van alles en nog wat.

Terwijl de andere mannen zich de drank lieten smaken hield Bulger het bij één glaasje wijn. Hij dronk zelden alcohol, rookte niet en werkte fanatiek aan zijn conditie. Hij keek neer op mensen die buitensporig veel dronken en drugs gebruikten. Fysiek gesproken was Bulger geen grote man, circa 1.70 m lang en ongeveer 75 kilo zwaar, maar hij was wel een van de meest gevreesde mannen in Boston. Een man gedreven door tegenstrijdigheden en dan vooral door zijn relatie met de FBI.

Onder de vleugels van de FBI schopte Bulger het als gewaardeerde TE (Top Echelon Informant) tot de baas van de georganiseerde misdaad in Boston, en was hij zelfs machtiger dan de maffia. Bulger en zijn handlers van de FBI orkestreerden de val van de lokale maffiafamilie, waardoor hij een groot deel van de misdaad in Boston onder zijn vleugels en controle wist te brengen. Onder zijn leiding steeg het aantal moorden naar een triest record van 18. Terwijl de FBI zijn pad schoonveegde, breidde hij zijn activiteiten uit, en waagde zich aan woekerleningen, drugshandel, afpersing en het witwassen van geld, dus eigenlijk aan alles wat de maffia vóór hem had gedaan. Meer dan 20 jaar lang keek de FBI de andere kant op, als het op Bulger aankwam, en telkens wanneer ze van andere diensten hoorden dat die een onderzoek voerden naar hun ouwe gabber Whitey, namen ze het voor hem op en ondersteunden hem.

Met zijn ongebruikelijke geslepenheid en intelligentie en het overlevingsinstinct van een roofdier regeerde Whitey Bulger vanaf het einde van de jaren zeventig tot het midden van de jaren negentig over de onderwereld van Boston. Dankzij zijn engelbewaarders bij het FBI-kantoor in Boston was zijn vlucht lang en gewelddadig.

En hij is nog steeds op de vlucht.

Vanille-ijs en LSD

Net als de legendarische gangster Benjamin Siegel haatte ook James "Whitey" Bulger zijn bijnaam en zij die hem kenden, wisten wel beter dan hem bij die naam te noemen. Hij gaf de voorkeur aan "Jimmy". Hij kreeg zijn bijnaam als kind, vanwege zijn natuurlijke, witblonde haren. Als oudste van zes kinderen groeide hij op in de achterstandswijk Old Harbor in Boston-Zuid. Zelfs als jonge man liep hij al amok te maken door de straten van Southie en werden onheil en ellende onlosmakelijk met zijn naam verbonden. De jonge Whitey vervulde de droom van elke kleine jongen om weg te lopen en bij het circus te gaan; enkele weken later keerde hij naar Southie terug, vol van levendige verhalen over zijn geweldige avonturen. Volgens Ralph Ranalli in zijn boek *Deadly Alliance*, had Whitey als tiener een ocelot als huisdier die hij Lancelot noemde en was hij "verliefd op een veel oudere, burleske danseres" genaamd "Tiger Lil". Ironisch genoeg verlieten hij en zijn kleine leergierige broer Billy elke ochtend samen de wijk om vervolgens elk hun eigen weg te gaan- Billy naar school en Whitey de straat op.

Tot op de dag van vandaag praten veel inwoners van Southie nog steeds met een nostalgische blik in hun ogen over Whitey. Ze schilderen hem af als hun eigen Iers-Amerikaanse Robin Hood en vertellen hoe hij boodschappen deed voor weduwen en met Thanksgiving gratis kalkoenen uitdeelde aan de armen. Een verhaal in het bijzonder is al zo vaak verteld dat het bijna een legende is geworden: het verhaal over het ijs.

Het verhaal gaat dat Whitey, toen 19 jaar oud, een ijssalon binnenwandelde en drie jongetjes van een jaar of 8 aan de toog zag staan. Hij voelde zich onoverwinnelijk en stelde voor om voor elk van hen een ijsje te kopen, maar een van de jongetjes sputterde tegen. Zijn ouders hadden hem gezegd dat hij niets mocht aannemen van vreemden.

Volgens het verhaal zou Bulger het jongetje opgetild en op de toog gezet hebben, terwijl hij hem in de ogen keek. "Hé maatje" zei Bulger, "Ik ben geen vreemde. Jouw papa en mama komen uit Ierland en mijn papa en mama komen uit Ierland. Welk ijsje wil je?"

Het kereltje, dat Bulgers reputatie als straatcrimineel

kende, was onmiddellijk verkocht. "Vanille," zei hij met een brede glimlach.

Die kleine jongen was de jonge John Connolly, de latere FBI Special Agent en hulp van Whitey Bulger in het Top Echelon Program. Connolly vertelde het verhaal vaak, als was het het begin van een vertrouwde en voordelige relatie met de gangster, maar de auteur Ralph Ranalli twijfelt aan heel wat van Connolly's kleurrijke verhalen, onder andere ook aan dit verhaal. Als FBI agent vertelde Connolly veel verhalen over Bulger, waarvan de meeste opgeschroefde verhalen waren over de vermeende, onschatbare hulp die Whitey leverde door inside-informatie over de maffia door te spelen.

Als jonge twintiger klom Bulger op van straatschoffie tot carrièrecrimineel en raakte hij betrokken bij bankovervallen en bij het kapen van vrachtwagens. In 1956 werd hij gearresteerd in een nachtclub in Revere, Massachusetts, zijn blonde haren zwart geverfd. De politie beschuldigde hem van een reeks bankovervallen in Massachusetts, Rhode Island en Indiana. Hij werd door een federale rechtbank veroordeeld en naar de federale gevangenis van Lewisburg, Pennsylvania gestuurd.

Toen de cipiers erachter kwamen dat Bulger een ontsnapping plande, werd hij overgebracht naar Alcatraz, de beruchte, zwaarbeveiligde gevangenis op een eiland in de baai van San Francisco. Zijn vijandige houding daar kwam hem meermaals op een verblijf in eenzame opsluiting te staan. Volgens de auteur Ralph Ranalli was het in Alcatraz de gewoonte om "gevangenen die de regels overtraden, in onverwarmde stalen kisten te gooien, slechts gekleed in hun ondergoed," maar Bulger "ontwikkelde een techniek waarbij hij urenlang gehurkt op de metalen vloer zat en zijn volledige lichaamsgewicht liet rusten op ellebogen, knieën en tenen om zo slechts de kleinst mogelijke lichaamsoppervlakte in aanraking te laten komen met het ijskoude staal dat de warmte aan het lichaam leek te onttrekken."

Toen Alcatraz in 1963 gesloten werd, werd Bulger overgeplaatst naar de Leavenworth gevangenis in Kansas, waar hij vrijwillig LSD nam, als onderdeel van een door de CIA gesponsord experiment, MK-Ultra genoemd. In 1965 werd hij na negen jaar vervroegd vrijgelaten.

Nadat hij naar Boston was teruggekeerd, belandde hij uiteindelijk bij de Winter Hill bende, die geleid werd door de gangster Howie Winter. Zijn ouwe gabber Stephen Flemmi was ook lid van de bende. Flemmi gaf de voorkeur aan de Ierse bende van Hill boven de Italiaans-Amerikaanse maffia die echter stevig gelobbyd had om hem in hun rangen te kunnen inlijven. Bulger en Flemmi waren een doeltreffend team, dat als bottenbrekers voor Howie Winter werkte. Bulgers korte lontje en hang naar geweld werden zo gevreesd in Boston, dat vaak de suggestie dat Whitey "even langs zou komen" al voldoende was om wanbetalers op andere gedachten te brengen en hun uitstaande schulden te betalen. Volgens Eddie MacKenzie, die voor Bulger werkte als "bottenbreker", was "Whitey net zo slecht als Lucifer zelf".

Een van de meest lucratieve handeltjes van de Winter Hill bende was het vervalsen van paardenrennen, over de hele Oostkust, waarbij de bende de jockeys betaalde om de races te vervalsen. Dat liep lekker totdat een jockey uit Atlantic City zich bij de politie van New Jersey meldde en begon te vertellen wat hij wist. Daarop werd de belangrijkste man van Howie Winter in deze afdeling, "Fat Tony" Ciulla, veroordeeld tot vier tot zes jaar gevangenisstraf. Maar Ciulla trachtte al gauw het op een akkoordje te gooien, waarbij hij beloofde te zullen getuigen tegen de Winter Hill Bende als de overheden hem uit de gevangenis zouden vrijlaten en hem in een getuigenbeschermingsprogramma zouden plaatsen. De journalisten van de Boston Globe, Dick Lehr en Gerard O'Neill zeiden in *Black Mass,* dat, toen Ciulla getuigde voor de staat in een proces in 1978, waarbij de corrupte jockeys aangepakt werden, de rechter eiste dat Fat Tony de leiders van dat handeltje in het vervalsen van races zou identificeren. Schoorvoetend noemde hij Howie Winter, Stephen Flemmi en Whitey Bulger en nog anderen.

Ondertussen was de FBI bezig haar eigen zaak tegen de Winter Hill Bende op te bouwen, wegens het vervalsen van races. Maar toen de aanklachten in 1979 overhandigd werden, werd noch Bulger noch Flemmi in beschuldiging gesteld omdat beide mannen in het geheim al jaren als informant werkten voor de Bostonse afdeling van de FBI. Whitey en Stevie hadden machtige vrienden.

"We zullen schaken"

Voor FBI Special Agent John Connolly en diens supervisor John Morris waren Bulger en Flemmi veel te veel waard als informanten om ze te verliezen door een veroordeling voor iets pietluttigs als het vervalsen van races. De FBI had haar oog op de maffia laten vallen en zij dachten dat Bulger en Flemmi van kapitaal belang zouden zijn in hun onderzoek naar de onderbaas in New England,

Gennaro "Jerry" Angiulo, die nu al bijna 40 jaar lang de zaken van de maffia in Boston controleerde. Jarenlang had de FBI de maffia, die zij als kleine criminelen beschouwde, ongemoeid gelaten. Na de dood van J. Edgar Hoover, die liever bankovervallers en kidnappers bij de lurven gevat wilde zien, verklaarde de FBI de maffia nu officieel de oorlog. Connolly en Morris overtuigden hun superieuren ervan dat de Ierse gangsters uit Boston kleine jongens waren vergeleken met de opdoemende dreiging van de Cosa Nostra. Maar door Bulger en Flemmi buiten de zaak van de racevervalsingen te houden, creëerde de FBI ongewild een machtsvacuüm binnen de Winter Hill Bende toen Howie Winter veroordeeld werd. Whitey Bulger vulde dat vacuüm al gauw op door de leiding van de bende op zich te nemen. De meest beruchte bottenbreker van de bende zat nu op de troon en dat nog wel met de officieuze zegen van de FBI.

De relatie van Whitey Bulger met de FBI begon in de herfst van 1975 op de voorbank van een versleten Plymouth, die geparkeerd stond op Wollaston Beach in Quincy, Massachusetts, net ten zuiden van South Boston. Special Agent John Connolly probeerde al een hele tijd hem te overtuigen om een Top Echelon Informant te worden en hij gebruikte daarbij Whitey's eigen ijsjesargument: ze waren immers beiden Ieren, hadden beiden in Southie gewoond en waren allebei naar de kerk van St. Monica gegaan. Ze kenden elkaar sinds Connolly een kind was. Whitey kon hem vertrouwen. Bovendien was Whitey's partner, Stephen Flemmi, al gerekruteerd door de FBI en had hij hun al af en toe informatie doorgespeeld.

Het idee een verrader voor de overheid te worden, stond Bulger helemaal niet aan, maar Connolly had een overtuigend argument. Hij wist dat de Winter Hill Bende en de plaatselijke maffia belangen hadden in concurrerende firma's voor automaten en dat ze ruzie hadden over de plaatsing van de automaten. Connolly waarschuwde Bulger dat wanneer de beide kanten hierover in een oorlog zouden verwikkeld raken, de Ierse bende zou verliezen, omdat onderbaas Jerry Angiulo de politie in zijn zak had.

"Waarom gebruik je ons niet om hen aan te doen wat zij jou aandoen?" vroeg Connolly volgens de *Boston Globe* aan Bulger. "Bestrijd vuur met vuur."

Connolly verzekerde Bulger dat de FBI vastbesloten was om het rijk van Angiulo onderuit te halen en dat, indien Whitey hen daarbij met insiderinformatie zou helpen, zij hem en zijn zaakjes met rust zouden laten.

Die nacht op Wollaston Beach gaf Whitey Connolly nog geen antwoord, maar na nog een aantal clandestiene vergaderingen nam Whitey een besluit. Hij ging ermee akkoord een TE voor de FBI te worden, waarbij hij zei, dat de maffia "dan wel kon dammen, maar dat zij zouden schaken".

Komt onder moord uit

Toen Whitey Bulger de leiding over de Winter Hill bende overnam, nam hij meteen een besluit: de bende zou het voorbeeld van de maffia volgen en beginnen met rente te berekenen aan woekeraars, drugsdealers en bookmakers die op hun territorium werkten. In plaats van drugs te verkopen, woekerleningen te verstrekken of gokhuizen te runnen in achteraf kamertjes, zouden ze gewoon de criminele ondernemers een vergoeding vragen voor het recht om zich met die zaken bezig te houden. Iedereen die weigerde zou de gevolgen moeten voelen - gebroken botten bij de eerste waarschuwing, daarna kogels.

Bulger verhuisde eveneens het hoofdkwartier van de bende van Marshall Motors, een garage in Somerville, Massachusetts, naar een andere garage, Lancaster Foreign Car Service, in Lancaster Street in de wijk North End in Boston nabij de Boston Garden waar de Celtics en de Bruins speelden. Speurders van de staatspolitie hielden de nieuwe locatie van Bulger scherp in de gaten en merkten een gestage stroom van bekende bookmakers op die hier elke namiddag Bulger eer kwamen betuigen. Vervolgens plantte de politie afluisterapparatuur in de garage, maar de gesprekken die zij te horen kregen, gingen vreemd genoeg nooit over criminele activiteiten. Wat de staatspolitie niet wist, was dat de FBI Whitey van hun onderzoek op de hoogte had gebracht. De FBI wilde namelijk niet dat Whitey in een onderzoek van de staat verwikkeld zou raken terwijl zij hem nodig hadden om de maffia ten val te brengen.

Bulger maakte gebruik van zijn bevoorrechte status en vertrouwde erop, dat de FBI voor hem zou zorgen. Op 12 april 1980 vergezelde een van zijn handlangers, Brian Halloran, een bookmaker genaamd Louis Latif naar de Triple O's Tavern op West Broadway in Southie, waar Bulger even met hem wilde praten. Het was een korte vergadering. Enkele minuten nadat hij Latif de bar had zien binnengaan, zag Halloran hoe Bulger en een andere handlanger het in plastic gewikkelde lichaam van de bookmaker de achterdeur uit droegen. Ze gooiden het in de koffer van Latifs auto. De auto en het lichaam werden later op een andere plek teruggevonden.

Een maand later werd de miljonair Roger Wheeler doodgeschoten op het parkeerterrein van zijn country club in Tulsa, Oklahoma. Wheeler, de voorzitter van Telex Corp en de eigenaar van World Jai Alai, was beginnen te vermoeden, dat de Winter Hill bende winsten afroomde van de kantoren van World Jai Alai in Connecticut en hij had gedreigd om Bulger en zijn trawanten aan te geven.

Oorspronkelijk was Brian Halloran, een cocaïneverslaafde, gevraagd om Wheeler te vermoorden tijdens een vergadering die Bulger, Flemmi en de voormalige voorzitter van World Jai Alai, John Callahan, zouden bijwonen, maar uiteindelijk ging de opdracht naar John Martorano, de moordenaar van de Winter Hill bende. Op 27 mei 1981, wandelde Martorano, getooid met een valse baard en met een papieren zak over zijn hand met daarin een revolver, naar de auto van Wheeler. De huurmoordenaar schoot Wheeler tussen de ogen.

Halloran vreesde dat hij te veel wist en dat Bulger en Flemmi hem voorgoed het zwijgen zouden willen opleggen. Hij ging naar de FBI en bood hen aan alles te vertellen wat hij over de Winter Hill bende wist, in ruil voor bescherming. Hij vertelde dat Whitey Bulger achter de moorden op Latif en Wheeler zat. Maar toen de beschermengel van Whitey, John Connolly, hoorde dat Halloran zijn hart aan het uitstorten was, diende hij een informantenrapport over Bulger in, waarin hij bezwoer dat "het onmogelijk was dat zij, Bulger en Flemmi, samen met Halloran bij wat dan ook betrokken zouden zijn geweest, laat staan bij moord", aldus de *Boston Globe*. Bijgevolg achtte de FBI Halloran onbetrouwbaar als informant en schopten ze hem de straat op. Kort nadat hij was vrijgelaten, werd het met kogels doorzeefde lichaam van Halloran gevonden buiten een bar in Southie.

Drie maanden na de moord op Halloran werd het lichaam van voormalig voorzitter van World Jai Alai, John Callahan, ontdekt in de koffer van zijn gehuurde Cadillac, die geparkeerd stond in een garage aan Miami International Airport.

De Whitey pest

Whitey ging aan de rol, en Special Agent Connolly dekte hem wanneer dat maar nodig was. Toen de speurders uit Oklahoma die de zaak Wheeler behandelden, om foto's van Bulger en Flemmi vroegen om die aan mogelijke getuigen te laten zien, weigerde Connolly en zei hij dat zijn TE's verklaard hadden onschuldig te zijn en dat dat voor hem voldoende was. Deze speurders drongen erop aan dat Bulger en Flemmi aan een leugendetector test onderworpen zouden worden, en opnieuw beschermde Connolly zijn informanten. Uiteindelijk gaf hij foto's vrij, maar pas nadat zijn superieuren ermee gedreigd hadden Bulger en Flemmi uit het Top Echelon Informantenprogramma gooien, als hij niet zou meewerken. Maar dankzij Connolly, ontsnapten Bulger en Flemmi aan een aanklacht in verband met de moorden die zij gepleegd hadden. Connolly en zijn supervisor John Morris overtuigden hun superieuren ervan dat Bulger en Flemmi onmisbaar waren in hun pogingen om de Bostonse maffia ten val te brengen. En zodoende verspreidde de Whitey Bulgerpest zich steeds verder.

Vooral Connolly behandelde Bulger als een ster en na verloop van tijd straalde het sterrenstof af op Connolly zelf. Hij droeg nu blitse double-breasted pakken en droeg zijn haar in een coupe à la John Gotti, hij leek daardoor meer op een Italiaanse betweter dan op een jongen uit Southie, en de andere agenten noemden hem lachend "John Cannoli."

Begin jaren 80 verdraaiden Connolly en Morris hun rapporten over Bulger om zijn waarde als informant kunstmatig op te vijzelen. Morris gaf later onder ede toe dat hij en Connolly Bulger en Flemmi ook op voorhand waarschuwden als ze wisten dat andere diensten een onderzoek naar die twee gangsters voerden. Morris en Connolly zaten tot aan hun nek in de problemen, Morris was zelfs omgekocht door Bulger, met "gekkengeld" voor Morris' ontluikende affaire met zijn secretaresse, geld dat in enveloppes door Connolly werd afgeleverd.

Maar als informanten waren Bulger en Flemmi heel wat minder waardevol dan de FBI-agenten lieten uitschijnen. Het klopte dat Bulger en Flemmi Jerry Angiulo en zijn vier broers kenden, dat ze met hen vergaderden, en dat ze zelfs naar het hoofdkwartier van Angiulo, in Prince Street 98 in de wijk North End in Boston waren geweest. Maar de informatie die ze leverden was niets nieuws voor de FBI. Men had Bulger en Flemmi gevraagd om erachter zien te komen of er een alarminstallatie was geïnstalleerd in Prince Street 98, maar zij slaagden er nooit in dat met zekerheid te achterhalen. Flemmi maakte een ruwe tekening van het kantoor van Angiulo voor de FBI, maar die beschikte al over de indeling van het gebouw. Flemmi wist iets meer over het hoofdkwartier van Angiulo dan Bulger omdat de maffia al jarenlang had geprobeerd hem in te lijven, maar wat hij wist, was niet veel waard.

De echte bron van bruikbare informatie was een anonieme, ontevreden bookmaker die voor de organisatie van Angiulo werkte. Volgens de *Boston Globe*, "haatte deze bookmaker Angiulo om zijn gulzigheid en zijn ruwe manieren, zijn gebrek aan loyaliteit tegenover de mensen met geld - de bookmakers dus", en als regelmatige bezoeker van Prince Street 98, gaf deze bookmaker niet alleen informatie over het gebouw zelf, hij vertelde ook gedetailleerd over de gokoperaties van de maffia.

In januari 1981 braken zes FBI-agenten dankzij zijn informatie in op Prince Street 98 en installeerden er afluisterapparatuur in de muren die ze verbonden met batterijen die boven het plafond verborgen zaten. De FBI luisterde vier maanden lang mee naar de zaken van de maffia en verkreeg zo waardevolle gedetailleerde informatie over operaties met woekerrente en gokoperaties die "45.000 dollar per dag aan bruto inkomsten opleverden". De FBI bouwde een zaak op die uiteindelijk resulteerde in 23 veroordelingen, met inbegrip van die van Jerry Angiulo en twee van zijn broers. Maar toen de FBI rapporten over deze zaak schreef, zorgden de engelbewaarders van Bulger en Flemmi ervoor dat hun favoriete informanten een sterrol kregen toebedeeld in het onderzoek. Connolly en Morris gaven toe dat Bulger en Flemmi helemaal geen eerbare burgers waren, maar zij zeiden dat, vergeleken met de maffia, Whitey en Stevie slechts een onbelangrijke bedreiging vormden en dat zij aan moesten blijven als hun informant. Nu het rijk van Angiulo aan scherven lag, werd Whitey Bulger al gauw de onbetwiste leider van de georganiseerde misdaad in Boston. Zijn zaakjes namen uitbreiding, en terwijl zijn beschermers bij de FBI voor hem het vuur uit de sloffen liepen, kon hij de stad uitbuiten.

Bulger vormde partnerschappen met leden van de maffia die ontsnapt waren aan de "Angiulo veroordelingen" en de staatspolitie observeerde verschillende bekende mannen die Bulger regelmatig opzochten in de garage in Lancaster Street, waarbij ze hem het respect betuigden dat normaal gereserveerd was voor een don. De man die Angiulo als baas opvolgde, "Cadillac Frank" Salemme, was bereid om hand in hand met Bulger samen te werken.

In ccn afgcluisterd gesprek dat plaatsvond in april 1981, waarschuwde de onderbaas van de maffia Ilario Zannino, een verstokte gokker, dat hij er beter aan zou doen zijn schuld van 80.000 dollar aan Bulger en Flemmi te betalen "omdat zij aan onze kant staan". Volgens de *Boston Globe*, draaide Zannino zich vervolgens om naar zijn bottenbreker, die vlakbij stond, en vroeg: "Staan zij aan onze kant? Staan zij aan onze kant?"

"Voor 1000 procent," antwoordde de bottenbreker.

Whitey krijgt wat hij hebben wil

Whitey Bulger verafschuwde dronkaards en dronk zelf erg weinig. Hij vond dat mensen die buitensporig veel dronken zwak en inferieur waren maar zijn persoonlijke gevoelens over alcoholconsumptie weerhielden hem er niet van een drankzaak te willen openen. Toen hij samen met Stephen Flemmi, die laatste week van december 1983 rondreed in South Boston, zag hij een zaak die hem beviel en besloot hij ze te kopen. Hij was al langer op zoek naar een nieuwe plek, en Stippo's Liquor Mart op Old Colony Avenue was een goede locatie en bovendien net gerenoveerd.

De eerste week van januari 1984 doken Bulger en Flemmi op bij het huis van de winkeleigenaar. Bulger legde een zak vol cash, te weten 67.000 dollar, op Stephen Rakes' keukentafel en deelde Rakes mee dat zij de drankwinkel kochten. Rakes zei dat zijn zaak niet te koop was, maar de ijzige blik van Bulger maakte hem nerveus, vooral omdat zijn twee kleine dochtertjes in de kamer waren.

Flemmi ging aan tafel zitten en tilde het tweejarige dochtertje van Rakes op zijn schoot. Vervolgens nam hij zijn pistool en legde het op de tafel voor de kleuter, die er natuurlijk onmiddellijk naar greep. Ze nam het op en begon op de achterkant te kauwen.

Volgens de *Boston Globe,* keerde Bulger zich om naar Rakes en zou gezegd hebben: "Het zou toch jammer zijn mocht je je kinderen niet zien opgroeien."

Aangezien hij de gewelddadige reputatie van Bulger kende, veranderde Rakes van mening over de verkoop. Hij riep zijn vrouw Julie, die in de winkel aan het werk was, en vertelde haar dat er iemand was die hun zaak kocht. Later, toen Julie het hele verhaal te horen kreeg, belde ze haar oom, Joseph Lundbohm die politieman in Boston was, om te kijken of hij iets kon doen. Lundbohm ging naar de FBI, omdat hij niet wist dat Bulger en Flemmi FBI-informanten waren, en legde de situatie aan John Connolly uit. Dagen later, bedreigde Bulger Rakes opnieuw en zei hem "de zaken te laten rusten." Het was duidelijk dat hij wist dat de familie Rakes haar beklag had gedaan bij de FBI via Lundbohm.

Later ontkende Connolly dat hij Whitey op de hoogte had gebracht, maar hij deed helemaal niets om het afpersingsincident te onderzoeken, wat hij trouwens verdedigde door te zeggen dat Julie en Stephen Rakes weigerden een microfoontje te dragen of tegen Bulger en Flemmi te getuigen, waardoor die zaak onmogelijk vervolgd kon worden.

Officieel werd Stippo's Liquor Mart verkocht aan Kevin Weeks, een handlanger van Bulger, waarna de zaak tot 'the South Boston Liquor Mart' werd omgedoopt. Een van Bulgers beste klanten was de FBI. Een ontvangstbewijs dat tijdens een raid in 1990 in de winkel gevonden werd, toonde aan dat de winkel de drank had geleverd voor het kerstfeestje van het FBI-kantoor in Boston. De nota gaf aan dat de drank gekocht was door Special Agent "Dick Baker (vriend van John Connolly)."

Bulger kocht ook nog de Rotary Variety Store, die naast zijn drankenhandel gelegen was. Toen een van de klanten van Rotary Variety daar een winnend loterijticket kocht en zich 14,3 miljoen dollar rijker mocht noemen, besloot Whitey dat zijn klant behoefte had aan een "partner". Volgens de auteurs Dick Lehr en Gerard O'Neill, namen Whitey en twee van zijn vennoten de helft van de winst in beslag, waardoor Bulger een inkomen van 89.000 dollar per jaar na betaling van de inkomstenbelastingen het zijne mocht noemen, waarna de belastingdienst hem verder met rust liet.

In de late jaren 80 verzuimde de FBI om een andere beschuldiging van afpersing ten laste van Bulger te onderzoeken. Bulger bracht de immobiliënmakelaar in

South Boston, genaamd Raymond Slinger, ervan op de hoogte dat hij, Bulger, was ingehuurd om Slinger te vermoorden maar dat hij wel bereid was om Slingers leven te sparen, voor de juiste prijs natuurlijk. Bulger en Slinger spraken af elkaar opnieuw te ontmoeten, maar Slinger maakte een ernstige fout door een geweer mee te brengen naar de ontmoeting waar ook de handlangers van Bulger, Kevin Weeks en Kevin O'Neil aanwezig waren. Toen Bulger het geweer van Slinger ontdekte, ging hij helemaal door het lint, en begon hij zijn slachtoffer te slaan en trappen. Hij beval zijn hulpjes om een lijkenzak te halen en vertelde Slinger dat de enige manier waarop hij zijn leven nog kon redden erin bestond 50.000 dollar te betalen. Slinger ging akkoord om het geld op te hoesten.

Slinger ging naar de FBI en vertelde de agent die hem verhoorde dat hij bereid was een microfoontje te dragen en dat hij tegen Bulger zou getuigen. De agent wist dat ze nu een "geweldige zaak" tegen Whitey hadden, maar de engelbewaarders van Bulger redden eens te meer zijn vel, en de zaak werd geseponeerd zonder verdere verklaring.

Volgens de *Boston Globe,* bracht Bulger enkele dagen later Slinger ervan op de hoogte via Kevin O'Neil dat hij de prijs zou laten zakken tot 25.000 dollar, maar "dat er geen FBI-onderzoek zou komen".

"Kerstman"

Whitey Bulger dacht net zo over drugs als over alcohol: mensen die drugs gebruikten waren zwak en onbetrouwbaar. De Southie folklore zag Whitey als de gesel van de drugdealers, terwijl Whitey verkondigde aan wie het maar horen wilde dat hij, met al die misdaden waarvan hij beschuldigd werd, de straten van South Boston toch maar mooi veilig hield, zonder drugs. Eigenlijk was niets minder waar. De verkoop en het gebruik van drugs in Southie escaleerden nadat de organisatie van Angiulo aan scherven lag en Bulger zijn deel opeiste van elke transactie die op zijn grondgebied plaatsvond. In een tijd toen cocaïne, of "kerstman" zoals het genoemd werd in Southie, de drug was die de voorkeur genoot in Amerika, liet Whitey Bulger duidelijk weten dat elke dealer die op door hem gecontroleerd territorium wilde werken, Whitey "huur" moest betalen. Weigerden ze dit wanneer ze betrapt werden bij een poging, volgde een erg zware straf, en hij had een groep van kwaadaardige snoodaards in dienst die ervoor zorgden dat zijn wetten nageleefd werden.

In 1989 werd een drugsdealer uit South Boston, genaamd Thomas Cahill, in Florida beroofd van 125.000 dollar terwijl hij probeerde cocaïne te kopen. Cahill had huur betaald aan Bulger om in Southie te mogen werken, en toen hij terugkeerde naar Boston, liet Whitey hem weten dat hij hem nog 40.000 dollar achterstallige huur verschuldigd was. Cahill vroeg Bulger om hem wat tijd te geven en zijn tegenslag in overweging te nemen, maar daar wilde Bulger niet aan. Al wat hij wilde was zijn geld.

Bulgers bottenbrekers adviseerden Cahill om hun baas niet uit te dagen en stelden voor dat hij een lening zou aangaan bij een plaatselijke hypotheekmakelaar, genaamd Timothy Connolly. Toen de situatie aan

Connolly werd uitgelegd, was die er niet bepaald happig op om geld te lenen voor het betalen van afpersing, maar uiteindelijk werd hij toch overgehaald om een tweede hypotheek voor Cahill te regelen. Bulger had blij moeten zijn dat hij zijn geld zou krijgen, maar dat was hij niet. Hij wilde het sneller dan dat Connolly het zou krijgen.

In augustus 1989, moest Tim Connolly verantwoording afleggen aan Bulger in de achterkamer van de Rotary Variety Store. Bulger was razend op Connolly voor wat hij als een onrespectvolle behandeling beschouwde. Terwijl hij een mes uit de schede trok die hij om zijn been droeg, kerfde en stak Bulger in lege kartonnen dozen, terwijl hij de hypotheekmakelaar allerlei obsceniteiten naar het hoofd smeet. Plots sprong Bulger op en hield Connolly het mes tegen de borst, en zei hem dat, als hij wilde blijven leven, hij 50.000 dollar zou moeten betalen voor dat voorrecht.

Connolly, die Bulger uiteindelijk 35.000 dollar betaalde, werd door federale en nationale speurders die van de lening aan Thomas Cahill hadden gehoord, verhoord. Het doel van hun onderzoek waren de drugsgerelateerde feiten van Bulger, en Connolly stemde ermee in medewerking te verlenen, maar in plaats van hem de officier van justitie te laten helpen om diens zaak op te bouwen, werd hij overgeleverd aan de FBI voor een andere drugszaak. Stephen Flemmi zou later toegeven dat men hem en Bulger had verteld dat Timothy Connolly met de overheid samenwerkte en dat hij waarschijnlijk een microfoontje zou dragen wanneer ze hem zouden ontmoeten. De zaken werden afgerond, maar Bulger en Flemmi ontsnapten aan aanklachten. Eens te meer, had de FBI haar favoriete TE's beschermd.

Beetje bij beetje

De bewijzen die uiteindelijk zouden leiden tot de strafrechtelijke vervolging van Whitey Bulger vielen de speurders per toeval in de schoot, en zij lagen al meer dan
10 jaar lang in de archiefkasten alvorens ze gebruikt werden. In 1983 had de staatspolitie van Massachusetts
Heller's Café in Chelsea afgeluisterd, omdat ze geloofde
dat het een "bookmakerbank" was waar cheques van de
gokkers geïnd werden en waar geld werd witgewassen.
Bookmakers uit de hele Bostonse regio groepten daar
samen om hun zaakjes af te handelen, en de politie
luisterde gesprekken af waaruit bleek hoe en op wat voor
gigantische illegale schaal de gokoperaties werkten. Volgens de *Boston Globe*, vernamen ze dat Michael London, de
eigenaar van Heller's, 50.000.000 dollar per jaar witwaste
en dat de topbookmaker Burton "Chico" Krantz meer
dan 3.000.000 dollar per week inde. Maar naast de harde
informatie over de illegale gokindustrie, vernamen de
speurders ook erg interessante insiderinformatie, voornamelijk de verhalen van de bookmakers over de huur
die zij ofwel aan de maffia ofwel aan Whitey Bulger en
Stephen Flemmi moesten betalen. Niemand van hen
vond deze situatie leuk, maar bijna iedereen klaagde
erover en de politie had alles op band. Het waren harde
bewijzen voor het feit dat Bulger en Flemmi afpersers
waren.

Alle bookmakers werden opgepakt, en de aanklager
van de Verenigde Staten stelde een unieke strategie op
om hen het vuur aan de schenen te leggen. Naast de aanklacht van illegaal gokken, kregen de bookmakers van
Heller's Café ook nog eens een aanklacht voor het

witwassen van geld aan hun broek. In plaats van de vaderlijke vermaning die ze verwacht hadden, keken de bookmakers nu tegen mogelijk erg lange gevangenisstraffen in federale gevangenissen aan. Een voor een sloten ze een deal met de overheid en boden ze hun medewerking aan in lopende onderzoeken tegen de georganiseerde misdaad in Boston, in ruil voor clementie.

Jaren later, in augustus 1990, werden 51 mensen die betrokken waren in een cocaïnedeal in Southie, aangeklaagd als gevolg van een 15 maanden durend onderzoek van de aanklager. Bulger werd niet in beschuldiging gesteld, maar leden van zijn groep wel. Trouw aan hun Southie roots, weigerden de beulen van Bulger hun baas te verklikken, maar de aanklachten schoten de mythe dat Whitey Bulger de straten van South Boston drugsvrij hield wel degelijk aan flarden.

Rond die tijd stapte Tim Connolly, de door de FBI belaagde hypotheekmakelaar die door Whitey met een mes was bedreigd, in wanhoop naar de aanklager. Vrezend voor zijn leven verklaarde hij bereid te zijn een microfoontje te dragen en tegen Bulger te getuigen.

Beetje bij beetje wisten de overheden in een periode van twaalf jaar, voldoende bewijzen te verzamelen om Bulger, Flemmi, en de baas van de Bostonse maffia, "Cadillac Frank" Salemme aan te klagen wegens chantage, omkoping en afpersing. De autoriteiten besloten de drie mannen tegelijkertijd te arresteren, om te vermijden dat ze ervandoor zouden gaan als ze hoorden dat een van hen gearresteerd was. Jammer genoeg liepen de arrestaties niet van een leien dakje, en al helemaal niet zoals de overheid het had gehoopt. Op 5 januari 1995 werd Flemmi probleemloos in hechtenis genomen, maar het duurde zeven maanden om Frank Salemme in Florida op te sporen. Bulger verdween spoorloos. De overheid is nog steeds naar hem op zoek.

Op de loop

Op de dag dat Flemmi werd gearresteerd, deed het nieuws als een lopend vuurtje de ronde, en al heel gauw was het nieuws op de radio en de plaatselijke televisie. Maar toen was Bulger al ver weg van Boston. Hij was "toevallig" met vakantie met Theresa Stanley, de vrouw met wie hij al 30 jaar samenwoonde. De overheid kwam erachter dat hij de week tussen Kerst en Nieuwjaar in New Orleans had doorgebracht.

Blijkbaar hield Stanley helemaal niet van een leven op de vlucht, en dus bracht Whitey haar midden januari weer terug naar Boston, waar hij zijn vriendin Catherine Greig, met wie hij al tien jaar een relatie had terwijl hij met Stanley samenwoonde, oppikte. Greig was blijkbaar meer geneigd om voor Bonnie te spelen als Whitey maar haar Clyde wilde zijn. Op 17 januari 1995, dook Whitey op Long Island op, waar hij een nieuwe wagen kocht, die hij betaalde met een bankcheque ter waarde van 13.000 dollar. Hij en Greig reden vervolgens naar Grand Isle, Louisiana, waar ze bevriend raakten met een arm plaatselijk echtpaar en hun kinderen.

Volgens de Boston Globe noemden ze zichzelf "Tom en Helen uit New York", en stelden ze zich aan het koppel voor toen ze stopten om de honden van het gezin te bewonderen, Bulger en Greig waren immers fervente hondenliefhebbers. De familie werd over de streep getrokken door de vrijgevigheid van Bulger, en in de loop van de tijd kocht hij verschillende huishoudtoestellen voor hen en een bril voor de kinderen, waarbij hij telkens met briefjes van 100 dollar betaalde. Het dankbare echtpaar nodigde "Tom en Helen" bij hen thuis uit, waar ze vaak voor hen kookten. Als strenge maar bezorgde grootvader, waarschuwde Bulger de kinderen vaak om niet te veel naar geweld op televisie te kijken. Het duurde niet lang voor ze een gelukkig groot gezin leken, met Tom en Helen in de rol van grootouders. Dat was precies hoe Whitey het wilde. Speurders menen dat hij die strategie meermaals toepaste om in een gemeenschap op te gaan en te verdwijnen, precies omdàt hij zich niet verstopte.

Sinds 1995 werd Bulger gezien in Louisiana, Wyoming, Mississippi, California, en New York. Bulger staat op de lijst van de 10 meest gezochte personen van de FBI, en op de website van de FBI prijkt zijn foto naast die van Osama bin Laden. Speurders van de staatspolitie van Massachusetts, de politie van Boston, het gevangeniswezen van Massachusetts en de commissie voor vervroegde invrijheidsstelling zijn actief naar hem op zoek. Vier leden van deze eenheid hebben een dagtaak aan het zoeken naar Whitey.

Bulger is nu 75 jaar oud; Greig is 54. De overheid denkt dat zijn natuurlijke witblonde haarkleur nu wit of zilvergrijs geworden is. Sinds de aanvankelijke aanklachten in 1995 wegens afpersing, chantage en omkoping, heeft Bulger volgens de poster van de FBI waarop de 10 meest gezochte personen staan, "een gewelddadig karakter en draagt hij te allen tijde een mes bij zich."

John Connolly, de engelbewaarder van Bulger bij de

FBI, ging in 1990 met pensioen, maar hij hield contact met de FBI en hielp Bulger nog steeds. Een federaal onderzoek naar de praktijken van de FBI binnen het Top Echelon Informantenprogramma bracht de ongezonde relatie van Connolly met Whitey Bulger aan het licht. In 1999 werd Connolly gearresteerd en werd hij aangeklaagd wegens afpersing, chantage en omkoping, samenzwering in verband met afpersing, chantage en omkoping, samenzwering om de rechtsgang te belemmeren en belemmering van de rechtsgang. De overheid verklaarde dat Connolly Bulger in 1995 op de hoogte had gebracht van de aanklacht tegen hem, waardoor hij hem ruim de mogelijkheid gaf om "met vakantie" te zijn toen de agenten naar hem op zoek waren. Connolly hield zijn onschuld staande maar uiteindelijk kreeg hij toch de maximumstraf die de wet voorziet; 8 jaar en een maand tot 10 jaar en een maand.

Connolly's supervisor John Morris, die 7.000 dollar aan omkoopgeld van Bulger had aangenomen, verliet de FBI in 1995. In oktober van dat jaar kreeg hij een telefoontje van Bulger op de academie van de FBI in Quantico, Virginia. Bulger was razend, fulmineerde en vloekte, terwijl hij Morris ervan beschuldigde dubbelspel te spelen. Bulger was ook van streek omdat hij vond dat de FBI oneerlijk was en de reputatie van zijn broer, president van de senaat van de staat William Bulger, besmeurde door de geruchten te verspreiden dat de broers contact met elkaar hadden gehad nadat Whitey op de loop was gegaan. In 1998 kreeg Morris ontslag van rechtsvervolging in ruil voor zijn getuigenis waarin hij de knusse relatie die hij en Connolly met Whitey Bulger en Stephen Flemmi hadden, van naaldje tot draadje uit de doeken deed.

Na bijna 20 jaar bij de senaat van de staat van Massachusetts te hebben gewerkt, werd William Bulger tot Voorzitter van de Universiteit van Massachusetts benoemd. Tijdens zijn ambtsperiode werd hij voortdurend achtervolgd door geruchten en beschuldigingen dat hij in contact zou staan met zijn broer. Als gevolg van die beschuldigingen, nam hij ontslag in de zomer van 2003.

10 jaar nadat hij wegvluchtte uit South Boston om vervolging te ontlopen, is Whitey Bulger nog steeds op de vlucht.

5.

THE
GODFATHER

"Een aanbod dat hij niet kón weigeren"

The Godfather, Deel I (1972) en *The Godfather, deel II* (1974) worden beschouwd als meesterwerken uit de Amerikaanse film. Geregisseerd door Francis Ford Coppola en geschreven door Coppola en Mario Puzo, auteur van het boek dat aan de basis lag van de legende van de Godfather, hebben deze films een plaatsje veroverd in de rijen van de beste films ooit gemaakt. (Volgens de meeste critici was *The Godfather, deel III* (1990), de tweede vervolgfilm door Puzo en Coppola, van veel minder goede kwaliteit dan zijn voorgangers. De meest fervente *Godfather* fans waren teleurgesteld toen de film uitkwam en vandaag de dag is de film gedegradeerd tot een voetnoot wanneer we praten over de *Godfather* saga.)

Maar *The Godfather* is meer dan een reeks films, het is een cultureel fenomeen, waarnaar vaak verwezen wordt en dat vaak geciteerd wordt. Sommige mensen gebruikten het als een zakelijke gids terwijl anderen het beschouwden als het nec plus ultra van persoonlijk gedrag in een verraderlijke wereld. Zinnen als "Ik deed hem een aanbod dat hij niet kón weigeren." en "Luca Brasi slaapt bij de vissen." zijn net zo bekend als de gezichten van de sterren die de hoofdrollen vertolkten. Marlon Brando met zijn bolle wangen als Don Vito Corleone en Al Pacino met zijn smeulende blik die elk moment kan uitbarsten, als Michael, de jongste zoon van de Don, worden door het grote publiek in één oogopslag herkend.

De films zorgden ervoor dat het publiek zich bewust werd van het bestaan van de Amerikaanse maffia, vele van de personages en gebeurtenissen die in de films afgebeeld worden, berusten dan ook op echte bendeleden en hun (mis)daden. De werken zijn zo fascinerend dat de meeste kijkers (en sommige maffialeden) geloven dat Italiaans-Amerikaanse maffialeden inderdaad "mannen van eer" zijn, Robin Hoods die de wet uitdaagden en volgens een andere, hogere code leefden. Maar de *Godfather* films werden ook bekritiseerd omdat ze gangsters een romantisch imago en een onverdiende glans van nobelheid verleenden door hen voor te stellen als hoofdrolspelers, een Shakespeareaanse tragedie waardig.

Om de gefingeerde gangsterfamilie Corleone tot de heldenstatus te kunnen verheffen, moesten Coppola en Puzo rivaliserende, moreel corrupte en dubbelhartige maffiafiguren creëren. Don Vito Corleone wordt voorgesteld als hard maar eerlijk, rechtvaardig en vaak van goede wil - tenminste voor wie hem niets in de weg legt. Interessant genoeg besteedden de bedenkers van *The Godfather* weinig tijd aan de dagelijkse criminele activiteiten van de familie Corleone. Daardoor krijgt men in de eerste film de indruk dat die arme Corleones zich gewoon met hun eigen zaken bemoeiden toen ze plots onder vuur kwamen te liggen, nadat hun patriarch op straat neergeschoten werd. Door de Corleones voor te stellen als de "goede" slechteriken versus hun rivalen die dan geportretteerd worden als de "slechte" slechteriken, weten Coppola en Puzo de sympathie van het publiek te winnen voor hun protagonisten, die eigenlijk niets meer zijn dan ordinaire criminelen.

"Smerige zaakjes"

De belangrijkste verhaallijn van *The Godfather, Deel I* is het neerschieten van Don Vito Corleone en de respons van zijn familie op die poging tot moord. Don Corleone had een rivaliserende familie boos gemaakt omdat hij weigerde een drugsdealer, genaamd Virgil "de Turk" Sollozzo, die grote plannen had om de drugbusiness van de maffia uit te breiden, te financieren. Sollozzo wilde samenwerken met Don Corleone, die een beroep kon doen op een uitgebreid netwerk van politici en rechters. Zijn bescherming zou dan ook een zegen betekenen voor Sollozzo's zaakjes. Sollozzo probeerde Don Corleone warm te maken voor de ongelooflijke winsten die de drughandel opleverde, maar de Don antwoordde droogjes dat zijn vrienden op openbare posten niet lang zijn vrienden zouden blijven als hij bij zulke "smerige zaakjes" betrokken zou raken. Hij zegde verder nog dat gokken echter een "onschuldige zonde" was - een gevoelen dat zonder twijfel gedeeld wordt door de honderdduizenden mensen die elk jaar legale casino's bezoeken. De kijker krijgt zo de indruk dat de afpersingszaakjes van Don Corleone het grote publiek geen kwaad berokkenen, terwijl drugshandel een bedreiging is voor iedereen.

De zogezegde weigering van de maffia om zich ook in het echte leven met drugszaken bezig te houden, is al zo vaak vermeld dat ze algemeen als een feit aanvaard wordt, maar niets is minder waar. Alleen al het aantal maffialeden - van hoog tot laag op de hiërarchische ladder - dat veroordeeld werd, bewijst dat deze mythe niet klopt. De meeste maffiabazen gaven inderdaad van tijd tot tijd een edict uit, waarin gezegd werd dat zij tegen de drugshandel waren, maar dit was uitsluitend uit eigenbelang, om te overleven. Toen het Congres in 1956 de wet op de Controle Van Drugs aannam, werden de straffen voor drugmisdrijven flink verhoogd. Een eerste misdrijf kwam je op 5 jaar opsluiting te staan, bij een tweede misdrijf verdween je voor 10 jaar achter de tralies terwijl een derde overtreding 40 jaar gevangenisstraf betekende. Bovendien schafte de wet ook de voorwaardelijke vrijlating, de proeftijd en de opschorting van straf af. De maffiabazen moesten overwegen of, op de lange termijn, de zonder twijfel enorme drugswinsten het risico waard waren om goede verdieners te verliezen aan lange gevangenisstraffen.

Maar die laatsten waren nog meer bezorgd over het feit dat veroordeelde drugsdealers het op een akkoordje zouden gooien met de overheid en tegen hen zouden getuigen, in ruil voor strafvermindering. Een man, veroordeeld om de beste jaren van zijn leven in de gevangenis door te brengen, zou wel eens sneller geneigd kunnen zijn om de *omertà* - de belofte van stilzwijgen van de maffia - te doorbreken en zijn gangsterfamilie te verraden wanneer de overheid hem beloofde de duur van zijn straf te verminderen in ruil voor zijn getuigenis.

Sommige slimme gangsterjongens vonden andere manieren om toch te profiteren van de drugshandel zonder zelf drugs te verkopen. Journalist Jerry Capeci vertelt in *The Complete Idiot's Guide to the Mafia,* dat de instructies van de maffiabaas in Philadelphia, Nicodemo "Little Nicky" Scarfo aan zijn mannen om zich ver te houden van drugs, typisch waren voor de maffia: "Scarfo zegde dat je geen drugs mocht verhandelen, maar je kon natuurlijk wel geld lenen aan de drugsdealers, een graantje meepikken van hun verdiensten en gewoon van hen stelen." In de echte onderwereld zou elke gangsterfamilie die de opbrengsten van de drughandel weigerde, direct of indirect de grootste moeite hebben om haar leden aan boord te houden, op de lange duur zou de familie zelfs gewoon ophouden te bestaan.

De echte peetvader

Als wij Don Corleone in *The Godfather, Deel I*, voor het eerst ontmoeten, is hij gekleed in een smoking, met een rode boutonnière in zijn knoopsgat, hof houdend en zijn bezoekers ontvangend in zijn donkere kantoor, terwijl zijn vrienden en zijn gezin het huwelijk van zijn dochter vieren, buiten, op zijn zonovergoten landgoed. Hij is de koning in zijn kasteel. Maar later zien we hem op een doordeweekse dag, in een onopvallend pak en met een ietwat verfomfaaide gleufhoed. Hij bestuurt zijn rijk vanuit zijn importbedrijf van olijfolie in de stad, maar zijn hoofdkwartier is heel gewoontjes, zelfs een beetje sjofel. Niettegenstaande zijn positie als hoofd van een van de machtigste gangsterfamilies in het land, doet Don Corleone zichzelf voor als een nederige man, en zijn verschijning onderstreept zijn klaarblijkelijk gebrek aan belangstelling voor rijkdom en macht. Toen de auteur Mario Puzo de figuur van Don Corleone creëerde in zijn boek *The Godfather*, kon hij kiezen uit heel wat echte figuren, maar de ene maffiabaas die zijn belangrijkste bron van inspiratie lijkt te zijn geweest was: Carlo Gambino, de geslepen baas van de familie die zijn naam droeg.

In tegenstelling tot Marlon Brando, deed Carlo Gambino zijn personage nauwelijks eer aan. Als kleine man met keveroogjes en een grote neus, scheen Gambino vaak breekbaar en teruggetrokken. Maffiabaas Joe

Bonanno noemde hem ooit "een eekhoorn van een man, een slaafs, kruiperig individu." Maar die eerste indruk was misleidend, want Carlo Gambino was, net als Don Corleone, als een schaakgrootmeester zijn tegenstanders altijd twee stappen voor, wat hem de mogelijkheid gaf hen te verschalken, terwijl zij dachten hem te slim af te zijn.

In de jaren 40 van de vorige eeuw werden de vijf New Yorkse families nog gevormd, en verbintenissen tussen de bazen werden snel gesloten en weer ontbonden omdat ieder van de bazen probeerde een zo voordelig mogelijke positie te bekleden. Er dienden zich kansen aan toen de machtige en invloedrijke Charles "Lucky" Luciano, een van de belangrijkste architecten van de Amerikaanse maffia, in 1946 naar Italië werd gedeporteerd en maffialid Frank Costello de Lucianofamilie leidde tijdens zijn afwezigheid. De onberispelijk geklede Costello, een maffioso met de stijl van een directielid, die zich gedeisd hield, stond bekend als de "eerste minister van de onderwereld" omdat hij vriendschappelijk wist om te gaan met mensen uit de hoogste klassen en hij erin slaagde deals met politici en vakbondsleiders af te sluiten. Wat hij niet had binnen de rangen van zijn eigen familie, was betrouwbare spierkracht. Daarvoor sloot hij dan een pact met de bazen van de andere families die, voor de juiste prijs, Costello de mankracht leenden die hij nodig had. Costello's meest gewaardeerde generaal was Albert Anastasia, de gewelddadige "Beul" die zich zijn weg naar de top van de Manganofamilie geschoten had. Anastasia's onderbaas toendertijd was Carlo Gambino.

Rivaliserende maffiabaas Vito Genovese maakte er geen geheim van dat hij "capo di tutti capi" wilde worden, om de verschillende families samen te brengen onder zijn leiding, maar de sterkte van de Costello-Anastasia coalitie hield Genovese een aantal jaren op afstand. In 1957 deed Genovese een zet met de moordaanslag op Costello op het ogenblik dat die zijn appartementsgebouw aan Central Park West binnenging. Maar de schutter miste zijn doel, Costello hield aan de kogel slechts een schampschot aan het hoofd over.

De verknoeide huurmoord deed bendeland gonzen als een nest boze bijen. Iedereen ging ervan uit dat Genovese achter de moordaanslag zat, en hij wist dat zijn dagen geteld zouden zijn als hij de dingen op hun beloop liet. Als Costello wraak zou willen nemen, zou hij het werkje toevertrouwen aan Albert Anastasia. Om zijn eigen schuilplaats te beschermen, zette Genovese een prijs op het hoofd van Anastasia die neergeschoten werd door twee aanvallers toen hij met gesloten ogen achteroverleunde in de stoel bij de kapper.

De huurmoord werd georganiseerd door Anastasia's eigen onderbaas, Carlo Gambino, die een geheime deal met Genovese gesloten had. Er was Gambino beloofd dat hij Anastasia's job als baas van de Manganofamilie zou krijgen, van zodra Genovese zijn doel, *capo di tutti capi* worden, bereikt had. Frank Costello, nu zonder Anastasia en zijn mannen om hem ruggesteun te geven, besloot dat het verstandiger zou zijn zich terug te trekken in plaats van met open vizier te vechten tegen Genovese. Gambino werd de nieuwe capo van de Manganofamilie.

Helaas, Vito Genovese onderschatte Gambino, die helemaal niet van plan was om onder iemand anders' bevel te werken. Gambino zocht in het geheim weer contact met Frank Costello en slaagde erin vrede met hem te sluiten, ofschoon Gambino toch een doorslaggevende rol had gespeeld toen Costello zich ijlings van het toneel had moeten terugtrekken. Gambino zocht ook contact met Lucky Luciano en Meyer Lansky, de Joodse gangster die samen met Luciano een nationaal misdaadsyndicaat oprichtte. Ze haatten Genovese allemaal en ze waren bang voor wat er zou gebeuren wanneer hij zijn droom, de totale controle over de maffia hebben, kon waarmaken. Genovese wist dat Luciano, Lansky en Costello hem uit de grond van hun hart haatten, maar hij veronderstelde dat Carlo Gambino nog steeds aan zijn kant stond. Een fatale veronderstelling.

Vito Genovese was een van de grootste voorstanders binnen de maffia om een stuk van de koek van de drugshandel mee te pikken. Hij vond dat de winsten te goed waren om ze zo maar te laten lopen. Aangezien ze wisten hoe Genovese over drugs dacht, zetten ze een lucratieve drugsdeal voor hem op, waarna ze de overheid tipten. Ze betaalden een Puertoricaanse drugsdealer 100.000 dollar om met de federale politie samen te werken en Genovese als kop van Jut aan te duiden. Ofschoon de zaak tegen Genovese rammelde en het getuigenis van de drugsdealer verdacht overkwam, wilde de overheid Genovese uit alle macht achter de tralies zien. In 1959 werd de would-be capo di tutti capi aangeklaagd voor drugshandel en veroordeeld tot 15 jaar. Hij stierf in de gevangenis nadat hij 10 jaar daarvan had uitgezeten. Nu Costello verwikkeld was in een zaak van federale belastingsfraude, Luciano nog steeds in ballingschap leefde en Lansky zich gedeisd hield, werd Carlo Gambino, de "eekhoorn van een man" met het hart van een vos, zonder toeters en bellen de machtigste maffiabaas van het land.

Gambino ging verder met het sluiten van een verbond met andere gangsters en rond de jaren 70 van de vorige eeuw, waren de bazen van de andere grote families in New York vrienden van Carlo, sommigen onder hen waren zelfs dankzij zijn invloed aan de macht gekomen.

Gambino woonde op een groot landgoed in Massapequa op Long Island, een landgoed dat leek op dat van Don Corleone in *The Godfather, Deel I*. En net als Don Corleone stierf Carlo Gambino aan een hartaanval toen hij 76 was. In tegenstelling tot veel van hun gabbers, stierven zij beiden als vrij man.

"Een kruimeltje meepikken"

The Godfather, Deel II heeft twee afzonderlijke verhaallijnen: de groei van Michael Corleone als baas van de Corleone gangsterfamilie en de opkomst van de jonge Vito Corleone, Michaels vader. Bij het begin van de 20ste eeuw vermoordden plaatselijke Siciliaanse maffiosi de familie van de jonge Vito, waardoor die als wees achterbleef. Bang dat de kleine jongen op zou groeien met haat in het hart en dat hij wraak zou willen nemen voor deze moorden, beval de plaatselijke capo dat Vito vermoord moet worden. Daarop smokkelden vrienden Vito uit Sicilië en zetten hem op een schip naar Amerika. De jongeman die alleen reisde en geen Engels sprak, moest zijn weg in het land van de onbegrensde mogelijkheden helemaal zelf zoeken.

Als 20-er trouwt Vito en sticht hij een gezin in New York. Acteur Robert DeNiro zet Vito Corleone neer als een harde werker die trouw is aan zijn vrienden, zelfs aan diegenen die niet zo recht door zee zijn als hijzelf. Zelf een slachtoffer van de Siciliaanse maffia, was hij bijzonder boos toen hij zag hoe oneerlijk Don Fanucci was, de maffiabaas die beschermgeld vroeg van alle zakenmensen in de Italiaanse gemeenschap in East Side, waar ook Vito woonde. Een van Vito's vrienden huiverde als hij in het gezelschap van Don Fanucci verkeerde en fluisterde dat de man deel uitmaakte van de Zwarte Hand.

Bij het begin van de 20ste eeuw gebruikten Italiaanse immigranten die afpersing tot een kunst verheven hadden, de mysterieuze naam de "Zwarte Hand", om hun slachtoffers af te schrikken en aan te sporen te betalen, zoniet zouden ze zich de woede van een grote ondergrondse organisatie op de hals halen. In feite waren deze leden van de "Zwarte Hand" gewoon freelancers zonder enige binding met welke criminele organisatie dan ook. Maar de onwetende Italiaanse immigranten die zij als slachtoffer uitkozen, geloofden heilig in het bestaan van een organisatie die de "Zwarte Hand" heette en zij beseften heel goed dat deze afpersers hun bedreigingen ook uitvoerden wanneer ze hun zin niet kregen. Zo was het niet ongewoon dat een kind gekidnapt werd en dat er vervolgens een afgesneden vinger aan de ouders werd terugbezorgd om hen aan te sporen het losgeld te betalen. In 1905 werd een slager in Brooklyn in zijn winkel neergeschoten omdat hij geen 1.000 dollar aan een afperser had willen betalen. De beroemde operatenor Enrico Caruso betaalde 2.000 dollar nadat hij een dreigbrief gekregen had die ondertekend was met een handafdruk in zwarte inkt.

Het meest beruchte lid van de "Zwarte Hand" was Ignazio Saietta, beter bekend als Lupo de Wolf, die de

Italiaanse wijk van Harlem terroriseerde. Hij baatte wat de politie later de "Moordstal" zou noemen op East 107th Street uit, een slachthuis voor zijn vijanden uit de onderwereld en de slachtoffers van zijn afpersingspraktijken die weigerden te betalen. Zoals Carl Sifakis schrijft in *The Mafia Encyclopedia*: "Lupo pochte openlijk over zijn tijd bij de "Zwarte Hand" tegenover de leden van de Italiaanse gemeenschap en wist zo de indruk te versterken dat hij boven de wet stond. Vele Italianen sloegen een kruisteken wanneer zijn naam nog maar genoemd werd." Bewoners uit Vito Corleone's buurt in *The Godfather, Deel II* behandelen Don Fanucci bijna op dezelfde manier.

Maar toch is het filmpersonage Don Fanucci heel anders dan de leden van de "Zwarte Hand". De afpersers van de "Zwarte Hand" werkten in de schaduw en toonden maar heel zelden hun gezicht, als ze echt niet anders konden. Ze lieten hun slachtoffers liever in de waan dat er grote bendes moorddadige monsters bestonden. Zo heeft Don Fanucci in de film ook een hoop jongens die hem rugdekking geven. Hij vraagt gewoon beschermgeld en de angstige mensen betalen. Het refrein dat hij voortdurend herhaalt, is dat hij enkel maar "een kruimeltje wil hebben", een eufemisme om te zeggen dat hij een deel van de winsten wil. Hij leek een te publieke figuur om deel uit te maken van de "Zwarte Hand". In dat opzicht lijkt hij dichter te staan bij de padrone uit de buurt.

Toen de Italianen naar Amerika emigreerden, bleven ze net als de andere etnische groepen bij elkaar wonen, in hun eigen buurtje. Maar, in tegenstelling tot andere groepen immigranten, stonden zij zeer huiverig tegenover assimilatie. Ze weigerden Engels te leren en deden hoofdzakelijk zaken met landgenoten. Maar er waren natuurlijk tijden dat ze met de buitenwereld moesten communiceren en dan zochten ze de hulp van de *padrone uit de buurt,* iemand die Engels had geleerd en die optrad als tussenpersoon voor zijn Italiaanse landgenoten. Wanneer de water- en elektriciteitsrekening van een persoon betaald moesten worden, zorgde de *padrone* daarvoor - voor een vergoeding. Had iemand problemen met het gezag, dan trad de *padrone* op als tolk en soms ook als *de facto* advocaat - opnieuw voor een vergoeding. In de beginjaren van de Italiaanse immigratie, toen slechts weinig Italianen Engels spraken, waren de diensten van de *padrone* van levensbelang, en veel immigranten waren ervan overtuigd dat bepaalde taken niet konden worden uitgevoerd zonder een *padrone,* een indruk die de *padrone* overigens niet van plan was te corrigeren. Het vaststellen van de vergoeding voor deze diensten was een vorm van afpersing op zich, zij het dan een veel subtielere vorm dan een met inkt besmeurde dreigbrief, waarin het slachtoffer met de dood bedreigd werd. Zoals Puzo en Coppola hem uittekenden, is Don Fanucci in zijn smetteloze driedelige witte pak een hybride personage - Lupo de Wolf in de kleren van een *padrone.*

Michael

Michael Corleone, Don Vito's derde en jongste zoon, is het hoofdpersonage van de *"Godfather"* saga. Wanneer hij voor het eerst zijn intrede doet in *"The Godfather, Deel I"* zien we hem in zijn legeruniform, hij heeft er net zijn legerdienst opzitten, die hij bij de Marines volbracht, tijdens de Tweede Wereldoorlog. Het is duidelijk, als je hem ziet, weet je al dat hij anders is dan de rest van zijn familie. Hij is glad geschoren en spreekt met zachte stem. Hij pocht niet en draagt zijn ingevette haar niet achterover gekamd. Temidden van zijn luidruchtige en snoeverige familieleden is hij een rustige observeerder die aan de zijlijn blijft staan. Zijn vriendin Kay (gespeeld door Diane Keaton), die hij ontmoette in New Hampshire op weg naar Dartmouth, is blond, bescheiden en te naïef om te weten dat ze geen vragen mag stellen over de Corleones. Gewoon het feit al dat hij zulk een persoon heeft uitverkoren, laat zien hoe sterk hij van zijn familie verschilt. Zijn familie houdt van hem, maar ze laten niet na te zeggen dat ze hem totaal ongeschikt vinden om de "familiezaak" te leiden.

De weigering van Don Corleone om een drugsdealer genaamd Virgil "de Turk" Sollozzo te helpen, is de aanleiding voor de moordaanslag op de Don. Hij wordt op straat neergeschoten voor zijn importbedrijf in olijfolie, waarna hij in kritieke toestand naar het ziekenhuis wordt overgebracht, waar zijn overlevingskansen onzeker blijken. Zijn oudste zoon en heethoofd Sonny (gespeeld door James Caan) zweert onmiddellijk wraak te zullen nemen maar de *consigliere* van de familie en geadopteerde broer van de Corleone's, Tom Hagen, (gespeeld door Robert Duvall) overtuigt hem ervan op te houden en over de situatie na te denken zoals hun vader dat zou hebben gedaan. Sonny, Tom en de hoogste capi van de familie overwegen hun keuzemogelijkheden en beslissen uiteindelijk dat Sollozzo geliquideerd moet worden. De vraag is alleen, hoe? Sollozzo heeft een corrupte politieofficier, genaamd McCluskey (gespeeld door Sterling Hayden) die als zijn persoonlijke bodyguard optreedt. Als ze Sollozzo willen doden, zullen de Corleones ook McCluskey moeten doden en een politieman doden is een ernstige overtreding van de maffiacode, omdat de politie natuurlijk wraak zal nemen op alle maffiafamilies in de stad. Terwijl de Corleonehiërarchie piekert over hoe ze deze klus het best kan klaren, doet Michael een stapje voorwaarts en biedt zijn hulp aan. Sonny omhelst hem maar lacht zijn voorstel weg, omdat dit niet het doden op afstand is dat Michael tijdens de oorlog zag. Dit is een huurmoord, op korte afstand, waarbij men het slachtoffer in de ogen kijkt.

Maar Michael houdt vol en bepleit zijn zaak. Hij zou de beste man zijn voor de job, want niemand zou de jongste broer, die niet voor de familie werkt, verdenken. De anderen geven toe dat hij daar een punt heeft en dus wordt besloten dat Michael de moord zal plegen. Capo Pete Clemenza (gespeeld door Richard Castellano) legt Michael uit hoe hij de job moet doen en verzekert hem dat er een geweer op hem zal liggen te wachten achter de WC in de herentoiletten van het restaurant waar hij Sollozzo en McCluskey zal ontmoeten. Het hele decor vertoont sterke gelijkenissen met een van de meest significante incidenten in de geschiedenis van de Amerikaanse maffia.

In de jaren 20 van de vorige eeuw werden de maffiafamilies geregeerd door inhalige mannen uit Sicilië die de mensen die hen rijk maakten, slecht behandelden. De zogenaamde oude garde werd de "Mustache Petes" genoemd omwille van hun koppigheid en hun ouderwetse manier van doen. Een van de machtigste mannen van de Mustache Petes was Giuseppe "Joe the Boss" Masseria, wiens rechterhand Charles "Lucky" Luciano was. Ofschoon hij officieel op één lijn stond met de familie Masseria, behoorde Luciano in het geheim tot een groep jonge dissidenten uit alle New Yorkse families die de ouderwetse manier van denken van de Mustache Petes overboord wilden gooien om de zaken zelf in de hand te kunnen nemen en de activiteiten van de maffia te kunnen uitbreiden.

Op 15 april 1931 lokte Luciano Masseria naar een restaurant in Coney Island, genaamd Nuova Villa Tammaro waar beide mannen genoten van een ontspannen maaltijd, waarna ze zich aan het kaartspel zetten. Rond 15.30 uur verontschuldigden Luciano en Michael Corleone zich en gingen naar het toilet. Maar in plaats van buiten te komen met een geweer in zijn hand, wachtte Luciano op het geluid van geweervuur uit de eetkamer. Terwijl hij in de toiletruimte wachtte, kwamen er vier jonge dissidenten het restaurant binnenrennen, trokken hun pistool en begon te schieten.

De moordenaars waren Vito Genovese, Joe Adonis, Albert Anastasia en Bugsy Siegel. Het feit dat Siegel er ook bij was, was een teken aan de wand dat de jongere generatie criminelen van een andere etnische afkomst in de familiezaken wilde betrekken, iets wat de Mustache Petes nooit zouden hebben overwogen. De oude Sicilianen lieten zelfs geen Italianen die niet van Sicilië afkomstig waren tot hun rangen toe. In *"The Godfather, Deel I"* schiet Michael Corleone zelf en schakelt hij Sollozzo en McCluskey uit vanaf de andere kant van de tafel, maar het beeld van de rook die over het rood-wit geblokte tafelkleed kringelde, lijkt heel sterk op de kenmerken van de moord op "Joe the Boss" Masseria.

Geen enkele maffioso stond model voor Michael Corleone, maar auteur Mario Puzo had duidelijk wel Vito

Genovese in zijn hoofd toen hij Michael naar Sicilië liet vluchten na de dubbele executie van Sollozzo en McCluskey. Genovese vluchtte in 1937 naar Italië, om te ontsnappen aan de aanklacht wegens moord en hij zou er blijven tot na de oorlog. Ter plaatse maakte hij zichzelf geliefd bij de Amerikaanse inlichtingendiensten, door hen te helpen met het opbreken van zwarte marktpraktijken in het zuiden van Italië (die hij vervolgens in het geheim voor zijn eigen rekening overnam). Als dank voor zijn hulp, zorgde de Amerikaanse overheid ervoor dat men de aanklacht wegens moord tegen hem liet vallen, waardoor hij weer naar de Verenigde Staten terug kon gaan.

In *"The Godfather, Deel II"* is Michael, die zich nu behaaglijk in de rol van hoofd van het Corleonerijk genesteld heeft, op zoek naar legitieme handel. Bij wijze van reorganisatie, verhuist hij het landgoed van de familie van New York naar Nevada. In de jaren 60 van de vorige eeuw vestigde Joe Bonanno, capo van de New Yorkse familie die zijn naam draagt, zich in Arizona waar hij probeerde zijn criminele praktijken uit te breiden naar het maagdelijke westerse territorium. Bonanno investeerde, net als Michael Corleone, zwaar in de Cubaanse pre-Castro casino's.

Frankie

In *"The Godfather Papers and Other Confessions"* beschrijft Mario Puzo enkele van zijn onaangename ontmoetingen met de zanger Frank Sinatra, die blijkbaar razend was op Puzo omwille van diens creatie van het personage

Johnny Fontane. Net als Sinatra zelf was Fontane een crooner die aanbeden werd door de bakvissen uit de veertiger jaren. Fontane vraagt zijn peetvader om hulp om een rol te bemachtigen in een film, een kans die volgens Fontane zijn carrière zal redden. De meeste kijkers gaan ervan uit dat Puzo refereerde aan Sinatra's pogingen om de rol van Maggio in *"From Here to Eternity"* te pakken te krijgen, toen zijn carrière in het slop zat. Puzo bleef terughoudend wat Sinatra betrof en hij heeft nooit met zoveel woorden gezegd dat Johnny Fontane niet op Old Blue Eyes gebaseerd was, maar het is een link die je moeilijk kunt ontkennen, als je de overeenkomsten bekijkt tussen de échte zanger en het filmpersonage.

Puzo beschrijft een incident in Chasens restaurant in Los Angeles waar Sinatra weigerde Puzo te ontmoeten, naar de auteur schreeuwde, en hem een "pooier" noemde. De pers had Sinatra al vaak aan de maffia gelinkt en het personage van Puzo leek deze beweringen te ondersteunen. Sinatra's band met de maffia werd de afgelopen jaren door vele documenten gestaafd, maar misschien waren het wel de fictionele aspecten van Johnny Fontane die helemaal niet op de waarheid berustten, die de zanger echt boos maakten.

In *"The Godfather, Deel I"* weigert een wraakgierige producer genaamd Jack Woltz om Johnny Fontane een filmrol te geven die hem op het lijf geschreven was. Don Corleone stuurt *consigliere* Tom Hagen als zijn afgezant om te proberen Woltz op andere gedachten te brengen, maar de producer wordt razend wanneer hij erachter komt wie Hagen vertegenwoordigt en hij schreeuwt beledigingen aan het adres van de Corleonefamilie en aan dat van Italianen in het algemeen. Hagen wordt niet boos, hij laat het allemaal van zich afglijden. De volgende ochtend wordt Woltz wakker in een met bloed doordrenkt bed. Hij slaat het dekbed weg en vindt het afgehakte hoofd van zijn waardevolle racepaard Khartoum. Enkele uren later had Fontane de rol te pakken.

Vele fans van *"The Godfather"* menen dat de Woltz de fictieve verpersoonlijking is van de baas van de Columbia studio's, Harry Cohn, en dat de maffia druk uitoefende op Cohn om de rol van Maggio in *"From Here to Eternity"* aan Sinatra te geven. Maar de waarheid is, dat de maffia hier helemaal niets mee te maken had. Acteur Eli Wallach was de eerste keuze van de studio als hoofdrolspeler, maar in het script stond een vechtscène waar de kleine Maggio tot pulp geslagen wordt door een wraakzuchtige sergeant, gespeeld door Ernest Borgnine. Toen ze Wallach en Borgnine samen lieten acteren, leek Wallach, die toen nog atletisch gebouwd was, niet nietig genoeg tegenover zijn tegenstander. Sinatra, een Italiaanse Amerikaan met een tailleomtrek van 87 cm, kreeg de rol aangeboden omdat hij de goede uitstraling had. (Vele jaren later zou Wallach de rol van San Altobelli in *"The Godfather, Deel III"* spelen.)

Maar in het begin van zijn carrière heeft de maffia Sinatra wel degelijk een handje toegestoken, toen hij problemen had met de leider van de big band, Tommy Dorsey. De 24-jarige Sinatra wilde zo graag optreden met een band die al nationale bekendheid genoot, dat hij ontslag nam bij de band van trompettist Harry James en tekende bij trombonist Tommy Dorsey. Blijkbaar vertroebelden de ambities van Sinatra zijn gezonde verstand toen hij met Dorsey's idiote voorwaarden instemde. Zo moest Sinatra, om te mogen zingen in Dorsey's band, levenslang een derde van al zijn verdiensten aan de bandleider afstaan, en bovendien nog eens 10% aan Dorsey's agent. Sinatra's populariteit viel slecht bij Dorsey, maar het werd al gauw duidelijk dat het publiek Sinatra wilde horen en niet de band.

In 1943 probeerde Sinatra zijn contract af te kopen, door Dorsey 60.000 dollar aan te bieden om hun samenwerking te ontbinden, maar Dorsey had daar geen oren naar en wees het voorstel af. Sinatra was veel meer waard en natuurlijk was Dorsey niet van plan zijn kip met de gouden eieren te slachten. Toen kreeg Dorsey onverwacht bezoek van drie heren die, volgens de biograaf van Sinatra, J. Randy Taraborrelli, "uit hun mondhoeken sisten en (Dorsey) bevalen te "tekenen of anders..."

Maffiabaas uit New Jersey, Willie Moretti, was altijd al een grote fan van de magere crooner uit Hoboken geweest en hij hield Sinatra's belangen in de gaten. Het gerucht deed de ronde dat Moretti zelf een van de drie mannen was die Dorsey met een bezoekje vereerden en dat hij diegene was die de bandleider een aanbod deed dat hij niet kón weigeren, door de loop van zijn pistool in de mond van de trombonist te stoppen.

Dorsey veranderde het geweer abrupt van schouder en stemde ermee in Sinatra's contract te verscheuren in ruil voor één dollar.

De kleine man, de dappere Don en de Moe Greene Special

Andere personages in de *"Godfather"* films tonen duidelijke overeenkomsten met bestaande gangsters. In *"The*

Godfather, Deel II" speelt Michael Corleone onder één hoedje met Hyman Roth, de oude gangster die de leider was van de pogingen om het gokken in casino's in het Cuba in de pre-Castro periode onder controle van de maffia te brengen. Roth zegt dat hij nog toegewijd is aan de nagedachtenis van Michaels vader, maar dat hij het familiegevoel van de Corleone's niet deelt. Hij is in de eerste plaats een bikkelharde zakenman, wiens eerste bezorgdheid de centen zijn en hoeveel daarvan in zijn zakken zal belanden. Wanneer de Cubaanse overheid in handen valt van de communistische rebellen, vlucht de maffia van het eiland weg en zoekt Roth een onderkomen in Israël, maar de Israëlische overheid stuurt hem prompt weer naar de Verenigde Staten terug.

Roth is duidelijk gemodelleerd naar de legendarische gangster Meyer Lansky, die samen met Lucky Luciano de georganiseerde misdaad in Amerika veranderde door een machtig nationaal misdaadsyndicaat op te richten, waarvan zij hoopten dat het de kleingeestige strubbelingen tussen de verschillende etnische groepen zou overstijgen. Sommigen geloofden dat Lansky enkel Luciano's "geldman" was, maar in feite was hij net zo gevaarlijk met een pistool als met een rekenmachine, ofschoon hij wel verstandig genoeg was om anderen het vuile werk te laten opknappen. In de jaren 20 van de vorige eeuw vormde hij een koppel met Bugsy Siegel die optrad als Lansky's spierkracht. In de jaren 30 van de vorige eeuw was Lansky de drijvende kracht achter Murder, Inc., een groep ijskoude moordenaars, georganiseerd om de zaakjes van het nationaal syndicaat op orde te houden. Murder, Inc. was blijkbaar verantwoordelijk voor ongeveer 500 moorden. Met zoveel mankracht achter hem, durfde niemand de "kleine man" zoals Lansky vaak ironisch genoemd werd, uit te dagen.

In de jaren 50 van de vorige eeuw, had Lansky een hechte band met de Cubaanse dictator Fulgencio Batista en orkestreerde hij de belangen van de georganiseerde misdaad in de casino's op het eiland, net als Roth dat doet in " *The Godfather, Deel II*". Maar de communistische revolutie, geleid door Fidel Castro, doorkruiste de grote plannen die de maffia voor Cuba had, zoals duidelijk wordt in de film.

In de film vlucht Roth naar Israël om zijn voordeel te doen met de wet op de terugkeer naar het vaderland, een wet die iedereen die uit een Joodse moeder geboren was, het recht gaf de Israëlische nationaliteit te verkrijgen, maar de Israëlische overheid verwierp Roths verzoek om de Israëlische nationaliteit te verkrijgen en stuurde hem terug naar Amerika, waar hij gearresteerd werd. Lansky had dezelfde problemen met de Israëlische overheid, maar dan in het begin van de jaren 70 van de vorige eeuw. Na de Cubaanse debacle in de jaren 50, ging hij door met veel, erg veel geld te verdienen voor de maffia, zo veel dat hij eigenlijk zo goed als onaantastbaar was voor represaillemaatregelen van andere gangsters. Hij was gewoonweg te goed in het maken van winst. Zelfs zij die hem haatten, wilden hem niet kwijt.

Zijn partner en goede vriend Lucky Luciano zei ooit dat hij placht te vertellen dat Lansky "dan misschien wel een Joodse moeder mag hebben gehad maar dat hij dan toch vast en zeker een Siciliaanse baker moest hebben gehad." Lansky was in veel opzichten de perfecte gangster, die een natuurlijk talent voor geld verdienen combineerde met een ijzeren wil om te doen wat nodig was om zijn doel te bereiken. Hij wilde niet in de schijnwerpers staan, en liet zijn blitsere Siciliaanse collega's voor de krantenkoppen zorgen. Lucky Luciano, geplaagd door problemen met de wet en verbannen uit Amerika, heeft zijn droom van een nationaal misdaadsyndicaat nooit gerealiseerd gezien; Lansky echter overleefde een hartaanval en werd erg oud, de mogelijkheden van het syndicaat ten volle uitbuitend. Toen hij in 1983 op 81-jarige leeftijd stierf, was hij 400.000.000 dollar waard.

In *"The Godfather, Deel III"* ziet de ouder wordende Michael Corleone zich geconfronteerd met een gangster met een kort lontje genaamd Joey Zasa, gespeeld door de acteur Joe Mantegna. Zasa vindt dat hij door de maffiacommissie onterecht behandeld wordt en dus beveelt hij een massahuurmoord op de commissie, door middel van een helikopter die buiten het raam van de kamer in het hotel waar ze allemaal samengekomen waren, zou circuleren.

De goed geklede Zasa vertoont een meer dan gemiddelde gelijkenis met John Gotti, de dappere Don van de New Yorkse Gambinofamilie. Ofschoon Gotti nooit bevel gaf tot een massamoord met behulp van een helikopter, slaagde hij wel in de gewaagde moord op zijn baas Paul Castellano, een moord die hij pleegde om de familie te kunnen overnemen. Net als Zasa, was Gotti gastheer van de straatkermis in zijn buurt in Queens, compleet met gratis voedsel en vuurwerk. Maar in tegenstelling tot Zasa, werd Gotti niet op straat uitgeschakeld door een regen van kogels, maar stierf hij, in 2002, aan de gevolgen van hoofd- en keelkanker in een federaal ziekenhuis in Springfield, Missouri, terwijl hij een levenslange gevangenisstraf uitzat.

In *"The Godfather, Deel III"* praat Hyman Roth over de executie van het personage Moe Greene, de man die volgens Roth Las Vegas uitvond. In werkelijkheid valt die eer te beurt aan Bugsy Siegel, die de Flamingo, het eerste luxueuze casinohotel in de woestijn van Nevada bouwde.

Greene, gespeeld door Alex Rocco, verschijnt slechts heel kort in *"The Godfather, Deel I"* maar hij lijkt in bijna niets op de Siegel die door een scherpschutter uitgeschakeld werd terwijl hij in zijn woonkamer in Beverly Hills de krant las. In de film overlijdt Moe Greene terwijl hij gemasseerd wordt; hij krijgt een enkele kogel door het oog in de hersenen, waarbij het glas van zijn bril gebarsten is. *"Godfather"*-fans verwijzen sindsdien naar deze specifieke executiemethode als naar de "Moe Greene special".

Eerder verschenen onder de redactie
van John van den Heuvel:

Onder redactie van JOHN V/D HEUVEL

De waargebeurde verhalen van 's werelds beruchtste

SERIEMOORDENAARS

WAAR
GEBEURD!

TIRION *TRUE CRIME*

Onder redactie van JOHN V/D HEUVEL

De waargebeurde verhalen van 's werelds beruchtste

MOORDKOPPELS

WAAR GEBEURD!

TIRION *TRUE CRIME*

Onder redactie van JOHN V/D HEUVEL

De waargebeurde verhalen van 's werelds beruchtste

ONOPGELOSTE MOORDZAKEN

WAAR
GEBEURD!

TIRION *TRUE CRIME*

Onder redactie van JOHN V/D HEUVEL

De waargebeurde verhalen van 's werelds beruchtste

MOORDEN OP BEKENDE MENSEN

WAAR GEBEURD!

TIRION *TRUE CRIME*

Dit boek is gepubliceerd door
Tirion Uitgevers BV
Postbus 309
3740 AH Baarn
www.tirionuitgevers.nl

Omslagontwerp: Hans Britsemmer, Kudelstaart
Lay-out & zetwerk: Marc Provoost

ISBN 978 90 4390 765 1
NUR 330

Voor het eerst gepubliceerd in België in 2006 door Borgerhoff & Lamberigts
Oorspronkelijke titel: *De waargebeurde verhalen van 's werelds beruchtste maffia.*

© 2006 Borgerhoff & Lamberigts
© Antony Bruno (*James Whitey Bulger, The Godfather, de familie Lucchese*), Marilyn Bardsley (*Al Capone*) en Allan May (*John Gotti*)
© 2006 voor Nederland: Tirion Uitgevers BV, Baarn

Dit boek werd gepubliceerd met de toestemming van Courtroom Television Network LLC, New York

Alle verhalen komen voort uit intensief bronnenonderzoek waaronder o.a. boeken, magazines, krantenartikelen en interviews.